Chinese Family
Dynamics 2011
Institute of Social Science Survey, Peking University

中国报告 2011 ·民生·

北京大学中国社会科学调查中心

北京大学出版社
PEKING UNIVERSITY PRESS

图书在版编目(CIP)数据

中国报告·民生·2011/北京大学中国社会科学调查中心编著.—北京:北京大学出版社,2011.3
ISBN 978-7-301-18548-3

Ⅰ.①中… Ⅱ.①北… Ⅲ.①社会调查-调查报告-中国-2011 Ⅳ.①D668

中国版本图书馆 CIP 数据核字(2011)第 021668 号

书　　　名：中国报告·民生·2011
著作责任者：北京大学中国社会科学调查中心　编著
责 任 编 辑：闵艳芸　魏冬峰
标 准 书 号：ISBN 978-7-301-18548-3/C·0649
出 版 发 行：北京大学出版社
地　　　址：北京市海淀区成府路 205 号　100871
网　　　址：http://www.pup.cn
电　　　话：邮购部 62752015　发行部 62750672　编辑部 62750673
　　　　　　出版部 62754962
电 子 邮 箱：minyanyun@163.com
印　刷　者：北京宏伟双华印刷有限公司
经　销　者：新华书店
　　　　　　730 毫米×980 毫米　16 开本　24.75 印张　379 千字
　　　　　　2011 年 3 月第 1 版　2011 年 3 月第 1 次印刷
定　　　价：49.00 元

未经许可,不得以任何方式复制或抄袭本书之部分或全部内容。
版权所有,侵权必究
举报电话:010-62752024　电子邮箱:fd@pup.pku.edu.cn

《中国报告·民生·2011》
　　主　　编：邱泽奇、姚洋
　　执行主编：刘世定、李建新
　　数据监审：任强
　　撰　　写：第一部分：李丁、胡雯、王伟进；第二部分：徐辰、朱洵；第三部分：许琪；第四部分：柳皑然、张新辉；第五部分：黄国英、苏熠慧；第六部分：张新辉、于健宁

"中国家庭动态跟踪调查"2010年调查方案设计
　　"中国家庭动态跟踪调查"执行委员会
　　主　　任：邱泽奇；委员：陈玉宇、丁小浩、邱泽奇、谢宇、张拓红

"中国家庭动态跟踪调查"2010年调查方案审定
　　北京大学中国社会科学调查中心管理委员会
　　主　　任：姚洋

"中国家庭动态跟踪调查"2010年调查
　　合作机构：国家人口和计划生育委员会发展规划与信息司、国家统计局统计设计管理司
　　上海市合作机构：上海大学上海社会科学调查中心
　　广东省合作机构：中山大学社会科学调查中心
　　调查执行协调：邱泽奇、于学军、郭振威、黄长群、韩俊丽、严洁、蔡禾、李友梅
　　样本家户抽样：丁华、吕萍
　　访员招聘培训：丁华、严洁、孙妍、任莉颖、姚佳慧、邹艳辉、刘月、吕萍、孙玉环、顾佳峰、邱泽奇、陈敏燕、许琪、叶雪、尹文茂、于双、张蓝心
　　入户调查管理：丁华、严洁、孙妍、姚佳慧、任莉颖、吕萍、刘月、梁玉成、张海东
　　调查质量督导：严洁、孙妍、任莉颖、丁华、滕学亮、孙翊、孙玉环、李力、邹艳辉、丛维

调查管理系统：姚佳慧、孙妍、尹文茂、孙帅、宋式斌、杨旭

调查支持管理：曹宇龙、丛维、顾春杰、李胜文、孙翊、滕学亮、王涛、王艳梅、许琪、叶雪、张蓝心、张曼、张雅欣、周芸、朱庭威、藏好兵

CAPI-IM 设计：孙妍、姚佳慧、邹艳辉、于双

问卷数据清理：任莉颖、孙玉环、李力、丁华、孙妍、严洁、姚佳慧

受访支付管理：陈敏燕、李国华、慈丽娟、陈佳波、钱萍、申容

调查设备管理：贾丹丽、曹宇龙

调查技术支持：Survey Research Center, University of Michigan

2010 年调查相关的详细信息请参阅：www.isss.edu.cn

目 录

导　言 ·· (1)

第一部分　经济生活

第一章　家庭收入与支出 ·· (29)
 第一节　家庭收入 ·· (29)
 第二节　家庭支出 ·· (33)
 本章提要 ·· (36)

第二章　家庭生活条件 ·· (38)
 第一节　住房条件 ·· (38)
 第二节　家居条件 ·· (43)
 第三节　生活便捷性 ·· (49)
 本章提要 ·· (52)

第三章　就业与工作环境 ·· (54)
 第一节　就业状态与职业类型 ·· (54)
 第二节　工作环境与满意度 ·· (62)
 本章提要 ·· (73)

第四章　个人收入 ·· (74)
 第一节　个人收入与福利 ·· (74)
 第二节　在职工作者的收入与福利 ································· (83)
 第三节　老年人的收入与福利 ······································· (87)

本章提要 ……………………………………………………… (92)

第二部分　教 育 状 况

第五章　教育水平 ……………………………………………… (97)
　　第一节　居民的教育水平 …………………………………… (97)
　　第二节　教育水平的性别、年龄差异 ……………………… (98)
　　第三节　自我教育期望的实现 ……………………………… (101)
　　本章提要 ……………………………………………………… (102)

第六章　教育投入 ……………………………………………… (103)
　　第一节　教育的经济投入 …………………………………… (103)
　　第二节　教育的时间投入 …………………………………… (105)
　　本章提要 ……………………………………………………… (108)

第七章　学校教育与家庭教育 ………………………………… (109)
　　第一节　学校教育 …………………………………………… (109)
　　第二节　家庭教育 …………………………………………… (112)
　　第三节　孩子状态 …………………………………………… (117)
　　本章提要 ……………………………………………………… (121)

第八章　教育的城乡差异 ……………………………………… (123)
　　第一节　教育水平和教育期望的城乡差异 ………………… (123)
　　第二节　教育投入的城乡差异 ……………………………… (126)
　　第三节　学生状况的城乡差异 ……………………………… (128)
　　本章提要 ……………………………………………………… (131)

第三部分　婚姻与家庭

第九章　婚姻状况 ……………………………………………… (135)
　　第一节　婚姻状况 …………………………………………… (135)

第二节　婚姻次数 ·· （139）
　　本章提要 ··· （141）

第十章　婚姻缔结 ·· （142）
　　第一节　初婚年龄 ·· （142）
　　第二节　婚前同居 ·· （145）
　　第三节　婚姻的匹配 ·· （148）
　　第四节　认识方式 ·· （151）
　　本章提要 ··· （154）

第十一章　婚姻解体 ·· （156）
　　第一节　离婚 ··· （156）
　　第二节　丧偶 ··· （162）
　　本章提要 ··· （164）

第十二章　家庭规模与结构 ·· （166）
　　第一节　家庭规模 ·· （166）
　　第二节　家庭结构 ·· （168）
　　本章提要 ··· （172）

第四部分　健康与医疗

第十三章　健康状况及评价 ·· （175）
　　第一节　患病状况 ·· （175）
　　第二节　精神健康情况 ·· （183）
　　第三节　健康自评 ·· （189）
　　本章提要 ··· （195）

第十四章　患病处理行为、就医选择及医疗费用 ················ （197）
　　第一节　患病处理行为与就医 ·· （197）
　　第二节　患病处理行为和就医选择的相关因素 ······················· （202）
　　第三节　医疗费用 ·· （212）

本章提要 ··· (215)

第十五章　饮食习惯、生活方式与健康 ··································· (217)
　　第一节　饮食与健康 ·· (217)
　　第二节　生活方式与健康 ··· (219)
　　本章提要 ··· (225)

第十六章　特殊人群的健康 ··· (227)
　　第一节　少儿群体健康 ··· (227)
　　第二节　老龄群体健康 ··· (237)
　　本章提要 ··· (252)

第五部分　日常生活与社会交往

第十七章　时间利用与闲暇活动 ··· (257)
　　第一节　日常时间分配概况 ·· (257)
　　第二节　个人生活活动时间分配 ··· (263)
　　第三节　工作学习时间分配 ·· (268)
　　第四节　工作外时间的活动状况 ··· (271)
　　本章提要 ··· (279)

第十八章　社会交往 ··· (281)
　　第一节　日常交往基本情况 ·· (281)
　　第二节　日常交往中媒体的使用 ··· (283)
　　本章提要 ··· (299)

第十九章　社会支持 ··· (300)
　　第一节　居民获得的社会支持 ·· (300)
　　第二节　居民特征与社会支持 ·· (310)
　　本章提要 ··· (314)

第六部分 公众态度与社会和谐

第二十章 生活满意度 …………………………………………………… （319）
第一节 生活满意度基本状况 ………………………………………… （319）
第二节 居民社会特征与生活满意度 ………………………………… （324）
第三节 健康状况与生活满意度 ……………………………………… （331）
本章提要 ………………………………………………………………… （334）

第二十一章 居民价值观与社会判断 …………………………………… （335）
第一节 居民价值观 …………………………………………………… （335）
第二节 社会成就归因 ………………………………………………… （346）
第三节 子女养育观念 ………………………………………………… （350）
第四节 公众新闻关注 ………………………………………………… （353）
本章提要 ………………………………………………………………… （354）

第二十二章 社会和谐 …………………………………………………… （356）
第一节 社会治安 ……………………………………………………… （356）
第二节 社会公平 ……………………………………………………… （358）
第三节 社会信心 ……………………………………………………… （366）
第四节 地方政府工作评价 …………………………………………… （373）
第五节 基层政治参与 ………………………………………………… （383）
本章提要 ………………………………………………………………… （384）

导　言

《中国报告·民生·2011》是北京大学《中国报告·民生》系列的第三份报告，也是基于全国数据的第一份报告。

"中国家庭动态跟踪调查"（CFPS）于2008年对三地的2400个样本家户进行了初访调查（有效样本2375户）；2009年，再对2008年的样本户进行追访调查。两次测试调查和2009年10—12月的预演调查，积累了用于2010年全国性调查的丰富经验，为2010年的全国调查打下了良好的基础。

《中国报告》系列的目标在于对CFPS中涉及民生的主要变量进行描述性分析，为大众提供中国民生以及其他方面可供比较的维度，为学术界各相关学科进行主题性研究和分析提供线索，为政策分析、政策制定、政策决策提供基础信息。

《中国报告·民生》系列的第1—2份报告是依据2008年、2009年在北京市、上海市、广东省进行测试性初访调查和测试性跟踪调查数据形成的描述性报告，希望探索中国最发达地区民生状态的描述方式和方法，尤其是建立可比较的描述性分析框架。

2011年的报告是在前两份报告框架的基础上形成的，对数据描述的方式和方法充分考虑了跟踪数据的特点和历时比较的需要。

为让读者对《中国报告·民生》有更准确的理解，谨此，我们将就CFPS的设计、执行、质量督导、数据等方面做简要介绍，同时也对易于误解的地方给予提示。

"中国家庭动态跟踪调查"的由来

"中国家庭动态跟踪调查"是北京大学设计并实施的一项全国性家庭跟踪调查计划，希望通过对全国代表性样本村居、家庭、家庭成员的跟踪调查，历时性地反应中国的发展与变迁。

在过去的一个世纪，中国所发生的变化用任何积极的形容词来表述都不为过。形容词的优势在于可以让每个人充分发挥自己的想象力；这个优势同时也是劣势，那就是，每个人想象的内容不可比较。没有比较，就难以看出系统性变化。如果要看出系统性变化，就需要基于一定标准的跟踪调查数据。非常遗憾的是，对发生在中国的这场人类历史上巨大的变化，至今为止，尚没有系统的、可供比较的、基于家庭和个体层次的跟踪数据。

没有基于家庭和个体层次的跟踪数据，就很难知道人们的思想观念、生活方式、健康习惯、教育期望、交往模式、职业状态等等如何变化，更难知道影响变化的因素。没有跟踪数据，就难以获得有效的因果关系模型；没有因果关系模型，就难以对未来可能的变迁做出预测，无法为未来的变化做好准备。

北京大学的社会科学工作者们看到了基础性数据积累的重要性，尤其看到了跟踪调查数据的重要性，早在1995年就有进行全国范围调查的设想，囿于当时经费短缺，没有进入实际操作。

2004年北京大学在进行国家"985工程"第二期设计时，有四个社会科学院系同时提出了建立全国性调查数据库的设想。

为整合资源，2005年7月11日，时任北京大学常务副校长的林建华教授会同北京大学社会科学部，在香山饭店组织召开了有北京大学社会科学各院系专家和负责人以及斯坦福大学周雪光教授和密西根大学李中清教授参加的会议。经过一天的讨论，达成共识，决定在全国范围内实施家庭动态跟踪调查，并委托时任中国经济研究中心（后改为国家发展研究院）主任的林毅夫教授和时任社会学系主任的马戎教授立即展开筹备工作。

经过半年积极的工作，筹备组于2005年12月初形成了《关于建立北京大学中国社会调查所并进行中国家庭动态跟踪调查的报告（初稿）》。这份初稿由社会科学部组织，进行了广泛的意见征集，收到了大量的意见和建议。2005年12月28日，美国密西根大学谢宇教授到访北京时顺访北京大学社会学系，时任系主任的马戎教授召集筹备组部分成员与谢宇教授座谈，谢宇教授介绍了密西根大学的PSID（美国家庭收入动态调查），也建议进行家庭跟踪调查。

在汇集各方意见的基础上，筹备组于 2006 年 3 月 18 日正式向北京大学提交了《关于建立北京大学中国社会调查所并进行中国家庭动态跟踪调查的报告（上报稿）》。经过多方征求意见和研讨，最后获得了北京大学决策机构的认可和支持。2006 年 8 月 29 日，北京大学发文《关于成立北京大学中国社会科学调查中心的通知》，正式成立北京大学中国社会科学调查中心（iSSS，简称调查中心），任命邱泽奇教授为主任，负责设计和执行"中国家庭动态跟踪调查"（CFPS）。

为让调查中心的工作得到有效监督，2006 年 11 月 9 日北京大学发文《关于成立北京大学中国社会科学调查中心管理委员会的通知》，正式成立"北京大学中国社会科学调查中心管理委员会"，任命国家发展研究院副院长姚洋教授为管理委员会主任，委员包括来自经济学院、光华管理学院、国家发展研究院、社会学系、政府管理学院、教育学院、法学院、新闻与传播学院、人口研究所等 9 个社会科学院系的 11 位教授，后又有公共卫生学院和心理学系加入。

为保证 CFPS 学术水平的国际性，经调查中心提议，管理委员会同意，并报请学校批准，2007 年 3 月 31 日，正式成立"北京大学中国社会科学调查中心学术顾问会"，聘请美国科学院院士、美国艺术与科学院院士、（台北）"中央研究院"院士、密西根大学杰出教授谢宇先生担任主席（后谢宇教授担任北京大学长江学者讲座教授），委员包括来自世界各地各学科的 30 余位教授。

在 2008—2009 年两次测试调查之后，为保障 CFPS 设计取向的连贯性和持续性，经调查中心提议，管理委员会同意，并报请学校批准，2009 年 7 月 24 日，正式成立了"中国家庭动态跟踪调查执行委员会"，邱泽奇（社会学）教授任主任，陈玉宇（经济学）教授、丁小浩（教育学）教授、谢宇（人口学）教授、张拓红（公共卫生）教授任委员。

自 2005 年 7 月的香山会议始，CFPS 的前期调研活动就已经展开，2007 年 4 月 23 日调查中心召开第一次管理委员会之前，就设计出了调查方案和调查问卷的第一个版本。2007 年 7 月 27 日，调查中心召开了由来自国际学术界的学术顾问会成员、政府统计部门、国内专家、管理委员会成员参加的学术研讨会，就调查设计和问卷设计进行了广泛的讨论，进一步明确了 CFPS 初始设计的基本原则:(1)全国性概率初访样本;(2)村居、家户、个人三个调查层次;(3)家庭全人口纳入个体样本;(4)调查覆盖个体整个生命过程;(5)问题涉及社会、经济、教育、健康等主题。CFPS后来的设计与执行,始终围绕着这些原则,进行了不断的改进和完善。

"中国家庭动态跟踪调查"的总体意图

CFPS的基本设计意图可以表述为:(1)个体是生活在社会中的;(2)家庭是社会的基本单元,既是个体生活的起点,也是终点;(3)代表性个体的生命历程,就是家庭变迁和社会变迁在个体层次的反映;(4)个体生命历程的每一个阶段,都有侧重点,既受到家庭和社会的影响,也对家庭和社会产生影响。如此,CFPS的理论假设、主题变量以及变量间的相互关系,可以表述如图0-1:

在社会科学领域,通常把来自于社会现实的数据分为两类:(1)截面数据;(2)历时数据。

截面数据是指在一个时点获得数据,人口普查就是典型的截面数据,其最大的优势是能够帮助对现实的特征进行判断。设计意图(1)和(2)是可以使用截面数据的。

历时数据是针对同一事件在不同时点获得数据,设计意图(3)和(4)则只能使用历时数据来回答;如果把(1)到(4)合并作为一个总的假设,即图0-1下半部,则使用跟踪数据成为唯一的选择。

跟踪调查数据是历时数据的一种。与其他历时数据不同,跟踪调查采集固定调查对象在不同时点上的数据,用以分析因素之间的相关、因果。如社会和谐的动态,人口流动的趋势,家庭教育投入的动态,满意感、满足感、幸福感的动态,社会福利、贫困的动态等。这些动态或趋势,对于国家大政方针,是非常重要的依据;对社会科学研究,是促进学术发展的基础。与其他类型的数据比较,在观察变迁的意义上,跟踪调查数据是历时数据中最有价值的一类。

不同于国家统计局的家庭记账调查,CFPS设计的核心在于把个体放在家庭和村居社区环境中,通过个体的变化来观察、判断宏观社会的格局和变迁趋势。CFPS的技术和知识的核心在于,通过随机方法获得有代表性的家庭,通

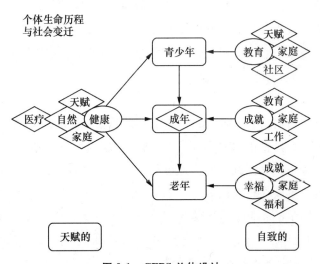

图0-1　CFPS总体设计

过跟踪样本家庭及其成员从生到死生命历程中的社会、经济、教育、健康等指标,将家庭环境、社区环境作为控制变量,把个体的发展与社会的发展直接关联起来,从而判断社会意义上的环境变化与个体成长与发展之间的关系。

从大约40年前开始,美国开始把获得综合性跟踪数据作为重要的发展战略来对待。1968年,密西根大学展开了世界上最早的家庭跟踪调查(PSID),内容涉及家庭和家庭成员的几乎所有方面。目前,世界上主要的社会经济体如欧盟、日本、韩国、墨西哥都有类似的调查,中国台湾也于1997年开始了"家庭动态资料调查"(PSFD)。

跟踪调查数据的出现，有效地推动了社会科学和政府科学决策的发展。以 PSID 为例，美国社会科学的定量研究中，大量的期刊文章运用了 PSID 的数据，作者中包括了四位诺贝尔奖得主。与此同时，美国联邦政府的房屋与城市发展部、健康与人类服务部、财政部、农业部、劳工部、社会保障部、白宫、国会等政府部门，大量使用了 PSID 的数据作为决策依据。由于跟踪数据对学术发展的重要贡献，在美国国家科学基金会评选的 50 年资助的最有价值的 50 个项目中，PSID 成为唯一的社会科学项目。

"中国家庭动态跟踪调查"的抽样设计与调查单位

CFPS 的抽样设计关注初访调查样本的代表性，采用了内隐分层的、多阶段的、多层次与人口规模成比例的概率抽样方式（PPS），初始方案由谢宇教授提出，后经调查中心、学术顾问会、管理委员会、执委会、未在上述之列的其他抽样专家讨论、完善，并最后定稿。

CFPS 的样本覆盖了除香港特别行政区、澳门特别行政区、台湾省、新疆维吾尔自治区、青海省、内蒙古自治区、宁夏回族自治区和海南省之外的 25 个省市自治区的人口，约占中国总人口（不含港、澳、台）的 95%。

在中国，家庭户之间社会经济地位的差别主要来自两个影响因素，即地区和城乡，且直接反映在行政区划上。因此，在分层操作中，(1) 用人口数作为列表比例长度的指标，用作 PPS 的依据；(2) 在同级行政层以人均 GDP 作为社会经济地位排序的指标，在无法获得 GDP 指标的条件下，用非农人口比例或人口密度作为社会经济地位排序的替代指标。

第一阶段抽样

CFPS 的第一阶段样本（PSU）为行政性区（县）。区县样本来自于 6 个子抽样框，其中有 5 个用于省级层面推断，即上海市、广东省、河南省、甘肃省、辽宁省（简称"大省"）；前述未包括的省市自治区和 5 个省级子框之外的 20 个省市自治区（简称"小省"）为另一个子框，来自于这个子框的样本仅用于合并 5 个省级子框的样本，用作对全国的推断。

为了提高样本的代表性，对 6 个子抽样框的 PSU 进行排序，排序的方式分为三类。

第一类:适用于20个小省的排序原则

(1) 将所有20个省级行政单位依各自的社会经济地位降序排列;

(2) 每个省级单位内,以行政级别为依据,对市(地区、州)级依其社会经济地位由高到低降序排列;

(3) 在每个市(地区、州)级内,再依行政级别即区、县级市、县依次排列,同时默认区的社会经济地位高于县级市,县级市高于县;

(4) 在每个区、县级市、县内部,再依各自的社会经济地位降序排列。

第二类:适用于广东省、河南省、甘肃省、辽宁省的排序原则

(1) 以行政级别为依据,对市(地区、州)级依其社会经济地位由高到低降序排列;

(2) 在每个市(地区、州)级内,再依行政级别即区、县级市、县依次排列,同时默认区的社会经济地位高于县级市,县级市高于县;

(3) 在每个区、县级市、县内部,再依各自的社会经济地位降序排列,由此获得区(县)层级 PSU 的抽样框列表。

第三类:适用于上海市的排序原则

上海市在抽样时只有19个区(县),不适合采用上述方法。故第一阶段抽样的层级降至街道(乡、镇)一级。街道(乡、镇)一级的内因分层排序方法如下:

(1) 将19个区(县),依其社会经济地位降序排列;

(2) 每个区(县)内,再依行政级别即街道、镇、乡依次排列,同时默认街道的社会经济地位高于镇,镇高于乡;

(3) 在每个街道、镇、乡内部,再依各自的社会经济地位降序排列,由此获得街道层级 PSU 的抽样框列表。

在经过 PSU 排序后的6个子抽样框中,按照与区(县)的常住人口数成比例的系统 PPS 抽样方式,抽取 PSU 样本。

第二阶段抽样

CFPS 的第二阶段样本(SSU)为行政性村(居)。除上海市以外,第一阶段获得的每个区(县)样本的所有村(居)委会组成第二阶段抽样的抽样框。在现有行政体制框架中,在区(县)与村(居)之间还有一个行政层级,即街道、

镇、乡。同样,为了提高样本的代表性,对第二阶段的村居抽样框进行排序:

(1) 对每个PSU,以行政级别街道、镇、乡为序排列,同时默认街道的社会经济地位高于镇,镇高于乡;

(2) 在每个街道、镇、乡内部,再依各自的社会经济地位降序排列;

(3) 在每个街道层级内部,依据村(居)人口数对村(居)降序排列,由此获得每个PSU村居层级的SSU抽样框列表。

在第二阶段抽样中,有一些需要特别处理的情形:

(1) 虚拟居(村)委会。在行政上登记为村(居)委会,但事实上指工矿区、经济开发区和科研机构。一般几乎没有或很少有居民居住。对这类村(居)委会的处理是,从抽样框中删去。

(2) 准居委会或村委会。未经政府授权的村(居)委会,一般没有或很少有常住居民居住。由于不符合调查要求,因此将其从抽样框中删去。

(3) 人口规模小于300人的村(居)委会。考虑到抽样对人口规模要求,在建构抽样框时,处理方法是按照左手原则,将邻近人口规模小于300人的村(居)委会合并,使新抽样单位的人口规模超过300人。

(4) 人口规模超过10000人的村(居)委会或村委会。村(居)委员会的人口规模过大会直接提升抽样框建构的成本。对这类规模过大的村(居)委员会的处理是,拆分。选取典型的可识别标识,将村(居)委会分成若干片,使每个片的人口规模不少于4000人,然后从中随机抽取一片,用作村(居)代表。

在经过排序后的PSU样本的村居抽样框中,以村(居)的常住人口数为辅助变量,按照与村(居)人口数成比例的系统PPS抽样方式抽取村(居)样本。

第三阶段抽样

CFPS的第三阶段(末端)样本(TSU)为常住家庭户。常住家庭户采用了国家统计局的界定,即家庭户户籍登记在、且家庭成员居住在样本村居;或家庭户户籍登记在、且家庭成员离开样本村居未满6个月;或家庭户户籍未登记、但家庭成员居住在样本村居满6个月或以上。

对所有村(居)样本,均采用了地图地址法①建构末端抽样框。所获得的

---

① 参见丁华等编著:《地图地址抽样框制作手册》,北京:北京大学出版社2011年版。

抽样框为村（居）行政区划内排除了空址、商用地址后，有人居住的居住地址列表。依据 2008—2009 年获得的经验值预估了每个地区的应答率，根据预估应答率，对每个样本村（居），依据系统抽样原则进行抽样，以期保证每个村居能够获得预计的有效样本家户数量。

在末端抽样框中，对于多址一户或一址多户的特殊情形，采用在制作末端抽样框时尽量筛选其有效性和在 CFPS 实际调查过程中利用计算机辅助调查系统专门设计的住宅过滤模块和住户过滤模块两种方式处理：

（1）多址一户。多个居住单元地址都属于同一个家庭户所有。在制作末端抽样框时，尽量筛选其有效性，即将居住时间最长的地址视为有效地址，其余地址视为空址。在实际调查中，若仍存在多址一户，则启用 CAPI 系统的住宅过滤模块，记录第一个捕获到的有效地址，将其他捕获到的地址作为空址。

（2）一址多户。一个居住地址中居住着多个家庭户。在制作末端抽样框时，尽量对相同地址的有效住户按照右手原则进行编号，并纳入末端抽样框。在实际调查中，若仍存在一址多户，则启用 CAPI 系统的住户过滤模块，在获得符合上述常住家庭户定义的家庭户以后，再启用系统的随机抽样程序，从合格的家庭户中获取样本家户。

在末端抽样框中，按照随机起点的循环等距抽样方式，抽取样本家户地址。

样本规模

CFPS 设计的目标有效样本规模为 16000 户，其中每个"大省"1600 户，5 个"大省"的总样本为 8000 户；20 个"小省"的总样本为 8000 户。

在获得各阶段抽样框列表以后，每个阶段都采用了与人口规模成比例（PPS）抽样方法。

第一阶段抽样，除上海市以外，共获得 144 个区（县）层级的 PSU。其中，除上海市以外，每个"大省"16 个区县，4 个"大省"的样本区（县）总数为 64 个；20 个"小省"的样本区县总数为 80 个；上海市获得 32 个街道级 PSU。

第二阶段抽样，共获得 640 个村居，除上海以外，每个区（县）级 PSU 对应的 SSU 为 4 个。上海市每个街道级 PSU 对应的 SSU 为 2 个。

第三阶段抽样，将 640 个样本村（居）分为 60%、70%、80%、90% 共 4 个等级的应答率区域,采用按应答率比例扩大样本规模的方法,共需要抽取19986个居住地址。

经过住宅过滤所获得的样本地址结果如表0-1。

表0-1　CFPS2010住宅过滤调查结果

住宅过滤最终代码	地址数	占总地址数(%)	累计(%)
未能判断房屋类型	1160	5.80	5.80
错误地址	67	0.34	6.13
无法到达访问区域	26	0.13	6.27
住宅	18032	90.23	96.50
非住宅	111	0.56	97.05
空置房屋	589	2.95	100.00
合计	19985	100.00	

调查单位

CFPS的问卷调查单位为:样本村(居)、样本家庭户、样本家庭户内所有成员。

样本家庭户成员指样本家庭户中经济上联系在一起的有血缘、姻缘、领养、赡养等直系亲缘关系的成员以及在该家庭居住3个月或以上、与该家庭的经济不可分割的非直系亲缘关系成员;与家庭之间属于雇佣关系的如保姆、司机等,不在其列。

"中国家庭动态跟踪调查"的问卷设计

问卷结构

在参考了美国PSID、英国的BHPS、德国的GSOEP、台湾的PSFD等问卷的基础上,如上所述,CFPS总体上关注的是个体生命历程与社会变迁之间的关系,把个体生命历程分为青少年和成年两个阶段,并把每个阶段个体的社会环境纳入其中。问卷的第一稿于2007年4月23日由调查中心邱泽奇教授提交给管理委员会,此后经过无数次的修订,并集中了100多位专家的智慧和贡献,形成CFPS2010年初访调查的问卷,可以认为这是吸取了各类问卷精华、也吸取了到目前为止涉及跟踪数据方法最新成果的设计。问卷的整体结构;参见图0-2:

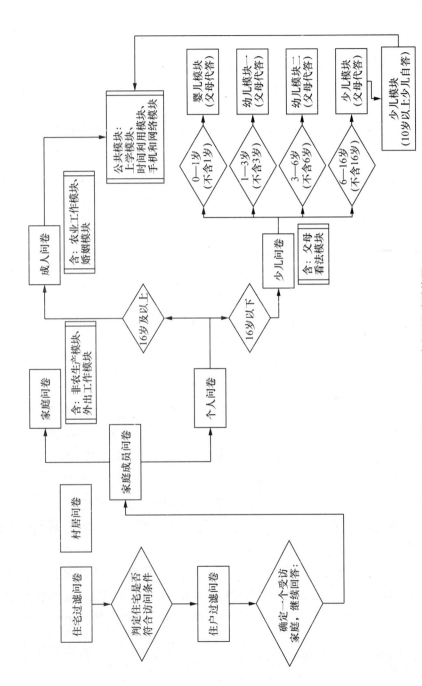

图0-2 CFPS2010年初访问卷结构构图

问卷种类

从调查单位层级来区分,CFPS2010年的初访问卷分为三个层级:个体、个体生活的紧密环境即家庭、家庭生活的紧密环境即村居,由此形成了三种问卷,即村(居)问卷、家庭问卷、个人问卷。

村居问卷的目的在于了解样本家庭所在的环境,包括自然环境、社会环境、基础设施、人口环境、健康保障环境、受教育环境、社会经济状态等。

家庭问卷的目的在于了解样本个体生活的家庭环境,包括家庭的社会关系网络尤其是血缘和亲缘关系网络(家庭人口问卷)、生活设施、住房、资产、社会经济活动、社会经济地位等。

个人问卷的目的在于了解样本个体的状况,包括个体从出生到有能力回答问题阶段的天赋的和自致的以下方面:出生时的身体状况、成长的家庭环境、受教育的历史与现状、职业状况、经济状况、代际关系、社会关系、身心健康状态、基本价值观、心理状况、自我评价、时间利用、现有的语文和数学能力测试等。

鉴于个体生命历程每个阶段的主题不同,CFPS将个人问卷分为了两个年龄组,每个年龄组使用不同的问卷,但共享一些共同性问题模块。

第一个年龄组为16岁以下年龄组。在这个年龄组中,根据中国教育制度映射的受教育状态,又将其分为两个子年龄组,即10岁以下和10—15岁年龄组。10岁以下年龄组只有监护人(通常为受访者父母)代答问卷,用于了解孩子出生及成长中相关的环境以及监护人对孩子的评价。10—15岁年龄组除了有父母代答问卷以外,还有由孩子自己回答的问卷;由父母代答的问题与10岁以下年龄组相同,由孩子回答的问题侧重于教育、交往、身心健康、基本价值观、自我评价等。

第二个年龄组为16岁及以上年龄组。在这个年龄组中,不区分自然年龄段,但区分社会性年龄段,即受教育阶段、工作阶段、退休阶段等。每个阶段的问题选择被设计在计算机辅助面访调查系统中,由关联性问题提供筛选条件和结果。

问卷整合

鉴于CFPS问卷结构的复杂性,在整合问卷时,采用了计算机辅助面访调查(CAPI)系统,又称 CFPS 访问管理系统(CFPS-IM)。

IM 系统包括了两个基本功能组件:问卷组件、访问管理组件。

问卷组件的开发采用了 Blaise 4.8.1 版平台,包括了八种问卷:村居问卷、住宅过滤问卷、住户过滤问卷、家庭人口问卷、家庭问卷、少儿问卷(代答)、少儿问卷(自答)、成人问卷。

访问管理组件的开发源于密西根大学调查研究中心的调查循迹(SurveyTrak,ST)系统,根据 CFPS 的需求,在引进 ST 系统的同时,进行了适用性改造和本地化,又分为客户端和服务端,包括了多种功能:样本管理、访问联系管理、访问状态管理、访问进度管理、数据同步管理、数据管理、数据报告、质量督导等。

"中国家庭动态跟踪调查"的执行过程

访员招聘

鉴于跟踪调查的需求和 2008—2009 年测试调查的经验,访员招聘的基本原则是:(1)居住在样本区(县);(2)具备计算机使用能力;(3)熟悉当地方言;(4)有时间和精力;(5)有责任心。

招聘工作从 2009 年 10 月 21 日到 2010 年 7 月上旬结束,以网络招聘为主、以 2008—2009 年的老访员推荐和样本区(县)计生委推荐为辅,分二种方式选拔:简历筛选、电话面试、实地面试。

截止到 2010 年 7 月,共招聘了 453 名可参加培训的预备访员。

访员培训

CFPS 的访员培训主要采用了分期分批、集中培训、合格上岗模式。来自 25 个省市自治区的访员,都集中到北京大学进行为期 6 天的封闭式培训。

在 6 天的培训中,采用课堂讲解、分组练习、模拟测试、实地入户四种方式,培训的内容包括:(1)入户访问的基本技巧;(2)CAPI 系统使用;(3)问卷内容;(4)调查执行程序。①

首批访员培训于 2010 年 3 月 22—27 日进行,到 2010 年 9 月 15 日之前,

---

① 具体培训内容参见孙妍、严洁等编著:《中国家庭动态跟踪调查(2010)访员培训手册》,北京:北京大学出版社 2011 年版。

先后集中培训了453名访员,其中培训合格且获得了培训结业证书的访员438名。2010年11月,又先后培训部分访员用于CFPS的补访和样本维护。合格访员的基本情况参见表0-2。

表0-2 2010年CFPS初访调查访员基本特征

总访员数=438人		频率	百分比	累积百分比
性别	男	294	67.1	67.1
	女	144	32.9	100.0
婚姻状况	未婚	265	60.5	60.5
	已婚	173	39.5	100.0
年龄(岁)	18—19	10	2.3	2.3
	20—29	306	69.9	72.1
	30—39	101	23.1	95.2
	40及以上	21	4.8	100.0
受教育程度	研究生	11	2.5	2.5
	本科	198	45.2	47.7
	专科	153	34.9	82.6
	高中及以下	76	17.4	100.0
职业	企业职员	137	31.3	31.3
	学生	109	24.9	56.2
	事业单位	50	11.4	67.6
	无业/待业	44	10.0	77.6
	计生系统	39	8.9	86.5
	教师	29	6.8	93.4
	自主经营	30	6.6	100.0

样本发放

CFPS采用逐步分发的方式,管理每个访员可以使用的样本数量。第一批,给每个访员10个样本家庭。在访员入户以后,视访问进展,由调查中心通过IM系统,为访员追加可访问的样本家庭数,并使每个访员可用的样本数量保持在10个左右。

入户访问

2010年CFPS的执行鉴于调查中心人力资源的实际情况,采取了分批执行的方式,将25个省市自治区分为南北两片,在南方片执行一段时间以后,北方片正式开始。

访问管理采用访员、督导责任制。一般而言,每个访员负责2个样本村(居)共50个样本家户的访问,对于中途退出、因故无法完成访问的访员,由调查中心督导协调其他区域的访员到未完成样本村(居)进行访问。调查中心的专职执行督导负责联系和管理访员的工作,每个督导负责一定数量的访员,除了负责样本管理、技术支持、访问支持以外,还负责进度管理。

访员通过IM系统获得家户样本以后,需运用IM系统按照操作规程寻址、联系、入户,每个过程和程序,都记录到IM系统之中。

在访问期间,每个访员每个星期至少1次通过互联网络将数据加密传回服务端,并接受服务端发出的指令,如样本追加、样本调配、系统升级等。

"中国家庭动态跟踪调查"的质量督导

质量督导内容

CFPS初访调查的质量督导工作有3个基本对象:末端抽样、问卷数据、访员行为。

对末端抽样,督导的重点包括:(1)住宅抽样框的精度;(2)非传统住宅的确认;(3)一址多户抽样的随机性。

对问卷数据,督导的重点包括:(1)离群值;(2)无回答;(3)逻辑矛盾;(4)访员观察记录;(5)结果代码;(6)联系记录。

对访员行为,督导的重点包括:(1)样本寻址;(2)访问本人;(3)逐项提问;(4)中立态度;(5)访问速度;(6)礼金支付;以及其他一些涉及数据质量的访问行为。

质量督导执行

对调查的督导采用了多种方式互补的策略,主要的方法包括电话回访、录音监听、键盘回放、实地回访、题目用时分析等5种手段。其中,电话回访、录音监听、键盘回放、题目用时分析由调查中心质量督导部门负责组织专门的督导和质量督导员执行。

督导员培训由调查中心负责,实地督导则与东北财经大学、兰州大学、上海大学、中山大学、河南大学、贵州民族学院等高校合作进行。实际聘用了录音监听人员 136 名,电话回访人员 59 名,实地督导人员 158 名,键盘回放人员 1 名,题目用时核查员 3 名,受访者礼金核查人员 8 名。

电话回访计划拨打占样本家户总量的 33%,实际拨打成功的占样本家户总量的 19%;录音监听计划占有录音问卷的 15%,实际监听数占有录音问卷总数的 28%;键盘回放计划占问卷总量的 5%,实际键盘回放占问卷总量的 3%;实地回访计划占样本家户地址总量的 15%,实际实地回访占样本家户地址总量的 25%;题目用时分析则实际覆盖了 26% 访员的全部样本。

每个访员访问的每个地址的每种类型联系结果都被核查到;每个访员都接受了所有督导方式的督导和核查;每个访员访问的每类问卷数据都被督导和核查到了。

每份问卷的所有变量和 IM 产生的并行数据①的所有变量,都定期使用统计分析方法进行检验,以核查系统性偏差,并加以督导。

对于管理数据、问卷数据,每周进行核查,每周进行核查进度、结果、分析报告,并提出进一步复查的需求。

质量核查督导员每周报告随机核查的进度、结果、建议,并提出进一步复查的需求。

所有发现的问题均要求执行部门一周内给予反馈。

质量督导结果

在质量督导中,除发现了在纸笔调查中无法发现的臆答(未经受访者回答,访员自己根据自己的推测代替受访者填答)现象以外,到 2010 年 9 月 15 日大部分调查已经完成时获得的部分质量督导结果如表 0-3—0-7 以及图 0-3 所示:

---

① 并行数据指与调查活动并行、由调查访问管理系统(IM)自动记录的、可以对访员活动进行重现的数据。

表 0-3　困难问题的无回答率

问卷	监测问题个数	变量描述	无回答率（%）
村居问卷	24	去年牛肉最高/低价格(元)	30.00
		常住人口中 0—15 岁	17.81
		历史商品房最高价	13.30
家庭成员问卷	15	家中第 5 个成员的生日(年)	8.18
		家中第 4 个成员的生日(年)	7.67
		家中第 2 个成员的生日(年)	6.74
		家中第 3 个成员的生日(年)	6.56
家庭问卷	18	每天有几次班车	13.97
		哪年迁入现在住房	5.15
		居住房的建筑面积	4.69
成人问卷	16	出生时的体重(斤)	72.87
		小学哪年毕业	17.31
		3 岁不与父亲一起住的时间	4.21
少儿问卷	6	数学在班上排第几名	51.25
		语文在班上排第几名	48.81
		朋友 2 出生日期(年)	38.25
		朋友 1 出生日期(年)	31.01

表 0-4　敏感问题的无回答率

问卷	监测问题个数	变量描述	无回答率（%）
住户过滤问卷	20	住户 4:居住时间是否超过 6 个月	1.82
		住户 3:小区内其他住宅数目	1.38
		住户 3:国内其他住宅数目	1.38
家庭问卷	8	现居住房子月租金(元)	30.84
		现居住房子的市值(万元)	25.25
		其他资产的现值(元)	5.61
成人问卷	13	同居了多长时间(月)	17.39
		离婚年月(年)	14.55
		对政府工作的评价	7.43
少儿问卷	12	抽烟的频率	5.88
		父母之间争吵了几次	2.69
		你和父母争吵了几次	0.80

表0-5 态度量表无回答率

问卷类型	量表名称	问题条目	无回答率(%)
成人问卷	公平观念量表	7	10.01
	成功因素量表	7	7.30
	精神状态量表	6	0.28
少儿问卷	对自己的看法量表	14	6.19
	养育子女的观念量表	8	2.25
	生养子女的理由量表	9	1.69
	对受访少儿的看法量表	12	2.92
	影响子女未来成就的因素量表	7	4.17
	对孩子的关怀量表	6	0.15
	对孩子的日常观察量表	7	1.41
	家长对待孩子行为量表	14	0.11
	成功因素量表	7	3.91
	生活目标量表	11	2.62
	精神状态量表	6	0.45

表0-6 访问用时督导结果　　　　　　　　　　　　单位:分钟

问卷类型	平均	标准差	最小值	Q1	中位数	Q3	最大值
村居问卷	55.96	164.76	8.45	32.28	44.39	60.93	3928.78
住户过滤问卷	2.76	3.40	0.17	1.32	1.95	3.08	188.95
家庭成员	18.37	23.89	0.93	10.65	15.22	22.10	2219.00
家庭问卷	28.65	16.16	3.68	19.25	25.70	34.55	775.43
成人问卷	46.29	34.37	5.13	31.87	42.63	56.17	3312.10
少儿问卷	28.19	25.15	1.68	10.48	17.55	43.83	607.55
0—1岁	5.09	2.50	1.68	3.62	4.42	5.63	18.87
1—2岁	9.91	4.39	2.12	6.98	9.10	11.85	42.52
3—5岁	13.95	8.55	2.47	9.53	12.74	16.93	252.27
6—9岁	16.03	19.33	2.68	10.42	13.97	18.68	607.55
10—15岁	51.53	21.10	7.25	38.17	49.37	62.10	352.70

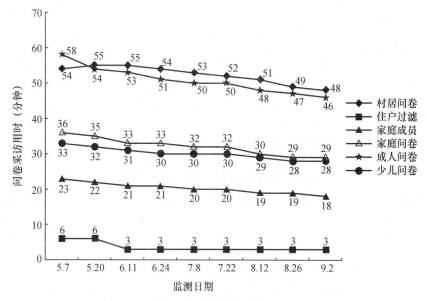

图 0-3 CFPS2010 年初访调查问卷用时趋势

表 0-7 访员对受访者的观察

问题	村居问卷	家庭问卷	成人问卷	少儿问卷
理解能力	5.75	5.01	4.81	5.10
配合程度	6.06	5.49	5.50	5.63
智力水平	5.77	4.96	4.84	5.15
对调查兴趣	5.48	4.88	4.89	5.04
对调查的疑虑	2.73	2.65	2.53	2.37
回答可信程度	5.75	5.34	5.36	5.54

注：1 表示最低，7 表示最高。

截止到 2010 年 9 月 15 日，通过调查质量核查和督导发现的、涉及数据质量问题有：

（1）成人代答样本：81 份（视为废卷），涉及 21 个访员。

（2）少儿代答样本：22 份（视为废卷），涉及 20 个访员。

（3）用时过短样本：1864 份（各类问卷合计），涉及 36 个访员。用时过短是指总访问用时过短，且访问用时过短的题目数占监测题目数的比例超过

50%的样本。

（4）访问不规范样本：899份（各类问卷合计），涉及97个访员。访问不规范是指访问中存在未按题干提问、漏问，以及受访者反映访员极不认真的样本。

（5）联系记录有问题：2400条（已经核查并全部更新）。

"中国家庭动态跟踪调查"的问卷数据清理

CFPS2010年初访调查的数据包括了调查问卷数据、访问管理数据、质量核查数据、访员观察数据、抽样信息数据和访员信息数据等，数据类型如图0-4。

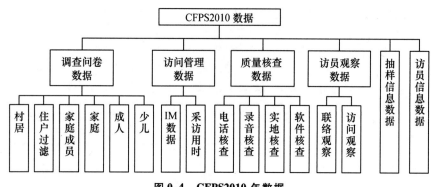

图0-4 CFPS2010年数据

CFPS2010年的初访调查使用了CAPI和IM系统，在很大程度上提高了数据质量，但后期数据处理的工作仍然是必不可少。数据处理的目标有三：（1）数据准确；（2）数据结构规范；（3）用户友好。以调查问卷数据的处理过程为例，主要包括以下几个步骤：

整个问卷数据清理的过程包括了如下步骤：

（1）建立数据库。这个阶段的工作包括了添加变量标签、添加变量值标签、合并开放性问题数据库、开放性问题编码、家庭成员数据库分解、多层次数据库合并等工作。由此形成的是一个结构化的数据库。

（2）在将所有数据入库以后，就建立了最原始的CFPS问卷数据库，进一步的整理工作包括了删除无效观测、查找遗失观测、修改访员输入错误、处理关键变量缺失、清理冗余变量、核查可疑变量值、核查变量之间的逻辑关系等。由此形成的是一个初步可用的、清洁完整的问卷数据库。

（3）数据定稿。在数据清理的基础上，还需要检查确认，包括修订变量标签、定义缺失值、调整变量顺序、补充权重变量。

（4）发布准备。问卷数据库的发布，除了对隐私性信息、样本规模、样本权重等进行处理以外，还需要为使用者准备一系列的文件，便于使用者能很快地理解数据库的内容和特点，主要的文件包括编码手册、数据使用说明和变量列表。

CFPS2010年初访调查的原始问卷数据库变量数为：(1)村居问卷267个；(2)住户过滤问卷196个；(3)家庭成员问卷4988个；(4)家庭问卷1788个；(5)成人问卷1770个；(6)少儿问卷1267个。经过一系列数据处理，最终获得发布数据库的变量数为：(1)村居问卷247个；(2)家庭问卷911个；(3)成人问卷1631个；(4)少儿问卷840个。

《中国报告·民生·2011》使用的数据

CFPS2010年的调查遇到了各种非常规状况的影响，如自然灾害、整村性的外出打工、上海世博会等，使得入户面访工作进行得非常困难。整个调查工作原定于2010年9月15日结束，但到截止日期时，实际只完成了预定入户调查工作的92%左右，尤其是上海的工作，进展得异常困难。除此以外，省会城市和部分地级城市的入户难度也远远超出了我们的预估。

为保证初访调查的样本量和尽量减少因缺失值所带来的调查总误差，2010年11月，调查中心启动了补访调查预案。对村(居)、家户、家庭成员三个层级的拒访、因不在受访地址发生的未访等进行补访，整个补访工作将于2011年2月底结束。补访努力的主要方向是，利用外出人员回家过年的机会，提高应答率。

用于《中国报告·民生·2011》的数据是截止到2011年1月25日所收到的数据。

如前所述，CFPS的样本实际来自6个独立的样本框，其中5个为可在省级层次推论的省级样本框，1个为20个省市自治区的样本框。为方便《中国报告》的分析，调查中心数据部和质量督导部合作，在现有6个独立样本框的基础上，另外形成了一个合并了25个省市自治区的全国样本框。由于补访调查工作尚没有完全结束，故合并工作不是将6部分数据合并后再进行加权，而是依据抽样原则，从5个省级独立样本框中二次抽样，使其在总体中符合PPS原则。

需要特别说明的是，《中国报告·民生·2011》使用的数据是未经过加权的数据。坦率地说，就这个问题，调查中心的专家和报告写作小组的专家曾经进行过严肃认真的讨论和测试，就报告中所列的主要趋势而言，加权后的数据不至于对未加权的数据在单变量描述结果方面产生颠覆性影响（参见表0-8、表0-9、表0-10）。由于报告写作小组所能利用的时间非常有限，为保证按期提交报告，在保证数据准确的前提下，我们牺牲了数据的精确性。

CFPS2010年初访调查样本数据的属性分布及与相关数据的比较，参见表0-8、表0-9和表0-10。

表0-8　CFPS2010年初访调查样本数据的城乡属性分布

类别	2010全国比例(%)	样本(未加权)比例(%)	设计权数比例(%)	无回答权数(%)	事后分层权数(%)
城镇家户	46.59	46.32	44.59	48.91	46.59
乡村家户	53.41	53.68	55.41	51.09	53.41

表0-9　CFPS2010年初访调查少儿样本数据的性别和年龄属性分布

类别	2010全国比例(%)	样本(未加权)比例(%)	设计权数比例(%)	无回答权数(%)	事后分层权数(%)
0—9岁男性	31.33	35.60	36.30	36.46	31.33
0—9岁女性	25.54	29.96	30.19	31.97	25.54
10—15岁男性	23.32	17.58	17.34	14.52	23.32
10—15岁女性	19.81	16.86	16.17	17.04	19.81

表 0-10　CFPS2010 年初访调查成人样本数据的性别和年龄属性分布

类别	2010 全国比例(%)	样本(未加权)比例(%)	设计权数比例(%)	无回答权数(%)	事后分层权数(%)
16—19 岁男性	3.52	2.77	2.55	2.35	3.52
16—19 岁女性	3.17	2.73	2.59	2.30	3.17
20—29 岁男性	8.61	6.40	6.03	5.44	8.61
20—29 岁女性	8.59	7.55	7.13	6.96	8.59
30—39 岁男性	9.64	8.51	8.88	7.82	9.64
30—39 岁女性	9.84	9.59	10.17	9.64	9.84
40—49 岁男性	10.70	11.07	11.11	11.22	10.70
40—49 岁女性	10.88	12.30	12.36	13.53	10.88
50—59 岁男性	8.65	9.39	9.37	9.82	8.65
50—59 岁女性	8.58	9.63	9.76	10.35	8.58
60—69 岁男性	5.13	6.30	6.25	6.42	5.13
60—69 岁女性	4.97	5.99	5.90	5.97	4.97
70—79 岁男性	2.87	3.31	3.30	3.39	2.87
70—79 岁女性	2.93	2.92	3.01	3.08	2.93
80—89 岁男性	0.75	0.59	0.61	0.66	0.75
80—89 岁女性	0.99	0.85	0.88	0.97	0.99
90 岁以上男性	0.05	0.04	0.03	0.03	0.05
90 岁以上女性	0.11	0.08	0.07	0.06	0.11

《中国报告·民生·2011》是依据这些数据形成的描述性报告,目的是向大众读者说明在全国以及 5 个代表性省市的基本发现。政策分析专家可以以这些发现为线索,展开进一步的研究;学者们可以选择自己的兴趣点,对数据进行深入挖掘和探讨。为了叙述的方便,《中国报告·民生·2011》仍然将内容分为 6 个主题,即经济、教育、婚姻家庭、健康、社会交往,以及社会和谐,共计 22 章,所运用的是数据中显而易见的一部分。对数据更专门的开发和利用,无论是在学术界还是政界,都有赖于更多专家们的努力。

报告整体的特点在于描述,表述关联和差异,因此,表达的工具多是二维或三维的图表。一般而言,若表格中是百分比例,其括号中数为样本数;若表格中为平均数,其括号中的数为标准差。

对于跟踪数据而言,初访调查与截面调查并没有什么区别。如果说一定有什么区别的话,那就是跟踪调查的设计更多地关注了变迁,更加着重于客观变量。考虑到这一点,《中国报告·民生·2009》已经初步建立了一个历时比较的框架,《中国报告·民生·2011》则试图完善这个框架,以便于后面报告进行跟踪数据的有效利用。

致谢

在调查中心的日常运作中,北京大学校领导、校各职能部门,从办公场所、人力资源、技术资源、管理资源等各方面都给予了大力的支持,没有他们的支持,调查中心的工作根本无法展开。

北京大学中国社会科学调查中心管理委员会作为9个院系的代表,不遗余力地支持了调查中心的发展和CFPS的实施。作为管理委员会主席,北京大学国家发展研究院副院长姚洋教授几乎参与了调查中心和CFPS所有重要的决策活动。

CFPS的设计与修订则得到了北京大学中国社会科学调查中心学术顾问会的主席、美国科学院院士、美国艺术与科学院院士、(台北)"中央研究院"院士、密西根大学杰出教授谢宇先生和来自世界各地的专家们的学术指导。

从纸笔调查转向计算机辅助调查的技术开发中,调查中心得到了来自美国密西根大学调查研究中心(SRC)从领导到同仁的大力支持,调查研究中心主任Bill Axinn教授、调查研究中心执行主任Beth-Ellen Pennel女士和技术总监Gina-Qian Cheung更是给予了热情和周到的关怀、指导和帮助!

在调查实施中,调查中心得到了来自合作机构如国家人口和计划生育委员会、国家统计局、中山大学、上海大学、兰州大学,以及东北财经大学、河南大学、贵州民族学院、样本村(居)的村(居)委会等充分的支持与帮助,没有他们的支持,调查员就不可能进村入居,进入家庭进行调查。

当然,调查活动是由督导员和调查员完成的,在这里,《中国报告·民生·2011》无法一一列出他们的名字,为了感谢每一位作出贡献的人员,我们将与这次调查有关的所有人员,都列在了调查中心的网站上,请参阅 www.isss.edu.cn。

整理数据和写作报告是一项浩大的工程,北京大学多个院系的教师和学生参与了其中。

谨此,我们要向所有对 CFPS 的 2009 年测试跟踪调查和《中国报告·民生·2011》作出贡献的人们致以最诚挚的敬意和谢意!我们还要特别感谢的是北京大学出版社的领导和编辑,没有他们的理解、支持和共同努力,就不会有这份报告。

如前所述,《中国报告·民生·2011》的数据来源于全国 25 个省市自治区的初访调查。尽管经过了审慎的测试,但仍然难免有这样和那样的疏漏和错误,从设计、抽样、调查、数据清理到报告写作,都有不少我们已经发现、正在检讨并试图改进的地方。我们衷心希望未来的《中国报告》能更好地展现"中国家庭动态跟踪调查"的特色,更有效地回答社会提出的问题;我们更希望运用 CFPS 平台,为推进社会科学和政策研究的发展做出力所能及的贡献。

第一部分 经济生活

第一章 家庭收入与支出

家庭是社会成员成长和生活的基本单位，而家庭的经济活动是家庭正常运行、其成员健康幸福生活的物质基础。在这一章，我们将对家庭的收入、支出情况进行概要描述，以对全国及不同地区的家庭的生活水平及条件有所反映。

第一节 家庭收入

一、家庭收入水平

本次调查采用直接询问的方式，收集了受访家庭过去一年总的工资性收入（含外出务工纯收入）、经营性收入（非农经营纯收入）、财产性收入（包括土地出租收入、生产资料出租收入、其他租金、出卖财物收入、存款利息等，未包括尚未变现的金融投资收入）、转移收入（退休金及礼金收入）以及其他收入，我们将这五个方面的收入汇总得到家庭总收入。家庭人均收入则等于家庭总收入除以同灶吃饭的直系家属数。

表1-1显示，从全国的情况来看，所有家庭平均的年总收入超过3.6万元，但有一半家庭的年收入2.7万元以下。从家庭人均收入来看，均值为11355元，其中有50%的家庭年人均收入在7600元以下。分地区的情况来看，本次调查中具有代表性的五个省市中，上海的家庭总收入及人均收入的均值最高，50%的家庭年收入在5万元以上；其次是广东，50%家庭年收入在2.8万以上，但该省家庭平均规模较大，人均收入方面不如辽宁省，居于五省中第三位。

其他省份中以甘肃省的平均家庭总收入最低,该省家庭平均总收入不到2.9万,50%的家庭的人均年收入不到5100元,家庭人均收入不足上海的三分之一。

表1-1　各地家庭总收入和人均收入平均情况　　　（单位:元）

地区	总收入均值	总收入中位值	人均收入均值	总收入中位值	户数
全国	36664	26956	11355	7620	9597
辽宁	36237	28706	13357	10313	1477
上海	71544	50000	26000	17751	1307
河南	30595	23725	7801	5771	1484
广东	39474	28500	10720	7075	1389
甘肃	28748	22680	7457	5090	1531

我们将全国家庭总收入按高低排序,然后计算全体家庭的累积收入,并分为五档,每档包括累积收入总和的20%。由表1-2可以看到,全国50%的家庭只占全部家庭收入总和的20%,72.4%的家庭只占了全部收入的40%,而收入最高的4%家庭却占有全部家庭收入总和的20%(需要说明的是,我们已经排除了所有收入超过1000万的18个家庭)。全国家庭总收入的基尼系数为0.46。从分地区的情况来看,各省的收入不平等情况大体类似,从低端收入来看,广东家庭收入的不平等情况最为严重,51.2%的家庭只占有20%的收入;从高端收入集中度来看,上海最高3.3%的家庭即占有该市全部家庭收入总和的20%,是具有代表性的五个省份中集中度最高的;不过从基尼系数上看,广东省的不平等情况要比上海更为严重,前者的家庭总收入的基尼系数为0.4679,后者的基尼系数为0.4658。

表1-2　各地不同总收入等级的家庭户比例　　　（单位:%）

地区	最低20%	次低20%	中间20%	次高20%	最高20%	合计
全国	50.7	21.7	14.4	9.2	4.0	100.0(9597)
辽宁	46.8	22.1	15.4	10.6	5.0	100.0(1477)
上海	49.8	23.0	14.8	9.1	3.3	100.0(1307)
河南	49.3	21.8	15.0	10.0	3.8	100.0(1484)
广东	51.2	21.4	14.5	8.9	4.0	100.0(1389)
甘肃	49.3	21.4	15.5	10.1	3.7	100.0(1531)

注:括号中为样本量,此处为户数。后文表格合计栏中无特殊说明均指样本规模。

与家庭总收入类似,在表1-3中我们将家庭人均收入累积总和分为五档,每档包括全国或对应各省所有家庭总收入的20%。可以看到,全国最低53.3%的家庭的人均收入总和占到全部家庭人均收入总和的20%,74.6%的家庭占到全部家庭人均收入总和的40%,而收入最高的占家庭总数3.6%的家庭人均收入总和占到全部家庭人均收入总和的20%。相比于家庭总收入,家庭人均收入的不平等情况更为严重,全国家庭人均收入的基尼系数为0.49。从分地区的情况来看,家庭人均收入的不平等在地区之间的差异不太明显,广东和上海仍是值得关注的收入不平等地区,但两者的顶端集中度与低端集中度不同,其他省份的不平等状况同样值得关注。

表1-3 各地不同人均收入等级的家庭户比例 （单位:%）

地区	最低20%	次低20%	中间20%	次高20%	最高20%	合计
全国	53.5	21.1	13.5	8.3	3.6	100.0(9597)
辽宁	49.7	21.5	14.9	9.6	4.3	100.0(1477)
上海	49.2	23.3	14.9	9.3	3.3	100.0(1307)
河南	50.2	21.0	13.9	9.6	5.3	100.0(1484)
广东	53.9	21.7	13.5	7.6	3.4	100.0(1389)
甘肃	52.5	21.6	13.3	8.5	4.0	100.0(1531)

由于农业家庭与非农业家庭的生活模式与收入情况存在差异,我们分别对两类家庭的收入进行了考察。从表1-4可以看出,非农业家庭无论总收入还是人均收入都比农业家庭多,尤其甘肃情况比较明显,其非农业家庭的平均总收入是农业家庭平均总收入的1.7倍,人均收入方面,非农业家庭更是农业家庭的2倍。河南省农业家庭与非农业家庭的差距最小,农业家庭与非农业家庭的平均总收入差异不大,不过在人均收入方面,非农业家庭是农业家庭的1.5倍。

表1-4 农业家庭和非农业家庭的总收入和人均收入情况 （单位:元）

	农业家庭	非农家庭	后者/前者	农业家庭	非农家庭	后者/前者
全国	30766	43259	1.4	8306	14763	1.8
辽宁	32170	39237	1.2	9835	15954	1.6
上海	52386	72995	1.4	17750	26625	1.5
河南	30155	31401	1.0	6559	10077	1.5
广东	30806	46008	1.5	7266	13324	1.8
甘肃	25371	42436	1.7	6250	12345	2.0

二、家庭收入结构

表1-5显示,从收入结构上看,非经营性收入(工资收入)是家庭收入的主要来源,包括离退休金在内的转移性收入是家庭收入的第二大来源,农业生产收入不到全部家庭收入的6%,经营性收入和财产收入所占比例都不高,在2%左右。从分地区的情况来看,各地区家庭收入的构成存在一定的差异,辽宁的工资性收入所占比例最低,而其他收入所占比例较大;广东的工资性收入所占比例最大,上海和辽宁的转移性收入所占比例远远高于其他省份,上海居全国之首。

表1-5 各地家庭的收入构成情况 (单位:%)

地区	非经营性收入	经营性收入	财产性收入	转移性收入	农业生产收入	其他收入	合计(元)
全国	72.8	2.2	1.9	11.1	5.9	6.0	100.0(36663)
辽宁	63.3	1.6	1.9	16.9	7.0	9.3	100.0(36237)
上海	69.3	2.3	3.2	20.7	0.5	4.1	100.0(71544)
河南	68.2	7.0	1.2	8.5	8.1	7.1	100.0(30595)
广东	77.7	1.9	1.9	9.6	4.1	4.9	100.0(39474)
甘肃	72.9	2.6	0.8	7.8	8.6	7.4	100.0(28748)

注:此处括号中为总支出平均值,单位为元。

表1-6显示,在收入结构方面,农业家庭和非农业家庭存在一定差异,非农业家庭没有农业生产收入,但转移性收入、经营性收入、财产性收入所占比例都相对较大。不过,无论是农业家庭还是非农业家庭,工资性的非经营性收入都是家庭的主要收入来源。从分地区的情况来看,各省两类家庭的收入构成也存在较大差异。同样是农业家庭,辽宁省农业家庭的农业生产收入占到18.5%,上海则只占到9.5%,其他省份都在12%—13%左右。在非农业家庭的收入构成上,辽宁和上海的情况较为相近,两省家庭转移性收入、其他收入所占比例较大,而非经营性收入所占比例较少;其他三个省份非农业家庭的收入构成比较相似,其中广东省非农业家庭的转移性收入所占比例相对较小,工资性的非经营性收入所占比例较大。

表 1-6　农业家庭和非农业家庭的收入结构差异　　　（单位:%）

地区	非经营性收入	经营性收入	财产性收入	转移性收入	农业生产收入	其他收入	合计(元)
农业家庭							
全国	70.0	0.6	1.1	4.5	13.4	10.5	100.0(30765)
辽宁	57.6	0.4	1.0	5.5	18.5	17.0	100.0(32169)
上海	71.1	0.0	0.8	11.1	9.5	7.4	100.0(52387)
河南	62.3	10.7	1.1	3.2	12.7	10.0	100.0(30155)
广东	74.3	0.0	0.4	3.1	12.3	9.9	100.0(30805)
甘肃	72.2	1.9	0.5	3.8	12.1	9.4	100.0(25371)
非农业家庭							
全国	75.0	3.5	2.6	16.3	0.0	2.5	100.0(43259)
辽宁	66.8	2.4	2.5	23.8	0.0	4.6	100.0(39238)
上海	69.2	2.5	3.3	21.2	0.0	3.9	100.0(72994)
河南	78.5	0.5	1.3	17.9	0.0	1.9	100.0(31402)
广东	79.4	2.8	2.6	12.9	0.0	2.4	100.0(46008)
甘肃	74.5	4.3	1.5	17.4	0.0	2.3	100.0(42437)

第二节　家庭支出

一、家庭支出水平

表 1-7 显示,在家庭支出方面,全国家庭的平均总支出为 3.3 万元,50% 的家庭总支出超过 1.9 万元;全国家庭的人均支出超过 1 万元,但 50% 的家庭人均支出在 5560 元以下。从分地区的情况来看,各省家庭的总支出及人均支出存在较大差异。上海家庭的平均总支出最高达到 4.87 万元,50% 的家庭总支出超过 3.46 万元,人均支出 1.83 万元;而河南与甘肃两省家庭的平均总支出水平相对较低,分别只有 2.88 万元和 2.99 万元,人均支出的中位数分别只有 4052 元和 3960 元。

表1-7 各地家庭的支出情况 （单位：元）

地区	总支出	中位总支出	人均支出	中位人均支出	人数
全国	33123	19200	10161	5560	9415
辽宁	35283	21442	12853	7399	1466
上海	48684	34600	18299	12314	1281
河南	28813	15660	7724	4052	1444
广东	36829	22730	9788	5688	1377
甘肃	29927	16760	7940	3960	1503

农业家庭和非农业家庭的支出情况同样存在差异。表1-8显示，全国农业家庭的平均总支出为2.6万元，远低于非农业家庭的4.1万元。在人均收入方面，由于非农业家庭的平均规模相对更小，其人均支出达到农业家庭人均支出的两倍以上。从分地区的情况来看，大体而言，农业家庭总支出都在2—3万元之间，非农家庭的总支出在4—5万元左右；人均支出上，农业家庭在5500—10000元之间，而非农业家庭在1.2—1.9万元之间，后者是前者的将近两倍（上海农业家庭和非农业家庭的相差略小）。辽宁农业家庭的平均总支出最高，比排在第二位的上海都要高1600多元，比最少的河南省高将近6700元。非农业家庭平均总支出上，上海超过其他省份，比紧随其后的甘肃和广东多4000多元。在人均支出上，上海农业家庭的人均支出超过了辽宁以及全国平均水平；广东家庭的人均支出仅仅多于排在最后的河南省，与该省农业家庭及非农业家庭的平均规模均居五省之首有很大关系。

表1-8 农业家庭和非农业家庭的支出情况 （单位：元）

地区	总支出		人均支出	
	农业家庭	非农家庭	农业家庭	非农家庭
全国	26343	40725	6800	13930
辽宁	30410	38854	8659	15927
上海	28793	50205	10292	18912
河南	23758	38184	5541	11770
广东	25617	45360	5712	12889
甘肃	25974	45914	6103	15369

二、家庭支出结构

在家庭支出结构方面，我们在这里将之分为日用支出、耐用品支出、购建房支出和社会生活与服务支出。其中日用支出包括食品、日用品、出行、通信、赡养、租房、衣着、居住。耐用品支出包括车辆按揭、除车辆和住房外的其他按揭、家电、杂项和服务。购建房支出包括住房按揭、购房和建房支出。社会生活与服务支出包括医疗、教育、文化娱乐休闲、商业保险、婚丧嫁娶、捐赠。

表1-9显示,全国家庭的平均日用支出为1.65万元,约占全部支出的47%。比重排在第二位的是社会生活与服务支出,占到全部支出的1/4,购建房支出占到将近1/4。从分地区的情况来看,各省之间的差异不大。日用支出多数占到支出的将近半数,但广东省家庭日用支出占到全部支出的55.6%,购建房支出只有不到18%;而甘肃省日用支出只占到37.6%,但购建房支出却占到了30%(这与甘肃省有少数富有家庭的日用支出外的支出规模较大有很大关系)。

表1-9　各地家庭的支出结构　　　　　（单位:元）

地区	日用支出	耐用品支出	购建房支出	社会生活与服务支出	合计(元)
全国	46.9	4.4	23.4	25.3	100.0(35263)
辽宁	46.8	5.0	23.2	25.1	100.0(37701)
上海	49.8	4.4	23.3	22.5	100.0(60121)
河南	41.8	3.8	23.9	30.5	100.0(28967)
广东	55.6	3.5	17.8	23.0	100.0(38703)
甘肃	37.6	3.2	30.9	28.3	100.0(31450)

表1-10显示,在支出结构上,农业家庭更多的支出放在了建房一类的投资以及社会生活与服务支出上,非农业家庭则更多放在日用支出上,日用支出占到非农业家庭总支出的50%,而在农业家庭中这一比例不到42%。各省农业家庭的支出结构存在较大差异,甘肃省家庭的日用支出只占全部支出的1/3,购建房支出与社会生活与服务支出分别占30%,而广东省家庭的日用支出占到全部支出的55%以上。相比而言,各省非农业家庭的平均支出结构差异较小,各省家庭的日用支出所占比例在46%—56%之间,耐用支出占5%左右,购建房支出和社会生活及服务支出分别占23%左右。值得注意的是广东省农业家庭和非农业家庭的日用支出比例在五省中都是最高的,而甘肃省农业家庭和非农业家庭用于购建房支出的比例在五个省份中都是最大的。

表 1-10　农业家庭和非农业家庭的支出结构情况　　　　　（单位:%）

	日用支出	耐用品支出	购建房支出	社会生活与服务支出	合计(元)
农业家庭					
全国	41.7	4.7	24.5	29.1	100.0(26754)
辽宁	45.6	3.0	24.2	27.2	100.0(30703)
上海	50.9	7.3	6.9	34.9	100.0(32743)
河南	35.1	3.5	25.5	35.9	100.0(24063)
广东	55.4	3.0	14.8	26.8	100.0(25792)
甘肃	33.9	2.8	31.7	31.5	100.0(26702)
非农业家庭					
全国	50.2	4.2	22.7	22.8	100.0(44661)
辽宁	47.3	6.0	22.6	24.0	100.0(42825)
上海	49.8	4.3	23.9	22.0	100.0(62189)
河南	49.2	4.1	22.3	24.4	100.0(37651)
广东	55.9	3.7	18.9	21.5	100.0(48670)
甘肃	45.7	3.9	29.1	21.3	100.0(50847)

本 章 提 要

● 从家庭总收入水平来看,全国家庭的平均总收入为3.67万元,人均收入1.14万元。分地区来看,上海明显高于其他地区,广东次之,河南最低。家庭人均收入方面,上海仍然居首位,但广东因为家庭平均规模较大,人均收入低于辽宁居第三位。

● 全国家庭总收入的基尼系数为0.46,各地区状况与此类似。从低端收入来看,广东家庭收入的不平等情况最高,51.2%的家庭占有20%的收入;从高端收入集中度来看,上海最高,3.3%的家庭即占有该市全部家庭收入总和的20%。

● 从家庭总收入构成来看,非经营性收入,即工资性收入和外出务工收入是家庭总收入的主要来源,包括退休金在内的转移性收入的重要性位列第二。非农业家庭相比于农业家庭各项收入均有明显优势。

● 从家庭支出水平来看,全国家庭在调查前的1年内平均支出3.3万元,人均支出1万元。收入水平高的地区支出水平也相对较高,五个省份家庭的平均总支出在 3 万元到 5 万元之间,人均支出在 1 万元左右。家庭总支出和人均支出中,非农家庭是农业家庭的将近 2 倍。

- 从支出结构上看,日用支出占到全部支出的一半,购建房支出和社会生活与服务支出分别占 23% 左右,耐用品支出占到 4%—5%。各省农业家庭和非农家庭的平均支出结构同样存在一定差异。

第二章 家庭生活条件

本章将主要从住房情况、生活便捷性和居住条件来描述家庭生活条件,其中住房情况将主要关注住房产权性质、住房类型及入住时间;住房面积与价值、完全自有房屋数量、住房困难情况也在讨论范围之内。生活便捷性则主要通过出行、就医、上学与购物四方面来反映。居住环境部分包括家庭用水、供电、燃料和厕卫四方面。

第一节 住房条件

一、住房产权性质

2010 年全国家庭现住房完全自有率为 84.4%,其中农村为 91.3%,城市为 76.7%。在住房自有率上各省之间存在一定差异,如表 2-1,甘肃住房完全自有率最高,为 91.8%,河南、辽宁分别为 89.8%、85.0%,而上海、广东均低于全国水平,分别为 72.8%、81.7%。与此对应,上海有 21.0% 的家庭现在住房为租住,远远高于全国 6.2% 的水平,也高于全国城市平均 11.8% 的水平。辽宁省当地家庭中和单位共有产权的比例尚有 2.9%,高于其他地区;广东有 7.0% 的家庭是由父母或者子女提供的,高于全国及其他几个省份。

表 2-1 分地区的现居住房产权性质 （单位:%）

产权性质	全国	辽宁	上海	河南	广东	甘肃
完全自有	84.4	85.0	72.8	89.8	81.7	91.8
和单位共有产权	1.2	2.9	0.1	0.9	0.5	2.4
租住	6.2	6.1	21.0	3.4	6.4	2.0
政府/单位免费提供	0.8	0.7	0.5	0.3	1.2	0.4
父母/子女提供	5.7	3.0	3.0	4.0	7.0	2.6
其他亲友借住	0.9	1.3	0.6	1.2	1.8	0.7
其他(请注明)	0.9	1.0	1.9	0.3	1.4	0.2
合计	100.0 (9595)	100.0 (1477)	100.0 (1307)	100.0 (1484)	100.0 (1389)	100.0 (1529)

二、住房类型与入住时间

从住房类型来看,全国受调查家庭中有50.7%现在住在平房,24.1%住在小楼房,21.3%住在单元房。不同省份住房类型构成上也存在较大差异。在辽宁,平房与单元房是主要的住房类型,两者共占全部家庭的97.5%;在上海,排在前三位的住房类型依次为单元房、小楼房和平房,依次为47.4%、37.1%和11.4%,平房比例在几个地区中最小;在河南,平房、小楼房和单元房的比例分别为50.9%、25.0%、17.2%;在广东,小楼房、平房、单元房依次是主要的住房类型,分别为42.0%、36.5%和20.3%;在甘肃,处于前三位的住房类型分别为平房、四合院和单元房,分别为65.6%、19.4%和11.3%。

表 2-2 分地区的现居住房类型 （单位:%）

地区	单元房	平房	四合院	别墅	小楼房	合计
全国	21.3	50.7	3.1	0.8	24.1	100.0(9592)
辽宁	43.3	54.2	0.8	0.0	1.7	100.0(1477)
上海	47.4	11.4	0.2	3.9	37.1	100.0(1306)
河南	17.2	50.9	6.8	0.1	25.0	100.0(1484)
广东	20.3	36.5	0.6	0.6	42.0	100.0(1382)
甘肃	11.3	65.6	19.4	0.2	3.6	100.0(1528)

根据调查,全国约有七成家庭入住现居房屋的时间在1990年之后,2000年后入迁现住房的占全部受访家庭的42.7%。1980年代入住现在住房的比

例为17.4%,仅有11.8%家庭1980年以前即入住当前房屋。五个省份的情况与全国大致相似,其中甘肃家庭1990年前入住现在住房的比例最高,为35.6%。

表2-3 分地区入住现在住房时间 (单位:%)

地区	1970年代及以前	1980年代	1990年代	2000年代及以后	合计
全国	11.8	17.4	28.1	42.7	100.0(9597)
辽宁	11.2	21.2	23.8	43.8	100.0(1477)
上海	9.6	21.7	26.0	42.8	100.0(1307)
河南	9.8	14.4	31.6	44.2	100.0(1484)
广东	12.7	13.3	34.4	39.6	100.0(1389)
甘肃	16.7	18.9	23.1	41.4	100.0(1531)

三、住房面积与价值

住房是家庭生活中最重要的空间,住房面积大小直接影响居住质量。通过表2-4可以看到,全国人均住房建筑面积(这里指现居住房建筑面积除以同住家庭成员数)为31平方米,其中农业家庭中人均住房建筑面积为32平方米,非农家庭为30平方米。分地区来看,五省市中上海的家庭人均住房建筑面积最大,为31平方米,甘肃最小,为26平方米;就城乡来看,上海农业家庭的人均住房建筑面积39平方米,高出当地非农家庭人均面积近9平方米,其他四个省的非农家庭人均住房建筑面积均高于农业家庭。如果仅仅分析房屋完全自有的家庭,人均住房建筑面积普遍增大,全国此类家庭的人均现在住房建筑面积变为33平方米。

表2-4 分地区分城乡人均住房建筑面积 (单位:平方米)

地区	全国	辽宁	上海	河南	广东	甘肃
农业家庭	32(18)	28(13)	39(19)	30(17)	28(17)	26(18)
非农家庭	30(18)	28(15)	31(20)	31(17)	28(18)	28(16)
合计	31(18)	28(14)	31(20)	31(17)	28(17)	26(18)

全国 $N=9594$,辽宁 $N=1476$,上海 $N=1307$,河南 $N=1484$,广东 $N=1389$,甘肃 $N=1528$。

注:括号内为标准差。后文表格中均值统计量后括号中对应的即为标准差。

调查中,通过询问受访者现居房屋上月的市值和可能租金来反映现住房的价值。同时,考虑到住房市值分布并非正态,且平均值极易受极端值影响,我们选择更为稳健的中位值来衡量现居住房市值平均情况。由表2-5可见,全国家庭现居住房上月市值的中位值为12万元,即一半家庭的现住房市值在12万元以上。分地区来看,甘肃省家庭现居住房市值最低,上海家庭现居住房中位值高达90万,远高于其他地区。在区分城乡家庭之后,上海农业家庭和非农业家庭现居住房的市值仍然远远高于其他地区,是全国城乡对应平均水平的4—5倍。

表2-5 分地区分城乡现住房上月市值的中位值　　　　（单位:万元）

地区	全国	辽宁	上海	河南	广东	甘肃
农业家庭	8.0	6.0	40.0	8.0	10.0	5.0
非农家庭	20.0	15.0	90.0	20.0	20.0	17.0
合计	12.0	10.0	90.0	11.0	15.0	6.5

全国 $N=9594$,辽宁 $N=1476$,上海 $N=1307$,河南 $N=1484$,广东 $N=1389$,甘肃 $N=1528$

四、自有住房数与住房困难

上面有关家庭住房面积与市值的讨论能够一定程度上反映住房条件的地区和城乡差异,下面有关完全自有住房数和住房困难情况的描述将对此进行补充。此处的自有住房数指住户拥有完全产权的房子数,包括前述现住且产权完全属于自己的住房。由表2-6可以看出,大多数家庭(88.0%)有完全自有住房,有两套以上完全自有房屋的比例在12.4%。没有自有房屋的家庭占12.0%,这包括与单位共有产权或者政府及单位免费提供住房的家庭。从分地区的情况来看,上海和广东、辽宁无自有住房的比例高于全国水平,与此同时上海和广东有两套及以上住房的家庭的比例也高于全国水平,分别为14.9%和16.4%。河南与甘肃尽管经济发展水平不比其他省份,但两省无自有住房的家庭比例远远低于其他省份。

表 2-6 分地区自有住房数 （单位:%）

地区	无住房	一套	两套	三套及以上	合计
全国	12.0	75.6	11.3	1.1	100.0(9594)
辽宁	12.7	77.9	8.6	0.7	100.0(1476)
上海	17.5	67.6	13.2	1.7	100.0(1307)
河南	7.4	78.2	12.5	1.9	100.0(1484)
广东	13.0	70.5	14.5	1.9	100.0(1389)
甘肃	7.3	84.9	7.2	0.7	100.0(1528)

如果说住房拥有情况是反映住房条件的一个重要方面的话,住房困难情况则是从另一个重要侧面来反映住房条件。如表2-7所示,就全国而言,有18%的家庭有某种住房困难,主要表现在12岁以上的子女与父母同住一室、老少三代同住一室等方面。分地区来看,辽宁家庭住房困难比例最高,达22%,上海最低,为14%。各地区最突出的住房困难依然是12岁以上子女与父母同住一室,普遍较高,其中有11%的辽宁家庭选了这一项。此外,老少三代同住一室、客厅里也架起了睡床的问题在各省市均有一定的比例,河南甚至有超过5%的家庭存在客厅里架床的问题,辽宁则有近6%的家庭存在老少三代同住一室的问题。

表 2-7 分地区家庭住房困难情况(多选题) （单位:%）

住房困难	全国	辽宁	上海	河南	广东	甘肃
12岁以上的子女与父母同住一室	7.1	11.0	6.7	5.9	8.9	9.7
老少三代同住一室	4.5	5.9	3.2	4.5	4.3	3.9
12岁以上的异性子女同住一室	2.5	2.4	1.0	1.4	4.5	4.1
有的床晚上架起白天拆掉	1.3	0.5	1.0	1.5	2.2	0.7
客厅里也架起了睡床	3.9	2.4	1.2	5.1	4.3	3.9
其他困难情况(请说明)	4.5	4.5	3.6	5.2	4.3	5.1
没有上述困难情况	81.7	78.4	85.8	82.3	80.3	78.9
户数	9595	1477	1306	1484	1388	1529

第二节 家居条件

住房类型和面积等情况反映了家庭生活最基本的空间条件,家居条件则从住房室内外配套设施情况来反映生活水平和条件。本节将从家庭用水、供电、燃料和厕卫四个方面对家居条件进行基本的描述。

一、家庭用水情况

此处家庭用水主要指做饭用水。如表2-8,全国家庭主要的饮用水类型是自来水,其次是井水和山泉水,分别为58.7%和37.4%,合计共占96.1%,其他饮用水类型在城乡所占比例都不大。城乡家庭用水类型存在差异,农业家庭53.8%使用井水和山泉水,41.3%使用自来水;而多数非农家庭(占78.2%)使用自来水,19.1%使用井水和山泉水。分地区来看,上海市农业家庭与非农家庭自来水普及率高,两类家庭使用自来水的比例都达到了95%。除上海外,辽宁、甘肃两省非农家庭使用自来水的比例也达到了80%以上,河南与广东两省较低,分别为71.8%与79.4%。而辽宁、河南、广东三省农业家庭饮用井水和山泉水的比例分别为68.4%、75.3%、74.0%。值得注意的是,甘肃省农业家庭最主要的饮用水是自来水的占40.2%,高过辽宁、河南和广东,而雨水和窖水的比例也相对更高,达19.7%。

表2-8 分地区分城乡家庭饮用水类型 (单位:%)

地区		江河湖水	井水/山泉水	自来水	雨水/池塘水/窖水等	合计
全国	农业家庭	1.0	53.8	41.3	3.9	100.0(5063)
	非农家庭	0.8	19.1	78.2	1.8	100.0(4531)
	合计	0.9	37.4	58.7	2.9	100.0(9597)
辽宁	农业家庭	0.0	68.4	31.6	0.0	100.0(626)
	非农家庭	0.0	10.9	88.8	0.2	100.0(850)
	合计	0.0	35.3	64.6	0.1	100.0(1477)

（续表）

地区		江河湖水	井水/山泉水	自来水	雨水/池塘水/窖水等	合计
上海	农业家庭	0.0	2.2	95.7	2.2	100.0(92)
	非农家庭	0.0	0.4	97.1	2.5	100.0(1215)
	合计	0.0	0.5	97.0	2.4	100.0(1307)
河南	农业家庭	0.2	75.3	24.3	0.2	100.0(960)
	非农家庭	0.0	27.9	71.8	0.4	100.0(524)
	合计	0.1	58.6	41.0	0.3	100.0(1484)
广东	农业家庭	0.3	74.0	25.5	0.2	100.0(597)
	非农家庭	0.3	19.1	79.4	1.3	100.0(792)
	合计	0.3	42.7	56.2	0.8	100.0(1389)
甘肃	农业家庭	2.6	37.6	40.2	19.7	100.0(1225)
	非农家庭	0.3	12.2	84.8	2.6	100.0(303)
	合计	2.2	32.5	49.0	16.3	100.0(1531)

二、家庭供电情况

电是生产和生活的重要能量来源，电力和电器使用已经影响到家庭生活方方面面，供电稳定性对于家庭生活已经成为重要事项。表2-9显示，非农家庭供电稳定性明显好于农业家庭，非农家庭中只有2.9%经常断电或者根本没通电，几乎未断过电的家庭达到55.6%，高出农业家庭12个百分点。而在农业家庭中，有6.8%经常断电或者根本没通电，另有近一半的家庭反映会偶尔断电。从分地区的情况来看，广东省供电稳定性最低，有7.0%的农业家庭反映经常断电，58.1%反映偶尔断电，非农家庭中也有47.3%反映偶尔断电或经常断电。上海地区的供电稳定性最高，其非农业家庭从未断电的比例达到83%。

表 2-9　分地区分城乡家庭供电情况　　　　（单位:%）

地区		没通电	经常断电	偶尔断电	几乎未断电	合计
全国	农业家庭	0.8	6.0	49.6	43.6	100.0(5062)
	非农家庭	0.5	2.4	41.5	55.6	100.0(4531)
	合计	0.6	4.3	45.8	49.2	100.0(9596)
辽宁	农业家庭	0.0	0.3	40.7	58.9	100.0(626)
	非农家庭	0.4	0.8	34.9	63.9	100.0(850)
	合计	0.2	0.6	37.4	61.7	100.0(1477)
上海	农业家庭	0.0	0.0	40.2	59.8	100.0(92)
	非农家庭	0.3	0.5	16.5	82.7	100.0(1215)
	合计	0.3	0.5	18.1	81.1	100.0(1307)
河南	农业家庭	0.1	2.2	35.5	62.2	100.0(960)
	非农家庭	0.6	1.1	31.5	66.8	100.0(524)
	合计	0.3	1.8	34.1	63.8	100.0(1484)
广东	农业家庭	0.0	7.0	58.1	34.9	100.0(596)
	非农家庭	0.4	2.0	45.3	52.3	100.0(792)
	合计	0.2	4.2	50.8	44.8	100.0(1388)
甘肃	农业家庭	0.7	2.4	41.1	55.8	100.0(1225)
	非农家庭	0.0	2.3	34.7	63.0	100.0(303)
	合计	0.5	2.4	39.8	57.2	100.0(1531)

家庭用电量(家庭月平均用电量和人均月用电量)是反映家庭生活水平和质量的重要指标。为了便于比较,我们区分了有生产用电的家庭及无生产用电的家庭,尽管农业家庭和非农家庭中有生产用电的比例很低。从表 2-10 可知,农业家庭的月用电量与人均月用电量普遍低于非农家庭,全国农业家庭月均用电量为 56.1 千瓦时,非农家庭为 90.4 千瓦时,对应的人均月用电量分别为 14.9 千瓦时和 29.4 千瓦时。在农业家庭中,有生产用电的家庭不管是家庭月用电量还是人均月用电量都显著高于无生产用电的家庭;非农业家庭中则无这种差异。

表 2-10　分地区分家庭类型生活月用电量　　（单位：千瓦时）

地区	农业家庭			非农业家庭		
	无生产用电户	有生产用电户	合计	无生产用电户	有生产用电户	合计
家庭用电量						
全国	53.8	81.4	56.1	89.7	102.8	90.4
辽宁	56.0	87.8	59.6	92.2	82.0	91.9
上海	60.6	84.2	60.8	98.4	101.7	98.5
河南	43.7	71.7	46.3	84.9	101.2	85.7
广东	57.4	94.2	59.1	103.7	119.4	104.9
甘肃	31.9	70.9	33.9	80.0	57.8	78.4
人均用电量						
全国	14.3	21.5	14.9	29.3	31.6	29.4
辽宁	16.3	26.2	17.4	33.7	23.9	33.4
上海	22.1	87.5	22.8	34.2	32.9	34.1
河南	10.3	19.8	11.1	27.0	26.5	27.0
广东	13.4	21.2	13.8	29.8	37.6	30.4
甘肃	7.8	18.1	8.3	24.3	17.4	23.8
户数	7858	651	8563	7782	388	8215

三、家庭燃料使用

除电能外，家庭生活所需燃料还有诸多类型，表 2-11 显示了分地区与城乡的炊事燃料使用情况。同饮用水情况一样，家庭燃料使用中的城乡差异明显。在全国农业家庭中，仍然有一半以上使用传统的柴草作为炊事燃料，煤气、液化气和天然气构成第二大炊事燃料，占 1/5，另外电和煤炭各占 1/10 左右；在非农家庭中，煤气、液化气和天然气是最主要的炊事燃料，占 61.5%，柴草为第二大炊事燃料，占 14.0%，也有 1/10 左右的家庭使用电和煤炭为炊事燃料。

表 2-11 分地区分城乡炊事燃料使用情况　　　　　　　　　（单位:%）

地区		柴草	煤炭	煤气/液化气/天然气	沼气	电	其他	合计
全国	农业家庭	56.3	9.4	19.4	2.5	12.2	0.2	100.0(5063)
	非农家庭	14.0	10.6	61.5	0.2	12.9	0.8	100.0(4530)
	合计	36.4	10.0	39.3	1.4	12.5	0.5	100.0(9596)
辽宁	农业家庭	69.5	0.6	24.4	0.0	4.8	0.6	100.0(626)
	非农家庭	10.4	2.2	80.4	0.0	7.1	0.0	100.0(850)
	合计	35.4	1.6	56.7	0.0	6.1	0.3	100.0(1477)
上海	农业家庭	55.4	0.0	43.5	0.0	1.1	0.0	100.0(92)
	非农家庭	5.0	0.2	91.2	0.0	3.4	0.2	100.0(1215)
	合计	8.6	0.2	87.8	0.0	3.2	0.2	100.0(1307)
河南	农业家庭	51.4	18.4	19.0	3.3	7.8	0.1	100.0(960)
	非农家庭	11.7	19.7	52.8	0.0	15.3	0.2	100.0(523)
	合计	37.4	18.9	30.9	2.3	10.5	0.1	100.0(1483)
广东	农业家庭	67.3	1.2	24.5	1.0	5.5	0.5	100.0(597)
	非农家庭	13.0	0.4	80.3	0.0	5.7	0.6	100.0(792)
	合计	36.4	0.7	56.3	0.4	5.6	0.6	100.0(1389)
甘肃	农业家庭	77.1	17.1	2.2	0.5	3.0	0.1	100.0(1225)
	非农家庭	13.2	14.5	51.8	0.0	20.5	0.0	100.0(303)
	合计	64.5	16.5	12.1	0.4	6.5	0.1	100.0(1531)

分地区的情况来看,炊事燃料使用的地区差异十分明显。辽宁、广东、甘肃的农业家庭柴草使用的百分比均超过了全国水平,而辽宁、上海、广东的非农家庭炊事使用煤气、液化气和天然气的比例高于全国水平,其中上海高达91.2%。河南与甘肃炊事燃料使用结构与其他三省市有较大差异,两省家庭使用煤炭为主要炊事燃料的比例较高,分别达到18.9%和16.5%,两省非农家庭中使用电能为炊事燃料的比例也均高于全国水平,分别为15.3%和20.5%。

四、家庭厕卫情况

日常生活中,家庭厕所类型与垃圾的处理方式直接影响到生活卫生状况,数据显示,城乡厕卫情况差异很大。如表2-12所示,全国家庭最主要的厕所类型是室内冲水和室外非冲水厕所两种,对于非农家庭,两者分别占59.1%、21.0%;对于农业家庭,二者分别占13.0%、60.7%。从分地区的情况来看,不同省份非农业家庭的厕所类型构成存在一定的差异,但相对于农业家庭之间的差异要小很多。辽宁、河南与甘肃农业家庭使用室内冲水厕所的很少,依次仅有1.4%、3.5%和1.2%;与此形成鲜明对比的上海与广东农业家庭中分别有60.9%和61.8%使用室内冲水厕所,如果考虑到室外冲水厕所,南北农村家庭在这一生活细节上差异巨大。

表2-12 分地区分城乡家庭厕所类型 （单位:%）

地区		室内冲水	室外冲水厕所	室外冲水公厕	室内非冲水	室外非冲水厕所	室外非冲水公厕	其他	合计
全国	农业家庭	13.0	4.3	1.5	7.5	60.7	8.2	4.8	100.0(5063)
	非农家庭	59.1	4.0	2.7	2.9	21.0	8.3	2.0	100.0(4531)
	合计	34.8	4.2	2.1	5.3	42.0	8.2	3.5	100.0(9597)
辽宁	农业家庭	1.4	1.6	0.2	1.0	87.9	7.7	0.3	100.0(626)
	非农家庭	72.1	1.3	0.2	1.8	18.5	6.0	0.1	100.0(850)
	合计	42.2	1.4	0.2	1.4	47.9	6.7	0.2	100.0(1477)
上海	农业家庭	60.9	10.9	5.4	3.3	16.3	3.3	0.0	100.0(92)
	非农家庭	84.2	4.2	3.0	1.6	0.4	1.2	5.3	100.0(1215)
	合计	82.6	4.7	3.1	1.8	1.5	1.4	5.0	100.0(1307)
河南	农业家庭	3.5	2.0	0.9	2.8	83.1	6.9	0.7	100.0(960)
	非农家庭	55.7	8.0	4.2	0.8	24.4	5.0	1.9	100.0(524)
	合计	22.0	4.1	2.1	2.1	62.4	6.2	1.1	100.0(1484)
广东	农业家庭	61.8	11.2	2.8	3.4	8.0	10.2	2.5	100.0(597)
	非农家庭	79.0	6.2	2.7	5.8	2.4	2.4	1.5	100.0(791)
	合计	71.6	8.4	2.7	4.8	4.8	5.8	1.9	100.0(1388)
甘肃	农业家庭	1.2	0.7	0.4	5.6	71.7	12.3	8.2	100.0(1225)
	非农家庭	59.4	2.6	3.6	2.3	24.1	6.6	1.3	100.0(303)
	合计	12.8	1.0	1.0	4.9	62.2	11.2	6.8	100.0(1530)

从垃圾处理方式看,城乡差异较大。非农家庭75%以上选择投放到垃圾桶、垃圾道或者由专人处理,而农业家庭只有不到25%的家庭的垃圾得到统一处理,其余多数投放到附近河沟、房屋周围、土粪坑。分地区来看,上海市不管是农业家庭还是非农家庭,几乎全部将垃圾投放到垃圾桶、垃圾道或者有专人处理。而甘肃、辽宁与河南农业家庭最主要的处理垃圾方式是将垃圾投放到附近河沟,分别占65.1%、48.6%、39.3%。广东农业家庭将垃圾投放到住房周围的比例(36.9%)较其他省市大,并且是其最主要的垃圾处理方式。

表 2-13　分地区分城乡家庭垃圾处理方式　　　　　　（单位:%）

地区		垃圾桶/垃圾道或专人处理	附近河沟	住房周围	土粪坑	随处倒	其他	合计
全国	农业家庭	23.1	29.8	22.2	13.5	6.4	5.1	100.0(5063)
	非农家庭	76.4	8.4	9.2	2.8	1.9	1.3	100.0(4531)
	合计	48.3	19.7	16.0	8.4	4.3	3.3	100.0(9597)
辽宁	农业家庭	8.9	48.6	15.7	23.2	1.4	2.2	100.0(626)
	非农家庭	83.4	7.8	4.4	3.6	0.6	0.2	100.0(850)
	合计	51.9	25.1	9.1	11.9	0.9	1.1	100.0(1477)
上海	农业家庭	100.0	0.0	0.0	0.0	0.0	0.0	100.0(92)
	非农家庭	99.7	0.2	0.2	0.0	0.0	0.0	100.0(1215)
	合计	99.7	0.2	0.2	0.0	0.0	0.0	100.0(1307)
河南	农业家庭	10.8	39.3	15.0	30.9	2.4	1.6	100.0(960)
	非农家庭	74.8	11.3	5.5	6.1	1.0	1.3	100.0(524)
	合计	33.4	29.4	11.7	22.2	1.9	1.5	100.0(1484)
广东	农业家庭	26.5	24.6	36.9	2.7	4.9	4.5	100.0(597)
	非农家庭	83.3	2.7	11.0	0.9	1.6	0.5	100.0(792)
	合计	58.9	12.1	22.1	1.7	3.0	2.2	100.0(1389)
甘肃	农业家庭	4.7	65.1	11.5	11.1	3.4	4.1	100.0(1225)
	非农家庭	75.2	17.5	3.3	2.0	1.0	1.0	100.0(303)
	合计	18.8	55.6	9.9	9.3	2.9	3.5	100.0(1530)

第三节　生活便捷性

出行及使用外部公共设施的便捷性是衡量家庭生活条件及社会公共设施配套情况的重要指标。下面我们从出行、就医、上学与购物四个方面分别对居民生活便捷性进行描述。其中,出行便捷性通过住房离最近公共交通站点距离、平均候车时间来衡量,就医便捷性通过距离最近医疗点距离以及以最快捷方式到达最近医疗点的时间来衡量,上学便捷性和购物便捷性分别通过住房离最近高中距离和到最近商业中心的时间来衡量。

一、出行便捷性

由表 2-14 可见,农业家庭与非农家庭间、各地区间离最近公交站点的距离差异很大。全国非农家庭平均离最近公交站点的距离为 0.7 千米,但农业家庭由于主要在农村地区,平均离最近公交站点的距离是非农家庭的近 3 倍。辽宁、上海的非农家庭出门不到 0.5 千米即可找到公交站点,城乡差距在上海和辽宁相对较小,农业家庭距离最近公交站的距离是非农家庭的 2 倍左右,在河南和广东更大,在甘肃则高达 5 倍以上。

表 2-14 分地区分城乡离最近公交站点平均距离　　（单位:千米）

地区	全国	辽宁	上海	河南	广东	甘肃
农业家庭	1.9(4.2)	0.6(0.8)	0.8(0.8)	1.5(1.8)	2.7(3.2)	3.4(3.9)
非农家庭	0.7(1.3)	0.4(0.7)	0.4(0.6)	0.6(1.5)	0.8(1.3)	0.6(1.4)
合计	1.2(3.1)	0.4(0.7)	0.4(0.6)	1.2(1.8)	1.5(2.5)	2.6(3.5)

全国 $N=9594$,辽宁 $N=1476$,上海 $N=1307$,河南 $N=1484$,广东 $N=1389$,甘肃 $N=1528$。

从在最近公交站点的平均候车时间来看,各地区农业家庭与非农家庭依然差距很大。就全国而言,非农家庭附近公交站点平均候车时间只有农业家庭的一半(表 2-15)。单看农业家庭,全国和五省市的最近公交站点平均候车时间均在 20—35 分钟间,其中上海最高,为 33 分钟。而单看非农家庭,辽宁、河南与甘肃的平均候车时间均低于全国平均 15 分钟的水平,其中辽宁仅 10 分钟。广东省非农家庭平均候车时间最长,为 20 分钟。

表 2-15 分地区分城乡最近公交站点平均候车时间　　（单位:分钟）

地区	全国	辽宁	上海	河南	广东	甘肃
农业家庭	29(34)	27(50)	33(25)	23(25)	27(24)	31(27)
非农家庭	15(19)	10(17)	15(15)	13(10)	20(16)	11(9)
合计	21(28)	16(33)	16(17)	19(21)	23(20)	25(24)

二、就医便捷性

从医疗点的分布来看,全国农业家庭离最近医疗点的距离平均约为 1.9 千米,非农地区约为 1.2 千米。分地区的情况来看,广东与甘肃的农业家庭离最近医疗点的距离超过了全国,甘肃甚至达到了3.3千米。对于非农家庭来说,辽宁、河南与甘肃离最近医疗点的平均距离均在1.0千米及以下,上海最高,超过1.3千米(表2-16)。

表2-16　分地区分城乡离最近医疗点平均距离　　　　（单位:千米）

地区	全国	辽宁	上海	河南	广东	甘肃
农业家庭	1.9(3.6)	1.9(3.1)	1.7(1.4)	0.9(1.5)	2.0(2.7)	3.3(4.7)
非农家庭	1.2(2.9)	1.0(1.6)	1.3(1.7)	0.5(0.8)	1.2(2.7)	1.0(2.3)
合计	1.6(3.3)	1.4(2.4)	1.4(1.7)	0.8(1.3)	1.5(2.7)	2.9(4.4)

与距离远近对应,从各地区家庭到最近医疗点所用时间来看(表2-17),农业家庭中除甘肃到最近医疗点的时间最长,为22分钟外,其他四省市农业家庭都低于15分钟;各省市非农家庭离最近医疗点所需时间差异不大,均为10分钟左右。

表2-17　分地区分城乡去最近医疗点时间　　　　（单位:分钟）

地区	全国	辽宁	上海	河南	广东	甘肃
农业家庭	15(20)	11(11)	13(10)	9(10)	10(8)	22(23)
非农家庭	10(11)	9(8)	12(9)	8(8)	9(7)	10(10)
合计	12(16)	10(9)	12(9)	9(10)	10(8)	20(21)

三、上学便捷性

相比于出行和就医,住户离最近高中的距离要远得多(表2-18)。全国农业家庭离最近高中距离平均为19.3千米,而非农家庭为7.9千米,前者是后者的2倍以上。在上海,农业家庭离最近高中的距离为5.1千米,非农家庭为4.0千米,距离都不太远;而其他各省份的城乡差异则十分明显,如辽宁非农家庭离最近高中的距离为4.5千米,其农业家庭距离最近高中的距离是上述距离的近6倍;在甘肃,非农家庭距离最近高中为4.5千米,农业家庭是其近5倍。

表 2-18　分地区分城乡离最近高中距离　　　（单位：千米）

地区	全国	辽宁	上海	河南	广东	甘肃
农业家庭	19.3 (20.0)	26.6 (19.7)	5.1 (5.7)	11.1 (7.6)	16.5 (15.5)	21.1 (20.1)
非农家庭	7.9 (14.1)	4.6 (8.7)	4.0 (7.0)	3.8 (5.5)	7.4 (11.4)	4.5 (10.3)
合计	14.0 (18.4)	14.0 (18.1)	4.0 (6.9)	8.6 (7.7)	11.4 (14.1)	17.8 (19.7)

四、购物便捷性

表 2-19 反映的是居民以日常方式从家到最近商业中心所需时间情况。分城乡来看,除上海的农业家庭到最近商业中心时间为 16 分钟、甘肃为 51 分钟外,全国及其他三省农业家庭到最近商业中心的平均时间在 24—31 分钟之间;而各地非农家庭到最近商业中心时间差异不大,均在 17—21 分钟之间。分地区来看,上海农业家庭与非农家庭间几乎没有什么差异,甚至农业家庭到最近商业中心时间还略少,而其他各省均为农业家庭所需时间要大于非农家庭,其中甘肃省的差异更明显。

表 2-19　分地区分城乡去最近商业中心时间　　　（单位：分钟）

地区	全国	辽宁	上海	河南	广东	甘肃
农业家庭	36(42)	31(23)	16(15)	25(19)	24(21)	51(38)
非农家庭	20(21)	21(15)	18(18)	17(14)	18(22)	21(22)
合计	28(34)	25(19)	18(18)	22(18)	21(22)	45(38)

本 章 提 要

- 2010 年全国家庭现居住房的完全自有率为 84.4%,其中农村为 91.3%,城市为 76.7%;全国非农业家庭租住比例为 11.8%。从住房类型来看,全国受调查家庭中有 50.7% 现在住在平房,24.1% 住在小楼房,21.3% 住在单元房。全国 42.7% 的家庭都是 2000 年后入迁现住房的。

- 全国人均住房建筑面积为 31 平方米。不同户籍的家庭人均住房建筑面积存在差异。全国家庭现住房上月市值的中位值为12万元,五省市中甘肃最低,上海家庭现居住房市值中位值达90万,远高于其他地区。

- 从完全自有房屋数量来看,88.0%的家庭至少有一套完全属于自己的房屋,广东有16.4%的家庭有两套及以上完全自有住房。全国有18%的家庭存在不同情况的住房困难,主要表现在12岁以上的子女与父母同住一室、老少三代同住一室等方面。

- 在家居条件方面,全国家庭的主要饮用水为自来水,其次是井水和山泉水,合计共占96.1%。非农家庭供电的稳定性要明显好于农业家庭。农业家庭的家庭月用电量与人均月用电量都要普遍低于非农家庭。家庭燃料使用中的城乡差异明显,在全国农业家庭中仍然有一半以上使用传统的柴草作为炊事燃料,在非农家庭中,煤气、液化气和天然气是最主要的炊事燃料,占61.5%。

- 室内冲水和室外非冲水厕所是全国家庭的主要厕所类型。在非农家庭中,两者分别占59.1%、21.0%;农业家庭中,二者分别占13.0%、60.7%。在垃圾处理方式上,非农家庭75%以上选择投放到垃圾桶、垃圾道或者由专人处理,而农业家庭只有不到25%的家庭使用这种统一的处理方式,而投放到附近河沟、房屋周围、土粪坑依然占相当大的比例。

- 生活便捷性方面,全国非农家庭离最近公交站点的距离为0.7千米,但农业家庭由于主要在农村地区,离最近公交站点的距离是非农家庭的近3倍,且非农家庭附近公交站点平均候车时间只有农业家庭的一半。从医疗点的分布来看,全国农业家庭离最近医疗点的距离约为2千米,非农地区约为1千米。农业家庭中除甘肃到最近医疗点的时间最长,为22分钟外,其他四省市农业家庭都低于15分钟;各省市非农家庭离最近医疗点所需时间差异不大,均为10分钟左右。相比于出行和就医,住户离最近高中距离要远得多。各省份非农家庭到最近商业中心时间差异不大,均在17—21分钟之间。

第三章　就业与工作环境

前面两章我们主要从家庭收入、支出、居住条件等方面对居民经济生活情况进行了简要描述。本章将首先对调查中的成年人口的就业状态进行简单描述。接下来,将专门分析劳动年龄人口的就业情况与在职工作者的工作类型情况。最后我们将对在职工作者的工作环境与工作满意度进行简单描述。

第一节　就业状态与职业类型

宏观数据反映,2010年中国经济逐渐走出金融危机的影响并取得了巨大的发展,进出口贸易比上年增长了34.7%,GDP增长速度超过10%。那么,就业情况如何?下面我们将分析所有16岁以上成年人以及劳动年龄人口的就业状况,并对在职工作者的工作类型、单位性质等进行具体描述。

首先需要对就业状态的定义和分类进行说明。实际生活中,人们的就业状态复杂多样,既有就业不充分不稳定、有时工作有时不工作的情况,又有身兼数职、退休后继续工作的情况。在我国,通常所指就业是从事一定社会劳动并取得报酬或经营收入的状态,具体统计中主要依靠部门登记数据,并未对所从事劳动的时间长度及稳定性进行细致区分。这里我们区分的就业状态是调查时通过询问受访者目前是否有工作,没有工作的原因等问题得到的。据此,凡表示当前有工作的人我们认定其处于工作状态;凡在上学或参加培训而没有工作的归为上学状态;而表示目前没有工作正在找工作的归为无业在找工作一类;表示年龄太大无法工作或明确表示退休离休的归为离退休一类;因为残障或疾病、受伤等原因而不适合劳动的人员归为身体不适合工作一类;表示在家做家务、带小孩或者无业但没有积极找工作的都归为家务劳动或无业这一类。下面我们来看各类人群的工作状态情况。

一、成年人口的就业状态

从全国来看，16岁及以上成年人口中49.6%的人正在工作，15.4%在家干家务或者无业但没有积极找工作，明确表示目前没有工作且上个月正在努力找工作的比例为8.2%，退休或因年龄太大而未继续工作或参加农业生产的人占18.6%。

分地区来看，本调查具有代表性的五个省份中（表3-1），广东省成年人口中在职工作的比例最高，为53.0%，河南最低为46.1%。正在上学的成年人口比例，甘肃省最高，达到8.4%，这可能主要与其人口年龄结构相对年轻有关。上学成年人口比例最低的是辽宁省而非经济水平较高且本地户籍居民生育率更低的上海，因为上学成年人口所占比例还受各地外地生源规模、就读率以及当地的中高等教育发展水平的影响。上海中高等教育发达，不仅有大量的外地高等教育生源，还有大量外地初高中生，且就读率较高。在家未外出工作的成年人的比例最大的是甘肃和河南，只不过河南没有工作的人中努力找工作的比例更大；最低的是上海，远远低于其他五个省份。不过，上海受老龄化问题影响最为明显，其成年人口中超过1/3已经离退休，远远高于其他省份。

表3-1 各省成年人口的就业状况　　　　　　　　　　（单位:%）

就业状态	全国	辽宁	上海	河南	广东	甘肃
工作	49.6	47.4	48.4	46.1	53.0	49.4
上学	5.1	3.6	4.2	5.2	6.8	8.4
家务劳动或无业	15.4	11.6	6.4	14.9	12.2	21.6
无业在找工作	8.2	9.4	4.4	12.7	7.3	4.4
离退休	18.6	23.8	33.5	17.4	18.1	13.9
身体不适合工作	3.2	4.2	3.1	3.7	2.6	2.3
合计	100.0 (21572)	100.0 (3125)	100.0 (2925)	100.0 (3602)	100.0 (3061)	100.0 (3683)

年龄结构对于就业状态的影响可以从表3-2看出来。30岁以下成年人口

中 1/4 在上学,参加工作的比例只有 43%。而 50—59 岁的人中就已有将近 1/4 表示退休或年龄太大未继续劳动,60 岁以上继续工作的人口不足 1/4,2/3 已经退休。

表 3-2 各年龄段成年人口的就业状况　　　　　　　　(单位:%)

就业状态	30 岁以下	30—39 岁	40—49 岁	50—59 岁	60 岁以上
工作	43.1	65.6	65.4	50.2	22.7
上学	25.8	0.2	0.0	0.0	0.0
家务劳动或无业	17.6	22.4	18.1	13.3	5.7
无业在找工作	12.5	9.9	9.5	7.2	1.8
离退休	0.0	0.2	3.1	24.5	65.7
身体不适合工作	0.9	1.9	3.9	4.8	4.1
合计	100.0 (4195)	100.0 (3902)	100.0 (5039)	100.0 (4103)	100.0 (4333)

年龄结构的这种影响会因不同年代出生的人整体受教育水平不同而更加明显。随着我国义务教育的普及和中高等教育发展,出生越晚的人平均受教育水平越高。而不同受教育水平的人参与社会劳动的倾向与能力都存在一定的差异。可以看到(表 3-3),目前大专以上受教育水平的成年人中有 75% 在工作,而在其他各个教育水平的成年人中,就业比例则低许多。

表 3-3 不同教育水平的成年人口就业状况　　　　　　　　(单位:%)

就业状态	文盲/半文盲	小学	初中	普高、中专及职高	大专及以上
工作	41.4	50.6	50.8	51.1	75.2
上学	0.2	3.2	8.6	12.7	2.2
家务劳动或无业	17.9	18.1	15.9	9.7	4.6
无业在找工作	3.9	8.2	11.4	10.8	7.9
离退休	31.8	16.4	11.0	13.7	9.8
身体不适合工作	4.8	3.5	2.4	2.0	0.3
合计	100.0 (6427)	100.0 (4564)	100.0 (6303)	100.0 (2843)	100.0 (1433)

二、劳动年龄人口的就业状态

上面的描述没有把劳动年龄人口划分出来。下面我们对劳动年龄人口的就业状况进行分析。在我国,16—60岁的男性人口以及16—55岁的女性人口被定义为劳动年龄人口。从表3-4可以看到,劳动年龄人口中不足60%的处于就业状态,在家干家务或无业的人占到17.6%,无业在找工作的比例占到10%,而且劳动年龄人口中已有5.4%处于退休或年老无法工作的状态。

表3-4　各省份劳动年龄人口就业状况　　　　　（单位:%）

就业状态	全国	辽宁	上海	河南	广东	甘肃
工作	57.5	59.4	66.6	52.5	61.5	54.3
上学	6.6	4.9	6.3	7.1	8.9	10.6
家务劳动或无业	17.6	13.5	7.8	16.5	13.8	24.2
无业在找工作	10.1	11.9	6.0	16.5	9.0	5.3
离退休	5.4	6.4	10.2	4.3	4.1	3.7
身体不适合工作	2.8	3.9	3.1	3.0	2.7	1.8
全国	100.0 (16548)	100.0 (2295)	100.0 (1970)	100.0 (2664)	100.0 (2347)	100.0 (2924)

从分地区的情况来看,上海是五省市中劳动年龄人口中就业率最高,失业率最低的省份。广东排第二位,相比上海,广东劳动年龄人口中无业在家及失业的比例更高。但上海劳动年龄人口提前退休的人比例也远远高于其他省份,对应比例达到其他省份的2—3倍。从失业情况来看,辽宁和河南均超过13%。实际上,甘肃省的就业状况也不容乐观,尽管其劳动年龄人口中明确表示没有工作且努力在找工作的人不到6%,但是在家料理家务或无业而未外出找工作的人超过了24%,他们中的很多人表示之所以没有找工作是因为找不到。

劳动年龄人口的就业状态不仅受到地区和年龄的影响,还受城乡差异以及性别差异的影响。从表3-5可以看到,尽管农业户籍的劳动年龄人口与非农户籍的劳动年龄人口就业的比例相差不大(1.1%),但是两个群体在离退休人口的比例以及无业人口的比例上相差较大(分别超过5.0%和4.8%)。

表 3-5　分性别和户籍的劳动年龄人口就业状况　（单位:%）

就业状态	农业户籍	非农业户籍	男	女
工作	57.8	56.7	65.2	49.7
上学	6.3	7.3	6.5	6.7
家务劳动或无业	20.4	10.2	8.6	26.9
无业在找工作	8.6	14.0	11.3	8.9
离退休	4.0	9.1	5.7	5.1
身体不适合工作	2.9	2.7	2.8	2.7
合计	100.0	100.0	100.0	100.0
	(11959)	(4589)	(8396)	(8152)

就业状态的性别差异主要体现在男女"内外"分工上,男性更多地参与社会劳动,而女性更多地从事"家务劳动"且更难找到工作。2/3 的劳动年龄男性在工作,从事家务劳动或无业失业的合计为 20%,而女性只有一半参与社会劳动,1/3 以上的女性在家干家务或者无业(包括不找或未找到工作的)。

受教育水平对于就业状态的影响在劳动年龄人口中同样存在,从表 3-6 可以看到,随着教育水平的提高,从事家务劳动或无业在家的比例越来越低。当然,看来并不是教育水平越高,就业率就越高,只有当教育水平达到一定程度之后,就业率才会发生实质性的变化。大专以上教育水平的劳动年龄人口的就业比例远远高于其他受教育水平。而初中高中文化水平的人的就业率甚至不如文盲与小学教育水平的人。

表 3-6　受教育情况与 60 岁以下成人就业状况　（单位:%）

就业状态	文盲/半文盲	小学	初中	普高、中专及职高	大专及以上
工作	55.5	57.4	54.1	55.4	82.3
上学	0.3	4.2	9.4	14.0	2.4
家务劳动或无业	25.3	21.3	16.9	10.3	4.8
无业在找工作	6.0	9.9	12.3	11.7	8.5
离退休	8.3	4.1	4.8	6.5	1.6
身体不适工作	4.5	3.1	2.4	2.1	0.4
全国	100.0	100.0	100.0	100.0	100.0
	(3431)	(3524)	(5710)	(2581)	(1302)

第三章 就业与工作环境

三、在职工作者的职业类型

除了工作状态外,本调查还询问了在职工作者的职业类型。结果显示,全国正在工作的49.6%的成年人口中有13.89%属于自己经营,38.6%在单位工作,剩下的47.5%在务农。从具体的职业来看(表3-7),当前我国在职工作者仍然以农业生产者为主体,占到将近全部在职工作者的一半,其次分别是服务人员、专业技术人员和生产运输设备操作及相关人员,排在最后的办事人员及负责人分别占7.6%和5.7%。从分地区的情况来看,上海在职工作者的职业结构中非农化程度最高,农业劳动者仅4.9%,专业技术及办事人员各超过19%,服务人员达到将近1/3。广东在职工作者的职业结构的非农化程度排在第二位,生产运输设备操作人员的比例超过12%,40%在职工作者为农业生产者。甘肃和河南仍是典型的农业劳动省,半数以上在职工作者仍是农业生产者,尤其是甘肃省超过76%以上在职工作者仍为农业生产者,其他各类生产人员的比例都远远低于其他省份。

表3-7　目前有工作的人的职业类型　　　　　　(单位:%)

职业类型	全国	辽宁	上海	河南	广东	甘肃
负责人	5.7	4.5	8.1	4.2	5.7	2.3
专业及技术人员	12.2	13.5	19.2	10.1	11.5	8.1
办事及相关人员	7.6	5.6	19.4	7.8	10.2	2.5
服务人员	14.5	16.3	32.4	16.6	16.2	7.3
农林牧渔水利业生产人员	48.4	44.6	4.9	53.3	40.7	76.8
生产运输设备操作人员及有关人员	9.0	9.0	10.6	6.4	12.4	2.6
其他	2.6	6.4	5.3	1.6	3.4	0.3
合计	100.0 (10184)	100.0 (1405)	100.0 (1315)	100.0 (1610)	100.0 (1484)	100.0 (1760)

不同户籍的在职劳动者的职业分布非常不同。从图3-1可以看到,农业户籍的在职工作者中有将近2/3从事农业生产,而非农户籍的在职工作者中有将近60%属于办事人员、专业技术人员或负责人这三类。

不同性别的劳动年龄人口不仅就业状态不同,而且工作类型存在一定差异。女性在职工作者中农业生产者的比例比男性高11.6百分点,服务人员的

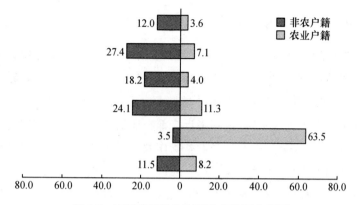

图 3-1 不同户籍的在职劳动者的职业类型

注：从上往下各个条柱分别表示负责人、专业及技术人员、办事及相关人员、服务人员、生产运输设备操作人员及有关人员、农林牧渔水利业生产人员、其他人员。

比例比男性高 4.5 百分点，而男性在职工作者中负责人、专业技术人员以及生产工人的比例比女性高。从分地区的情况来看，各省男女的职业分布都存在一些差异，几乎无一例外的是，男性中属于负责人、专业技术人员、办事人员和工业生产者（后文中生产运输设备操作人员及相关人员的简称）的比例更高，属于农业生产人员及服务人员的比例较低。

表 3-8 分地区各职业构成的性别差异（男性减女性） （单位:%）

职业类型	全国	辽宁	上海	河南	广东	甘肃
负责人	4.0	1.9	5.3	3.2	3.8	2.4
专业及技术人员	5.5	7.2	3.5	7.5	7.3	5.1
办事及相关人员	0.2	-0.1	2.2	1.0	0.9	1.9
服务人员	-4.5	-8.1	-8.5	-1.5	-4.6	-0.8
农林牧渔水利业生产人员	-11.6	-7.4	-2.7	-16.3	-11.8	-11.0
生产运输设备操作人员及有关人员	5.5	6.2	1.5	4.9	2.7	1.9
其他	1.0	0.4	-1.4	1.2	1.4	0.5
人数:男性	5656	792	742	847	821	904
人数:女性	4526	613	573	763	663	856

改革开放以来我国的职业结构发生的变化体现在不同年龄（或队列）的在

职工作者的职业构成上。从表3-9可以看到,越年轻的在职工作者从事农业生产的比例越低,30岁以下的年轻在职工作者中从事农业生产的仅1/5,这一比例在他们的父辈(50岁以上)那里占到2/3甚至4/5以上。与此对应,年轻队列的在职劳动者中专业技术人员、办事人员、服务人员、生产工人的比例越来越高,30岁以下的年龄组中专业技术人员的比例达到了1/5。这一趋势并未出现在负责人的比例上,这和负责人的资历要求应该有关。

表3-9　不同年龄的在职工作者的职业类型　　　　　　　(单位:%)

职业类型	30岁以下	30—39岁	40—49岁	50—59岁	60岁以上
负责人	4.6	7.5	6.2	5.4	1.8
专业及技术人员	20.1	16.1	11.6	6.7	1.3
办事及相关人员	12.6	8.4	6.7	6.5	1.6
服务人员	21.3	18.2	13.7	9.5	6.0
农林牧渔水利业生产人员	26.4	36.0	49.2	64.3	84.9
生产运输设备操作人员及有关人员	12.0	11.3	10.0	5.6	1.7
其他	3.0	2.7	2.8	1.9	2.7
合计	100.0 (1719)	100.0 (2417)	100.0 (3125)	100.0 (1977)	100.0 (946)

除了年龄外,教育水平与职业类型的相关性非常明显。与我们在日常生活中的感受一致,受教育水平越高的人成为负责人、专业技术人员以及办事人员的比例越高,大专以上的在职工作者中80%以上是负责人、专业技术人员或办事人员。教育水平对于在职工作者成为服务人员及工业生产者的影响存在先正向后负向的变化。大专教育是从事服务工作的重要的分界点,低于这一教育水平时,教育水平越高成为服务人员的可能性越大。初中教育是成为工业生产人员的重要分界点,教育水平为初中的在职工作者中有13.7%为生产运输设备操作人员及相关人员,高于这一教育水平的人从事工业生产的比例则越来越低。见表3-10。

表 3-10　分教育水平的在职工作者的职业类型　　　　　　（单位:%）

职业类型	文盲/半文盲	小学	初中	普高、中专及职高	大专及以上
负责人	0.9	2.7	5.4	11.2	16.5
专业及技术人员	2.0	5.4	12.3	19.8	40.3
办事及相关人员	1.1	2.6	7.1	15.5	24.5
服务人员	6.5	12.4	19.2	23.4	13.2
农林牧渔水利业生产人员	83.0	64.8	38.9	16.6	0.6
生产运输设备操作人员及有关人员	4.6	9.5	13.7	10.9	2.7
其他	1.9	2.5	3.4	2.6	2.3
合计	100.0 (2552)	100.0 (2168)	100.0 (3018)	100.0 (1391)	100.0 (1055)

第二节　工作环境与满意度

下面我们将就在职工作者的工作时间、工作场所、工作稳定性、工作满意度等情况展开分析,以勾画不同职业以及不同属性的在职工作者工作环境与满意度方面的异同。

一、工作时间与环境

工作时间是反映工作状态的重要指标。从全国的情况来看,包括农民在内,平均每个人一年需要工作9.2个月,每月工作23.6天,每天工作8.3个小时。以上这三个信息都是无信息缺失的受访者提供的。估计全国在职工作者平均一年要工作1945个小时(如果将缺失信息值替换为该信息的均值,推算的小时数为1802小时)。不过,需要注意的是,这里并不包含主要从事农业生产的农民的非农劳动时间,且访问中我们将有薪劳动时间少于1个月视为1个月,短于1天视为1天。由于农民一年工作的月数通常少于非农劳动者——表3-12关于农业户籍和非农业户籍劳动者的时间对比即可反映出来——,因此,尽管并非所有的农业户籍在职工作者都从事农业生产,农业户籍的劳动者每年工作的时间也要少一些,只有8.7个月,而非农业户籍在职工作工作者每年工作平均为11个月。

如果只分析以非农业生产为主要工作的在职工作者的劳动时间(表3-11

下部），可以发现，全国非农在职工作者年工作小时数接近 2400 个小时。每年平均工作 10.5 个月，在工作的月份内平均工作 25.3 天，每天工作 9 个小时。这表明在职工作者在工作期间常常存在超时工作的情况，另一方面又存在一年中有少数月份没有工作或不需工作的情况。五个省份中每天平均工作时间最长的是甘肃和辽宁，每月工作天数最少的是上海，它的在职工作者每月比其他省份的人少工作 3 天。一年中，就业最不充分的省份是河南，该省非农工作者一年工作月数平均为 10.2 个月。上海市是就业最充分的省市，非农工作者一年平均工作 11.1 个月，超过全国平均水平将近 1 个月。

表 3-11　全国及不同省市在职工作者的平均工作时间

地区	年工作小时数1	年工作小时数2	每年工作月数	每月工作天数	每天工作小时数	人数
全体劳动者						
全国	1945	1802	9.2	23.6	8.3	9942
辽宁	1827	1695	8.3	23.2	8.8	1360
上海	2224	2228	11.1	22.3	9.0	1328
河南	1603	1432	7.9	22.1	8.2	1541
广东	2225	2170	10.5	24.6	8.4	1444
甘肃	1663	1516	8.6	22.6	7.8	1732
非农劳动者						
全国	2413	2391	10.5	25.3	9.0	5073
辽宁	2456	2497	10.5	25.3	9.4	750
上海	2273	2298	11.1	22.5	9.2	1264
河南	2408	2395	10.2	25.8	9.1	720
广东	2438	2396	10.6	25.4	8.9	869
甘肃	2496	2457	10.4	25.4	9.3	388

注："年工作小时数 1"为每年工作月数、工作月份每月工作天数、每天工作小时数三个信息都齐全的受访者基础上估计所得。"工作小时数 2"是将前述某一信息缺失的案例的该信息用其他未缺失该信息的案例的平均值取代后估计的结果。工作月数、天数、小时数为各变量各自非缺失值的估计结果。最末列的人数是三项信息都未缺失的案例数。

上述就业充分性差异还体现在不同教育水平的在职劳动者身上。从表 3-12 可以看到，在职劳动者在工作月份内的工作天数以及工作日内的工作小时数的差异并不太，主要的差异体现在工作月份上。大体上而言，受教育水平越高，一年的平均工作月数越多，小学以下教育水平的在职工作者一年的工作月数为 8 个半月左右，而受过大专以上教育的在职工作者一年的平均工作月份达到11个月。排除了农业劳动者后,以一年工作月数衡量的就业充分程度与受教育水平之间的正向关系没有太多变化。但教育水平越高,每天工作的小时数以及每月工作的天数都有所下降。也就是说,教育水平越低的人在工作期间工作时间更长,但其一年中有工作的月数更少。

表3-12 不同户籍和受教育水平在职工作者的平均工作时间

教育水平	年工作小时数1	年工作小时数2	每年工作月数	每月工作天数	每天工作小时数	人数
全体劳动者						
文盲/半文盲	1659	1531	8.5	22.8	7.9	2505
小学	1794	1618	8.4	23.2	8.3	2126
初中	2090	1952	9.3	24.4	8.6	2936
普高、中专及职高	2254	2191	10.4	24.5	8.6	1347
大专及以上	2131	2127	11.0	23.3	8.3	1028
非农劳动者						
文盲/半文盲	2403	2353	9.6	25.8	9.5	418
小学	2511	2455	9.8	26.1	9.6	738
初中	2537	2521	10.5	26.1	9.2	1778
普高、中专及职高	2412	2380	10.9	25.1	8.7	1117
大专及以上	2132	2127	11.0	23.3	8.3	1022

从区分职业类型的分析来看,不同职业工作时间特征存在一定差异,农业劳动者年平均工作时间最少,负责人工作时间最长。服务人员和生产工人每天的工作小时及每月的工作天数都较长,负责人每天每月工作的时间长度居其次,但他们每年工作的月数长于前两者。专业人员及办事人员每月工作天数、每天工作小时数与前述三类职业相比都略短。见表3-13。

表3-13 各类职业在岗职工平均工作时间

职业类型	年工作小时数1	年工作小时数2	每年工作月数	每月工作天数	每天工作小时数	人数
负责人	2657	2604	11.3	25.6	9.0	556
专业及技术人员	2265	2238	10.5	24.5	8.7	1199
办事及相关人员	2209	2214	10.9	23.9	8.5	743
服务人员	2570	2526	10.4	26.4	9.2	1371
农林牧渔水利业生产人员	1457	1315	7.9	21.9	7.6	4869
生产运输设备操作人员及有关人员	2427	2414	10.1	25.7	9.3	877
其他	2310	2277	9.9	25.0	9.2	239

从单位性质来看,除农村家庭经营户外,企业类单位的在职工作者时间都相对较长,各类政府部门及事业单位的平均工作时间较短,这两类单位实行一周5天,一天8小时工作制最严格。在企业类单位中,个体工商户及私营企业的工作者的工作时间最长,这两类单位在职工作者每天的平均工作小时数超过9小时;其次是外资企业、集体企业在职工作者、股份公司、国有企业在职工作者年工作小时数相差不大。具体见表3-14。

表3-14 各类单位在岗职工平均工作时间

单位性质	年工作小时数1	年工作小时数2	每年工作月数	每月工作天数	每天工作小时数	人数
政府部门/党政机关/人民团体/军队	2163	2170	11.4	23.5	8.1	366
国有/集体事业单位/院/科研院所	2113	2099	10.9	23.2	8.3	472
国有/国有控股企业	2336	2313	11.2	24.3	8.5	625
集体企业	2329	2354	10.7	25.0	8.8	128
股份合作/联营企业/有限责任/股份有限公司	2360	2358	10.8	25.1	8.7	438
私营企业	2464	2459	10.2	26.2	9.2	1196
海外投资企业	2313	2281	11.0	23.3	8.9	147
农村家庭经营	1492	1361	8.0	22.1	7.7	5015
个体工商户	2716	2642	10.2	26.7	9.7	1224
基层自治机构/协会/行会/基金会/NGO等社会组织	2169	2086	10.4	23.6	8.5	152
其他	1837	1818	8.2	24.1	9.2	158

对工作者来说,除工作时间长短外,工作场所的意义也很重要,它意味着不同的风险程度与工作舒适度。如果将农业生产者考虑在内,全体在职工作者的工作场所分布如表3-15上半部分所示。全体在职工作者中在车间工作的约占10%,在户外工作的约占11%,室内营业场所及办公室工作的分别约占22.6%;除去48.0%的农业劳动者后,各类工作者占非农工作者工作场所的比例都要在上述比例上乘以2。

分地区的情况来看,各省农业生产者所占比例影响巨大。排除这一部分劳动者后,非农在职工作者的工作场所类型在不同地区间仍然存在差异(表3-15下半部分)。上海在职工作者在户外及室内营业场所工作的比例较小,分别为

13%和20%,而在车间及办公室工作的比例高于其他地区。其他省份中,河南省在室内营业场所工作的非农在职工作者的比例高于其他省份,达到将近27%;甘肃省非农在职工作者在该省全体在职工作者中的比例最小,但他们在办公室工作的比例仅低于上海。

表3-15 在职工作者的工作场所类型 （单位:%）

工作场所	全国	辽宁	上海	河南	广东	甘肃
务农	48.0	44.2	4.7	53.2	39.3	76.7
户外	10.8	12.3	12.5	9.7	12.9	4.5
车间	9.9	13.3	19.9	8.2	12.4	3.7
室内营业场所	11.8	13.2	18.9	12.6	12.7	5.5
办公室	10.8	10.1	31.1	11.0	12.5	6.9
家里	2.0	0.6	1.3	2.1	1.6	0.2
运输工具内	2.4	3.3	5.7	1.1	3.7	1.0
其他	4.2	2.9	5.9	2.2	4.9	1.4
合计	100.0	100.0	100.0	100.0	100.0	100.0
	(10274)	(1418)	(1384)	(1613)	(1538)	(1762)
非农在职者						
户外	20.8	22.1	13.1	20.7	21.3	19.3
车间	19.1	23.9	20.8	17.5	20.3	15.9
室内营业场所	22.7	23.6	19.8	26.9	21.0	23.7
办公室	20.7	18.1	32.7	23.4	20.6	29.8
家里	3.9	1.1	1.4	4.5	2.7	1.0
运输工具内	4.7	5.9	6.0	2.3	6.1	4.4
其他	8.0	5.2	6.2	4.8	8.0	6.1
合计	100.0	100.0	100.0	100.0	100.0	100.0
	(5341)	(791)	(1319)	(755)	(934)	(410)

二、工作稳定性与晋升

下面有关工作稳定性与工作级别、晋升、兼职状况的分析针对的是非农工作人员。

我们首先分析工作稳定性情况。从表3-16可以看到,有将近半数的非农工作者曾经换过工作,主动跳过槽的将近1/4;被辞退过的占3.1%,这仅代表被辞退过后又重新回到劳动力市场的人,不包括那些被辞退后不再工作的人。

从分地区的情况来看,似乎经济越发达的地区换工作、跳槽人的比例越高,上海和广东两省市在职工作者中换过工作的人达到64%,主动跳过槽的约占1/3以上。被辞退的情况比较复杂,辽宁省经历过国有企业改制,目前的在职工作者中被辞退过的比例较高。广东省在职工作者中被辞退的比例最高,这可能与当地加工型企业的劳资关系特征有一定关系。上海作为经济最发达的地区,其在职工作者中被辞退的比例和甘肃省接近,但两者的机制可能不同。从前面的分析中我们知道,甘肃的非农在职工作者有半数在政府部门及国有集体企事业单位工作,工作稳定性强,员工主动换工作或被辞退的比例都较低;而上海一方面就业机会多,在职工作者中主动换工作的比例在几个地区中最高,另一方面,可能其劳动合约制度相对比较规范,在职工作者中曾被辞退的比例较低。

从管理级别及晋升情况来看,非农在职工作者中有13%的人有行政级别,有下属的在职工作者的比例为15.6%,在过去一年获得晋升的人占在职工作者的16.3%。从分地区的情况来看,上海的在职工作者中有16.6%人具有行政级别,有下属的比例达到18%,广东省在职工作者中有行政级别及下属的比例最小,去年获得晋升的人也相对较少。

从兼职情况来看,全国非农在职工作者中有4.8%在去年除主要工作外有兼职。就业不是很充分的河南在职工作者中兼职比例超过8%;在职工作者中兼职比例最低的是上海,不到3%。

表3-16 不同地区非农在职工作者的工作稳定性 (单位:%)

具有如下情况	全国	辽宁	上海	河南	广东	甘肃
换过工作	48.1	50.0	64.3	43.2	64.1	34.4
主动跳槽	23.3	23.1	32.8	20.4	35.4	15.1
被辞退	3.1	4.4	2.1	3.2	4.6	1.5
行政管理级别	13.2	11.6	16.6	14.8	11.5	11.6
有下属	15.6	15.0	18.1	16.3	13.4	16.8
晋升	16.3	25.2	20.0	16.8	16.0	26.8
兼职	4.8	5.9	2.6	8.1	6.3	4.1
人数	5346	792	1321	755	936	410

不同户籍的非农在职工作者的工作稳定性及工作级别存在较大差异(表3-17)。农业户籍的非农工作者换工作及跳槽、兼职的比例较非农业户籍的劳

动者高,但被辞退的比例较低。农业户籍的劳动者中有行政级别及有下属比例的比非农户籍者低很多,获得晋升的比例也不如非农户籍的非农劳动者。从分性别的情况来看,女性在职业稳定性及工作级别上都弱于男性;不过,女性被动辞退的比例较低且女性中去年获得晋升的比例略高于男性。

表3-17　不同性别和户籍的非农在职工作者的工作稳定性　　（单位:%）

具有如下情况	农业户籍	非农业户籍	男	女
换过工作	50.9	44.9	46.8	50.2
主动跳槽	25.4	20.9	22.3	25.0
被辞退	2.9	3.4	3.6	2.4
行政管理级别	9.9	16.9	15.9	9.1
有下属	12.0	19.8	18.7	10.7
晋升	14.5	18.3	16.1	16.5
兼职	6.3	3.2	5.5	3.8
人数	2852	2494	3278	2065

不同年龄的人进入劳动力市场的时间长度不同,因而其工作的稳定性同工作级别都存在一定的差异。从表3-18可以看到,40岁以下的在职工作者的职业稳定性远远不如40岁以上的在职工作者(60岁以上的在职工作者情况较为特殊,部分为退休后再工作)。尽管年长者职业历程要长得多,但他们换过工作及跳槽、辞退的比例都不如年轻人多。在管理级别方面,年轻在职工作者有行政级别和下属的比例相对较低,但去年获得晋升的比例却不低。各个年龄组的在职工作者兼职的比例相差不大。

表3-18　不同年龄的在职工作者的工作稳定性等　　（单位:%）

具有如下情况	30岁以下	30—39岁	40—49岁	50—59岁	60岁以上
换过工作	50.0	49.3	44.8	48.7	52.8
主动跳槽	34.1	27.9	17.2	11.4	6.9
被辞退	3.3	3.8	2.7	2.5	3.5
行政管理级别	10.0	14.3	13.5	17.1	9.0
有下属	11.8	18.8	16.1	16.3	6.9
晋升	17.6	18.2	13.8	14.2	22.1
兼职	4.8	4.7	4.8	5.1	5.6
人数	1288	1573	1615	725	145

教育水平作为衡量能力的重要指标与工作的稳定程度及工作级别之间存在明显的相关。教育水平在大专以上的在职工作者换过工作或被辞退的比例远远低于其他教育水平的人,但主动跳槽的比例却不低。受教育水平对管理级别的影响明显,教育水平越高的人中有行政级别及下属的比例越大,去年获得晋升的人的比例也相对较大。兼职情况与受教育水平之间的关系不太明显,但总体上而言,兼职情况更倾向于是一个负面指标,代表着主要工作有所不足,教育水平越高的人中兼职的比例越低。

表3-19　不同教育水平的在职工作者的工作稳定性　　　（单位:%）

具有如下情况	文盲/半文盲	小学	初中	普高、中专及职高	大专及以上
换过工作	49.2	50.9	51.1	50.0	38.1
主动跳槽	16.1	21.3	24.8	24.0	24.6
被辞退	2.0	3.7	3.7	3.4	1.9
行政管理级别	2.1	6.9	9.0	16.2	26.3
有下属	4.0	9.3	12.2	18.0	28.7
晋升	13.5	12.5	14.1	17.7	22.7
兼职	7.6	4.7	5.3	3.7	4.2
合计	448	788	1878	1172	1060

三、工作满意度

上面我们从工作的时间、场所、稳定性、级别等方面对在职工作者的工作情况进行了简单的描述,那么这些在职工作者(非农业生产者)的工作满意度如何呢?

从总体满意度上看,有38%的非农在职工作者对目前的工作表示比较满意和非常满意,近半数在职工作者认为当前的工作一般,有12.4%表示对目前的工作不太满意,表示非常不满意的人很少,只有1.7%。将满意度分为收入满意度、安全满意度、环境满意度、时间满意度以及晋升满意度之后,可以看到,收入满意度和晋升满意度相对于总体满意度而言要差,时间满意度略差,环境满意度和安全满意度要好于总体满意度。全国非农在职工作者中表示对目前的收入不太满意的将近1/4,非常不满意的占6.9%;在晋升满意度方面,58%的人表示当前工作的晋升满意度一般,1/4的人表示不太满意或非常不满意。而在安全和环境满意度方面,分别有52%和43%的在职工作者对当前工作的安全和环境表示比较满意或非常满意。

从分地区的情况来看,在总体满意度、安全满意度及环境满意度方面,各个省份的差异不大。在收入满意度方面,上海在职工作者的不满意度相对较低,但并不意味着该省在职工作者对收入表示满意的人更多,更多人表示当前收入一般。与此相似的还有广东在职工作者。河南的在职工作者的收入满意度较低,有38.5%的人对当前工作的收入不满意。甘肃的情况同其他省份相比,在职工作者中对当前收入表示不满意的人比例较大,同时又有相当比例的人对当前的收入表示比较满意或非常满意。时间满意度方面,辽宁和上海居前,其他三个省份相差不大。在晋升满意度方面,广东省的最低,其他各省相差不大,上海在职工作者对当前工作的晋升满意度表示一般的最多。具体见表3-20。

表3-20 工作满意度概况 （单位:%）

满意度	全国	辽宁	上海	河南	广东	甘肃
总体满意度						
非常不满意	1.7	2.0	1.2	2.3	1.8	2.9
不太满意	12.4	10.5	9.4	13.5	11.5	11.7
一般	48.1	45.6	51.0	47.0	54.6	44.9
比较满意	33.3	35.1	34.1	33.8	28.2	35.9
非常满意	4.6	6.8	4.2	3.4	3.8	4.6
收入满意度						
非常不满意	6.9	8.3	6.3	8.9	4.3	9.5
不太满意	24.6	23.1	21.0	29.6	25.0	21.0
一般	45.3	43.6	50.6	42.3	54.9	36.8
比较满意	20.2	21.1	18.7	17.1	13.9	28.8
非常满意	3.0	3.9	3.4	2.1	1.9	3.9
安全满意度						
非常不满意	2.0	2.3	1.7	2.4	1.2	2.4
不太满意	10.4	9.8	8.9	10.2	12.1	10.2
一般	35.0	31.8	33.5	37.0	40.7	32.7
比较满意	42.3	45.7	44.1	41.3	36.5	44.6
非常满意	10.3	10.4	11.8	9.1	9.5	10.0

(续表)

	全国	辽宁	上海	河南	广东	甘肃
环境满意度						
非常不满意	3.3	4.5	1.8	3.8	1.9	4.1
不太满意	13.9	14.0	9.1	13.1	13.8	12.4
一般	40.7	36.7	41.0	40.8	45.1	34.9
比较满意	35.6	36.6	39.1	36.6	33.8	40.7
非常满意	6.6	8.1	9.0	5.7	5.4	7.8
时间满意度						
非常不满意	4.0	5.3	3.3	4.1	3.2	6.8
不太满意	18.0	16.4	14.5	19.1	15.7	17.3
一般	34.6	29.7	34.5	34.6	38.5	32.4
比较满意	36.9	39.1	40.2	38.0	36.8	37.6
非常满意	6.4	9.5	7.4	4.2	5.9	5.9
晋升满意度						
非常不满意	5.6	8.6	2.3	5.7	4.8	8.8
不太满意	19.5	17.4	17.7	17.4	23.8	20.0
一般	58.3	54.1	63.9	59.6	57.9	55.6
比较满意	14.3	17.2	13.4	15.4	11.1	13.4
非常满意	2.4	2.7	2.6	2.0	2.4	2.2
合计	100.0 (5346)	100.0 (792)	100.0 (1321)	100.0 (755)	100.0 (936)	100.0 (410)

从工作性质来看，负责人在时间满意度之外的各满意度上都是最好的。从表3-21可以看到，负责人在各种满意度上表示满意的人的比例比其他职业高。其他职业的在职工作者中，生产工人的总体满意度不高，办事人员的总体满意度要好于专业技术人员和服务人员。在收入满意度方面，专业技术人员及办事人员中表示不满意的比例较大。在安全、环境及时间满意度方面，生产运输设备操作人员及有关人员的满意度最低，办事人员的满意度最高。在晋升满意度方面，除负责人外，办事人员的满意度最高，其次是专业技术人员，生产工人的满意度最低。

表 3-21　工作性质与工作满意度情况　　　　　　　　　（单位:%）

满意度	负责人	专业及技术人员	办事及相关人员	服务人员	生产运输设备操作人员及有关人员	其他
总体满意度						
非常不满意	1.2	1.8	1.8	1.4	2.1	2.3
不太满意	10.7	11.8	8.8	13.2	15.7	12.8
一般	40.4	49.7	47.2	46.3	53.0	54.3
比较满意	43.0	32.5	36.8	34.0	26.1	25.7
非常满意	4.7	4.3	5.3	5.1	3.2	4.9
收入满意度						
非常不满意	3.8	8.0	7.8	6.4	7.0	9.1
不太满意	21.0	24.2	23.7	26.0	26.3	23.0
一般	43.3	44.7	46.3	44.5	47.8	44.5
比较满意	28.1	20.0	19.1	20.5	16.9	17.7
非常满意	3.8	3.1	3.1	2.6	2.1	5.7
安全满意度						
非常不满意	1.4	2.0	1.4	2.0	2.4	3.4
不太满意	6.2	10.8	7.1	9.8	14.5	13.2
一般	28.1	36.9	31.1	33.8	40.5	37.0
比较满意	50.3	41.9	46.3	44.1	35.5	37.0
非常满意	14.0	8.4	14.0	10.2	7.2	9.4
环境满意度						
非常不满意	1.9	3.4	1.8	2.2	5.9	6.8
不太满意	10.6	14.4	8.4	13.5	18.9	16.2
一般	35.0	42.7	37.0	39.9	45.4	43.0
比较满意	42.5	34.6	43.2	36.9	26.1	30.2
非常满意	10.1	4.9	9.6	7.4	3.7	3.8
时间满意度						
非常不满意	2.9	4.2	2.7	3.1	6.0	7.5
不太满意	15.8	17.7	11.0	19.1	23.6	18.9
一般	31.7	32.3	33.5	37.0	35.3	40.0
比较满意	40.7	39.7	44.1	35.0	31.1	27.5
非常满意	8.8	6.1	8.7	5.8	4.0	6.0
晋升满意度						
非常不满意	4.9	5.6	5.1	4.5	7.7	6.8
不太满意	13.7	21.4	18.7	18.8	23.1	18.9
一般	56.0	55.6	56.3	61.8	57.3	62.6
比较满意	21.8	15.5	17.5	12.3	10.3	10.2
非常满意	3.6	1.9	2.5	2.7	1.5	1.5
合计	100.0 (577)	100.0 (1240)	100.0 (771)	100.0 (1478)	100.0 (919)	100.0 (265)

本章提要

- 我国成年人口中在家做家务或无业、无业正在找工作的比例分别占15.4%和8.2%。在劳动年龄人口中,两者比例更高,分别为17.6%和10.1%。

- 在成年人口中,退休人员占到18.6%,在上海这样的地区,退休人员的比例已经达到33.5%。

- 改革开放以来,我国的职业结构发生了巨大的变化,年轻人的职业非农化非常明显,并且主要依靠非政府部门及非国有集体单位提供就业机会。这种发展变化体现在不同地区及不同年龄的在职工作者的职业构成上。不同户籍的在职工作者的职业结构差异十分明显,男性与女性的职业结构随着经济的发展有变小的趋势。

- 在工作时间与工作环境方面,农业劳动者与非农劳动者之间的差异十分明显,农业生产仍然存在普遍的就业不充分情况。如果仅仅关注非农业生产者,可以发现非农户籍及受过高等教育的人,一年的工作月数较多,就业更为充分。而农业户籍和教育水平较低的在职工作者,一年工作的月数较少,但在工作期间的工作时间更长。

- 从工作稳定性来看,年轻人中变换工作的比例更高。非农户籍的人、教育水平高的人被动变换工作的比例较农业户籍、教育水平低的人更低,他们中有行政级别和下属的比例更高,而且更有可能被提拔。

- 从工作满意度来看,半数人认为当前的工作一般,表示满意的人有38%。各项满意度中,收入与晋升方面的满意度相对较低。从不同职业的满意度来看,生产工人对工作环境、安全、时间及晋升等方面的满意度都相对较低。

第四章 个人收入

第一节 个人收入与福利

本次调查通过询问被访者总收入属于哪一区间,了解了成年受访者的个人总收入以及各种保险和福利的享受情况。

一、个人收入

如表 4-1 示,全国有 43.0% 的受访者年收入在 2500 元以下。若以年收入 1.2 万元(即月均收入 1000 元)为标准,有约七成左右的受访者收入低于这个水平,17.0% 的受访者年收入在 1.8 万元以上。分地区来看,若以年总收入 1.2 万元为分割点,辽宁与广东的分布与全国较为接近,河南与甘肃分别有高达 80.5%、85.6% 的受访者年总收入低于 1.2 万元,上海则有 55.5% 的受访者年总收入高于 1.2 万元,25.0% 的受访者年收入在 2.7 万元及以上。

表 4-1 分地区个人总收入分组情况 (单位:%)

总收入组	全国	辽宁	上海	河南	广东	甘肃
2500 元以下	43.0	50.2	29.0	46.5	40.4	56.0
2500—7500 元	18.4	11.9	7.1	20.5	17.5	21.0
7500—1.2 万	11.7	11.1	8.3	13.5	11.7	8.6
1.2—1.8 万	9.8	9.0	13.0	9.1	11.7	5.7
1.8—2.7 万	8.5	8.8	17.5	6.8	9.6	4.6
2.7—4 万	5.3	6.8	11.7	2.6	5.0	3.3
4 万及以上	3.2	2.3	13.3	1.0	4.0	0.9
合计	100.0	100.0	100.0	100.0	100.0	100.0
	(21572)	(3125)	(2925)	(3602)	(3061)	(3683)

如表4-2显示,不同户籍的成年人的总收入存在较大的差异。将近70%的农业户籍成人年收入在7500元以下,非农户籍中仅有42%。农业户籍受访者仅5.2%年总收入在2.7万元及以上,在非农业户籍受访者中这一比例达17.0%。而且,非农业户籍较之农业户籍受访者在总收入分布上更为均匀,除2500元以下的占31.7%外,2500元到1.8万元的占36.4%,1.8万元以上的31.9%。农业户籍受访者的收入集中在1.8万元以下低收入组,上述三组收入分别占47.4%、41.4%、11.2%。

表4-2 不同户籍及性别成年受访者收入分组情况　　　　(单位:%)

总收入组	农业户籍	非农业户籍	男	女
2500元以下	47.4	31.7	28.2	56.9
2500—7500	21.7	10.2	19.6	17.4
7500—1.2万	11.6	12.1	14.1	9.5
1.2—1.8万	8.1	14.1	13.3	6.5
1.8—2.7万	6.0	14.9	12.3	5.0
2.7—4万	3.4	10.3	7.4	3.3
4万及以上	1.8	6.7	5.1	1.4
合计	100.0	100.0	100.0	100.0
	(15481)	(6091)	(10434)	(11132)

从性别角度来看,女性更多地集中于低收入组。有61.9%的男性受访者年收入在1.2万元以下,但有83.8%的女性低于1.2万元,其中收入2500元以下女性占据了女性受访者的一半以上,男性受访者中这一比例不到30%。男性受访者中年收入在1.8万元以上的比例明显高于女性受访者中相应的比例。分地区来看,上海两性收入差距相对最小,男女受访者中年收入1.8万元以上各收入组所占比例均较高。辽宁、河南、广东和甘肃四省男性成年受访者中年收入在2500以上各收入组的比例均要高出女性,见表4-3。

表 4-3　分地区分性别个人收入情况　　　　　　　　（单位:%）

地区	性别	2500元以下	2500—7500元	7500—1.2万	1.2—1.8万	1.8—2.7万	2.7—4万	4万及以上	合计
辽宁	男	37.8	12.9	13.3	10.5	12.5	9.4	3.7	100.0(1486)
	女	61.4	11.1	9.0	7.6	5.4	4.5	0.9	100.0(1639)
上海	男	21.7	6.1	7.7	10.9	20.2	14.6	18.9	100.0(1428)
	女	36.0	7.9	9.0	15.0	15.1	9.0	8.1	100.0(1497)
河南	男	29.7	24.0	17.2	13.1	10.6	3.6	1.8	100.0(1722)
	女	61.8	17.4	10.0	5.4	3.3	1.7	0.3	100.0(1880)
广东	男	27.4	17.8	13.1	14.4	13.6	7.5	6.3	100.0(1498)
	女	52.8	17.2	10.4	9.2	5.9	2.6	1.9	100.0(1562)
甘肃	男	39.4	26.1	12.4	8.6	6.9	5.3	1.3	100.0(1800)
	女	71.7	16.2	4.9	3.1	2.4	1.4	0.4	100.0(1883)

除了户籍和性别差异外,不同年龄的受访者年均收入也存在差异。如表4-4示,30—39岁的受访者中,年收入在2500元以下的比例较少,而1.2万元以上各收入组中的比例较高,合计占到40.0%以上。40岁以上受访者年收入在7500元以下的比例远远高于其他低龄组,60岁以上的老年人中有67.0%年收入在2500元以下,81.6%年收入在7500元以下。

表 4-4　分年龄组个人总收入分组情况　　　　　　　　（单位:%）

总收入组	30岁以下	30—39岁	40—49岁	50—59岁	60岁以上
2500元以下	39.3	29.7	32.7	45.8	67.0
2500—7500	18.1	17.1	20.4	21.4	14.6
7500—1.2万	13.4	13.2	15.1	11.9	5.0
1.2—1.8万	10.7	12.7	11.3	8.1	6.4
1.8—2.7万	9.6	12.6	10.7	6.5	3.5
2.7—4万	5.6	8.6	5.7	4.3	2.7
4万及以上	3.3	6.1	4.0	1.9	0.7
合计	100.0 (4195)	100.0 (3902)	100.0 (5039)	100.0 (4103)	100.0 (4333)

如表4-5示,因文化程度差异带来的收入差异非常明显。随着文化水平的提高,高收入组比例越来越大,而低收入组的比例越来越低。对于文盲和半文盲来说,年总收入低于7500元的占83.8%;小学文化程度的受访者中有79.6%年总收入低于1.2万元;而大专以上受访者群体有61.9%的人收入在1.8万元以上。

表 4-5 分文化程度个人总收入分组情况 （单位:%）

总收入组	文盲/半文盲	小学	初中	普高、中专及职高	大专及以上
2500 元以下	63.5	43.9	33.6	26.8	15.2
2500—7500	20.3	22.7	18.7	13.0	5.1
7500—1.2 万	7.4	13.0	15.5	14.3	7.1
1.2—1.8 万	4.5	10.4	12.6	15.1	10.7
1.8—2.7 万	2.5	5.6	11.1	15.6	21.2
2.7—4 万	1.3	3.1	5.4	10.1	21.7
4 万及以上	0.4	1.3	2.9	5.2	19.0
合计	100.0	100.0	100.0	100.0	100.0
	(6427)	(4564)	(6303)	(2843)	(1433)

分就业状况来看（表 4-6），正在工作的受访者收入分布比较均匀，其中 46.6% 的受访者在 7500 元以下，60.4% 的受访者收入在 1.2 万元以下，25.8% 的受访者收入在 1.8 万元以上。家务劳动者或无业在家者，无业在找工作的人以及离退休者中分别有 89.3%、82.8%、83.0% 的受访者年收入在 1.2 万元以下；而身体不适合工作者有 89.8% 的受访者收入集中在 7500 元以下。对于正在上学的受访者来说，虽然绝大多数受访者收入在 2500 元以下，占 77.0%，但是仍然有 7.0% 的受访者收入集中在 2.7—4 万，与正在工作的受访者中的比例相当。

表 4-6 分就业状况个人总收入分组情况 （单位:%）

总收入组	工作	上学	家务劳动或无业	无业在找工作	离退休	身体不适合工作
2500 元以下	25.1	77.0	64.8	43.8	65.6	76.3
2500—7500	21.5	7.0	16.2	22.7	11.4	13.5
7500—1.2 万	14.7	1.0	8.3	16.3	6.0	5.3
1.2—1.8 万	12.9	6.0	4.4	8.5	8.2	2.4
1.8—2.7 万	12.6	2.0	3.1	6.1	4.8	1.0
2.7—4 万	7.8	7.0	2.4	1.7	3.4	1.3
4 万及以上	5.4	0.0	0.9	0.9	0.7	0.1
合计	100.0	100.0	100.0	100.0	100.0	100.0
	(10701)	(1092)	(3318)	(1761)	(4016)	(684)

二、个人保险及福利情况

社会保险及福利是个体面对风险的重要屏障,特别是养老保险与医疗保险两类与个人安全与生活质量紧密相关的保险。总体而言,表4-7中提到的17种保险覆盖了85%的成人受访者,剩下15%的成年人没有享受到其中的任何一项。就具体的保险和福利来说,覆盖率排在前几位的分别为新型农村合作医疗、城镇职工医疗保险和城镇基本养老保险。其中新型农村合作医疗是我国近年来新推行的一项惠及农村地区的医疗类保险,其在成年受访者中覆盖率达61%,而城镇职工医疗保险和基本养老保险是城市人口赖以看病和养老的重要保险,在受访者中覆盖率均为11%。除上述三类医疗保险外,公费医疗、城镇居民医疗保险、农村社会养老保险、失业保险、住房公积金均有超过5%的覆盖率。社会保障覆盖率在各类福利和保险中最低,仅为3%。

分地区来看,甘肃和河南两省各类保险与福利在成年人中的覆盖率较高,分别为89%和88%,辽宁与全国平均水平相当,上海与广东两省各类保险和福利的覆盖率居然均低于全国水平。具体来看,河南与甘肃两省保险和福利覆盖率高得益于新型农村合作医疗的覆盖率,两省新型农村合作医疗的覆盖率分别超过65%和75%。辽宁除新型农村合作医疗、城镇基本养老保险、城镇职工医疗保险三个基本险种外,住房公积金与公费医疗也有一定的覆盖率,均在8%左右。上海因为城市化水平较高,新型农村合作医疗受访者覆盖率仅为13%,而城市类保险覆盖率较高,除44%的受访者享受城镇基本养老保险外,另有33%的人拥有城镇居民医疗保险,其他保险和福利的享受者比例也远高于其他省份。

表4-7 不同地区个人享受的保险和福利情况(多选题)　　(单位:%)

福利待遇	全国	辽宁	上海	河南	广东	甘肃
公费医疗	5.0	8.2	8.2	4.0	3.4	2.3
城镇职工医疗保险	11.0	20.1	21.9	10.9	10.7	6.1
城镇居民医疗保险	6.5	3.4	33.0	4.5	10.9	2.6
补充医疗保险	1.3	1.5	3.5	0.8	1.3	0.6
新型农村合作医疗	61.1	53.0	13.3	67.5	55.6	77.4
城镇基本养老保险	10.9	20.2	44.3	7.8	11.6	4.3

(续表)

福利待遇	全国	辽宁	上海	河南	广东	甘肃
农村社会养老保险	6.3	1.7	11.3	2.5	7.4	7.6
补充养老保险	2.0	2.0	4.0	2.3	1.8	0.4
生育保险	2.0	3.2	3.7	0.3	3.1	0.3
失业保险	5.1	6.5	21.2	3.2	5.4	2.3
工伤保险	4.8	5.7	9.1	2.0	7.5	1.4
分配房改房	0.3	0.4	0.1	0.3	0.2	0.3
分配折扣商品房	0.1	0.1	0.1	0.1	0.0	0.3
购房补贴	0.3	0.4	0.5	0.1	0.3	0.2
住房公积金	5.3	7.9	16.8	3.9	3.3	3.7
租房补贴	0.3	0.2	0.5	0.1	0.3	0.2
最低生活保障	3.0	1.7	2.1	3.3	1.4	6.0
以上都没有	14.8	15.2	16.8	12.3	16.6	10.6
人数	20545	3016	2785	3432	2856	3408

整体来看,不同性别的受访者享受保险与福利的比例与种类差异不大,但男性受访者中各种保险与福利的覆盖率略高于女性,如表4-8。在种类上,公费医疗、城镇职工医疗保险、城镇基本养老保险、农村社会养老保险、失业保险、工伤保险、住房公积金拥有比例男性均高于女性,而女性在新型农村合作医疗与城镇居民医疗保险的拥有比例上略高于男性。分户籍来看,无论是各种保险与福利总覆盖率还是种类,均存在明显差异。农业户籍的受访者享受的保险和福利种类比较单一,81%的农业户籍成年人参加了新型农村合作医疗,覆盖率排在第二位的农村社会养老保险的覆盖率仅仅只有8%。对于非农户籍的成人受访者来说,城镇职工医疗保险与城镇基本养老保险是两种最基本的险种,参与者均超过了34%,此外,城镇居民医疗保险、住房公积金、失业保险、公费医疗、工伤保险等均有一定的覆盖率。不过,非农户籍的成年受访者中不享受下表中任何保险和福利的比例达到两成,高于农业户籍中的12.5%。

表 4-8　不同户籍和不同性别的个人享受保险和福利情况（多选题）

（单位：%）

福利待遇	男	女	农业户籍	非农户籍
公费医疗	6.2	3.9	0.9	15.5
城镇职工医疗保险	12.6	9.5	1.7	34.7
城镇居民医疗保险	6.0	6.9	1.6	19.1
补充医疗保险	1.4	1.2	0.9	2.3
新型农村合作医疗	60.7	61.5	81.2	9.6
城镇基本养老保险	11.9	10.0	1.7	34.2
农村社会养老保险	6.4	6.2	8.0	2.2
补充养老保险	2.0	2.0	1.2	4.1
生育保险	1.6	2.3	0.5	5.7
失业保险	6.1	4.0	0.9	15.8
工伤保险	6.6	3.2	2.3	11.4
分配房改房	0.4	0.1	0.1	0.8
分配折扣商品房	0.1	0.1	0.0	0.3
购房补贴	0.4	0.2	0.1	0.8
住房公积金	6.8	3.9	0.7	17.1
租房补贴	0.3	0.3	0.1	0.6
最低生活保障	3.5	2.6	2.5	4.2
以上都没有	13.8	15.7	12.5	20.6
人数	9926	10614	14781	5764

越年轻的人拥有保险与福利的比例越小（见表 4-9）。60 岁以上的老人仅有 12% 不享受表中的任何一种保险与福利，而 30 岁以下的成年受访者中则达到 20%。很多保险与福利的覆盖面也有明显的年龄趋势，公费医疗、农村社会养老保险、最低生活保障均随着年龄组的增大，覆盖面也越大；而生育保险、工伤保险、租房补贴均倾向于在年轻人中有更大的覆盖率；新型农村合作医疗、城镇职工医疗保险、城镇基本养老保险作为三个最主要的险种在各年龄段中均有较高的覆盖率。

第四章 个人收入 81

表 4-9 不同年龄组的个人享受的保险和福利情况（多选题） （单位:%）

福利待遇	30 岁以下	30—39 岁	40—49 岁	50—59 岁	60 岁以上
公费医疗	2.6	4.0	4.1	5.8	8.2
城镇职工医疗保险	8.9	11.7	10.1	11.8	12.0
城镇居民医疗保险	5.7	7.0	6.4	6.4	6.8
补充医疗保险	1.3	2.1	1.2	1.0	0.9
新型农村合作医疗	61.6	57.8	63.9	62.3	59.2
城镇基本养老保险	8.4	11.7	10.5	12.1	11.6
农村社会养老保险	4.1	4.9	6.1	7.9	8.1
补充养老保险	2.0	2.9	2.1	1.7	1.3
生育保险	4.0	3.5	2.0	0.7	0.1
失业保险	7.4	8.7	6.3	3.3	0.4
工伤保险	8.0	8.4	5.8	2.6	0.2
分配房改房	0.0	0.1	0.2	0.5	0.4
分配折扣商品房	0.1	0.1	0.1	0.1	0.1
购房补贴	0.3	0.4	0.1	0.2	0.3
住房公积金	6.1	8.6	6.7	4.8	0.7
租房补贴	0.4	0.4	0.4	0.2	0.1
最低生活保障	1.0	2.1	2.8	3.1	5.4
以上都没有	20.3	17.4	14.0	12.2	11.8
人数	3193	3897	5033	4098	4324

总体而言,各类保险和福利在不同文化程度的受访者中的总的未覆盖率差异并不大。但是,具体各类保险与福利的覆盖率与文化程度有高度的关联。文化程度低的人持有新型农村合作医疗、农村社会养老保险等农村类保险和福利的比例较高,享有最低生活保障的人也较多。相反,文化程度高的人,享受公费医疗、城镇职工医疗保险、城镇居民医疗保险、城镇基本养老保险、补充养老保险、生育保险、失业保险、工伤保险、分配房改房、分配折扣商品房、购房补贴、住房公积金等城市类保险和福利的比例也较高(见表 4-10)。大专以上的成年人中近一半享受城镇职工医疗保险,分别有超过 40% 享受城镇基本养老保险和住房公积金,近 1/3 有失业保险,超过 23% 有公费医疗和工伤保险。

表 4-10　不同文化程度的个人享受的保险和福利情况（多选题）　（单位:%）

福利待遇	文盲/半文盲	小学	初中	普高、中专/职高	大专及以上
公费医疗	1.3	2.2	4.6	9.9	23.8
城镇职工医疗保险	2.5	4.9	9.7	25.2	48.0
城镇居民医疗保险	3.9	4.7	7.6	11.5	10.8
补充医疗保险	0.3	0.7	1.6	2.2	4.5
新型农村合作医疗	75.2	73.4	60.1	34.3	10.0
城镇基本养老保险	3.5	5.5	10.4	24.4	40.6
农村社会养老保险	7.5	7.0	6.2	4.6	2.4
补充养老保险	0.9	1.2	2.1	4.0	5.6
生育保险	0.1	0.6	1.1	3.5	15.4
失业保险	0.2	1.0	3.9	11.8	32.5
工伤保险	0.5	2.0	5.0	10.3	23.1
分配房改房	0.1	0.0	0.2	0.6	1.6
分配折扣商品房	0.0	0.0	0.1	0.3	0.4
购房补贴	0.0	0.1	0.2	0.5	1.9
住房公积金	0.2	0.7	3.2	11.5	41.1
租房补贴	0.1	0.2	0.3	0.5	1.1
最低生活保障	4.7	2.4	2.5	2.1	1.0
以上都没有	14.0	12.9	15.9	18.2	14.2
人数	6406	4423	5793	2516	1405

不同工作状态的人享受保险与福利的差异很大,参加工作(在职工作或离退休)是享受某些保险和福利的重要条件。就总的覆盖情况来看,如表4-11,在职工作者和离退休者中分别有89%、86%至少享有一种保险或福利,而在无业者(无论是否在找工作)中,这一比例不到80%。就具体的保险和福利来看,在职工作者及离退休者在公费医疗、城镇职工医疗保险、城镇基本养老保险上的参加比例高于其他群体,都超过了10%;此外正在工作的人在失业保险、工伤保险、住房公积金上均有近10%的享有比例。未工作的人中,身体不适合工作者有15%享受最低生活保障;无业在找工作者拥有最高比例的城镇居民医疗保险;家务劳动或无业者拥有最高的新型农村合作医疗参与比例。

表 4-11　不同就业状态的个人享受的保险和福利情况（多选题）　（单位：%）

福利待遇	工作	上学	家务劳动或无业	无业在找工作	离退休	身体不适合工作
公费医疗	5.2	0.0	0.5	1.1	10.6	1.9
城镇职工医疗保险	12.6	1.0	1.6	5.2	18.2	4.4
城镇居民医疗保险	5.3	7.0	5.4	12.1	8.1	7.3
补充医疗保险	1.8	1.0	0.5	0.6	1.2	0.7
新型农村合作医疗	64.8	59.0	69.7	49.7	48.4	65.9
城镇基本养老保险	12.1	1.0	3.1	8.2	16.7	5.0
农村社会养老保险	6.3	3.0	5.8	5.2	7.0	8.9
补充养老保险	2.7	1.0	0.8	1.1	1.8	0.6
生育保险	3.5	1.0	0.4	0.5	0.2	0.0
失业保险	9.1	1.0	0.3	1.3	0.7	0.4
工伤保险	9.0	2.0	0.2	0.6	0.4	0.2
分配房改房	0.3	0.0	0.0	0.1	0.7	0.0
分配折扣商品房	0.1	0.0	0.0	0.1	0.2	0.0
购房补贴	0.4	0.0	0.0	0.1	0.3	0.0
住房公积金	9.4	1.0	0.2	0.7	1.7	0.3
租房补贴	0.4	0.0	0.2	0.5	0.1	0.4
最低生活保障	1.9	0.0	2.2	4.6	4.0	14.9
以上都没有	11.3	30.0	20.7	27.3	13.6	14.0
人数	10683	100	3311	1756	4011	684

第二节　在职工作者的收入与福利

一、在职工作者的收入

根据户籍性质（农业户籍或非农业户籍）与目前主要从事的工作类型（农业生产或非农业生产）我们将在职工作者分为农民、农民工与城市户籍在职工作者三类。表 4-12 显示，从全国的情况来看，除去家庭农业生产收入后，全国主要从事农业生产的农民的个人年收入不足 2600 元。主要从事非农业生产的农民工及城市户籍的在职工作者（极少数从事农业生产）的年收入分别为 25728 元和 29663 元。从分地区的情况来看，各地各类在职工作者的收入存在较大差异，各地农民个人收入差异较小，河南省农民的人均收入将近 3000 元，广东和甘肃的农民平均收入不足 2000 元。农民工中,上海的平均收入达到 31827 元,而在河南工作的农民工平均年收入仅略超过 1.8 万。不同地区具有城市户籍的在职工作者的收入差异更为明显,收入最高的上海非农户籍在职工作者的收入达到河南省的 2 倍以上。

表 4-12　各地三类在职工作者的年收入水平　　（单位:元）

地区	农民	农民工	城市户籍居民	合计	人数
全国	2596	25728	29663	15524	10701
辽宁	2155	23014	26574	14805	1480
上海	2522	31827	43920	38008	1416
河南	2971	18207	21245	10864	1660
广东	1939	22978	27690	15748	1622
甘肃	1955	21568	31522	7907	1818

表 4-13 显示,从分年龄的情况来看,30—39 岁年龄组的农民、农民工及城市户籍在职工作者的收入在各个群体内部都相对较高。年龄与收入之间的倒 U 字型关系在三个群体中都有所体现,不过劳动年龄阶段的城镇户籍居民的收入各年龄组之间的差异相对较小。

表 4-13　各年龄组三类在职工作者的年收入水平　　（单位:元）

年龄	农民	农民工	城市户籍居民	人数
30 岁以下	2313	22697	30469	3196
30—39 岁	2940	29571	34619	4417
40—49 岁	2986	26116	29736	5794
50—59 岁	2154	19605	30523	3588
60—69 岁	1328	18512	17406	1702

表 4-14 显示,不同性别的在职工作者的收入差异仍然非常明显,并且体现在各个群体中。相比较而言,农民工及城市户籍居民收入的性别差异最小,对于农民而言,男性的个人收入几乎是女性的 2 倍。

表 4-14　不同性别三类在职工作者的收入水平　　　　（单位:元）

性别	农民	农民工	城市户籍居民	人数
男	3381	28893	35545	10381
女	1525	18252	25156	8313

二、在职工作者的保险及福利

前面已经指出,是否工作是个人享受各种保险与福利的重要影响因素。但表 4-15 显示,全国在职工作者中有 11% 的人不享受下表中任何一项保险或福利,河南和甘肃这一比例相对较低,这主要是因为农村合作医疗的覆盖率高,而两省农民比重较大造成的。表中各保险和福利总覆盖率最低的是上海,但该省各类保险和福利,尤其是城市类保险和福利的覆盖率都远远高于其他省份。

表 4-15　各地在职工作者的保险及福利情况（多选题）　　（单位:%）

福利待遇	全国	辽宁	上海	河南	广东	甘肃
公费医疗	5.2	6.9	7.8	4.5	2.8	1.9
城镇职工医疗保险	12.6	18.0	29.0	12.5	12.6	7.5
城镇居民医疗保险	5.3	2.4	29.2	3.8	8.6	2.0
补充医疗保险	1.7	1.8	5.5	1.1	1.8	1.0
新型农村合作医疗	64.7	60.1	13.8	70.3	59.7	83.7
城镇基本养老保险	12.1	19.3	47.4	8.9	12.1	5.0
农村社会养老保险	6.3	2.7	9.4	1.6	6.8	3.7
补充养老保险	2.7	2.4	5.8	3.3	2.0	0.6
生育保险	3.5	5.9	6.8	0.6	4.7	0.5
失业保险	9.1	12.4	37.4	6.1	8.8	4.0
工伤保险	9.0	10.9	17.2	3.7	12.4	2.6
分配房改房	0.3	0.1	0.1	0.4	0.0	0.2
分配折扣商品房	0.1	0.1	0.1	0.1	0.0	0.3
购房补贴	0.4	0.6	0.9	0.2	0.3	0.3
住房公积金	9.4	14.1	29.7	7.7	5.5	6.3
租房补贴	0.4	0.2	0.8	0.0	0.5	0.1
最低生活保障	1.9	0.5	1.6	1.7	0.9	5.2
以上都没有	11.2	12.5	16.7	9.0	13.1	4.7
人数	10701	1480	1416	1660	1622	1818

表 4-16 显示,各类保险和福利在男性和女性在职者上的覆盖率相差不大,

男性中享受城市类保险和福利的比例相对较大。户籍不同,享受的保险及福利待遇存在非常大的差别。农业户籍在职工作者享受新型农村合作医疗的比例高达84%。在非农业户籍在职工作者中覆盖面最大的保险及福利依次为城镇职工医疗保险、城镇基本养老保险、住房公积金及失业保险,比例分别为43.5%、41.4%、33.8%和31.8%。

表4-16　不同性别和户籍在职工作者的保险及福利情况(多选题)（单位:%）

福利待遇	男性	女性	农业户籍	非农业户籍
公费医疗	5.8	4.4	1.0	17.8
城镇职工医疗保险	13.2	11.7	2.3	43.5
城镇居民医疗保险	5.0	5.6	1.2	17.4
补充医疗保险	1.8	1.7	1.2	3.4
新型农村合作医疗	64.1	65.4	83.9	7.0
城镇基本养老保险	12.4	11.8	2.3	41.4
农村社会养老保险	6.6	5.8	7.8	1.8
补充养老保险	2.6	2.8	1.6	6.1
生育保险	2.4	4.8	0.7	11.7
失业保险	9.6	8.4	1.5	31.8
工伤保险	10.5	7.0	4.1	23.7
分配房改房	0.4	0.1	0.1	0.8
分配折扣商品房	0.1	0.1	0.0	0.4
购房补贴	0.4	0.3	0.1	1.2
住房公积金	10.4	8.1	1.3	33.8
租房补贴	0.3	0.4	0.2	0.9
最低生活保障	2.2	1.4	1.7	2.3
以上都没有	11.2	11.2	9.6	16.0
人数	6006	4692	8027	2674

不同保险和福利在不同职业的在职工作者中的覆盖率不同。表4-17中各种福利和保险在服务人员中的总覆盖率最差,有20%的服务人员不享受其中任何一种。新型农村合作医疗在农业生产者及生产运输设备操作人员中的覆盖比例很高,在农业劳动者中相对覆盖率较高的保险和福利还有最低生活保障和农村社会养老保险,其他各类保险和福利在农业生产者中的覆盖率都很低。办事人员及专业技术人员享受城镇职工医疗保险、城镇基本养老保险、住房公积金、失业保险和工商保险的比例在各个职业中最高,甚至好过负责人,他们是各类职业中福利和社会保障最好的职业。

表 4-17　不同职业在职工作者的保险及福利情况（多选题）　　（单位:%）

福利待遇	负责人	专业人员与技术人员	办事人员和有关人员	服务人员	农林牧渔水利业	生产运输设备操作人员	其他
公费医疗	14.2	13.7	16.0	5.3	0.3	6.6	8.3
城镇职工医疗保险	27.7	35.5	38.5	15.3	0.3	17.5	6.8
城镇居民医疗保险	10.4	6.5	9.2	11.7	0.8	7.0	16.5
补充医疗保险	3.3	3.8	4.3	2.2	0.3	3.0	4.5
新型农村合作医疗	38.3	34.8	28.3	45.9	89.4	54.5	45.9
城镇基本养老保险	25.8	29.3	32.9	18.2	0.9	16.8	14.7
农村社会养老保险	10.6	5.6	8.3	5.4	5.8	7.1	6.8
补充养老保险	4.5	5.2	7.4	3.8	0.5	4.5	6.4
生育保险	6.2	10.2	11.2	5.1	0.1	3.2	5.3
失业保险	18.7	26.2	25.9	10.9	0.1	14.6	10.9
工伤保险	17.9	23.4	21.7	8.6	0.6	20.7	16.5
分配房改房	0.9	0.6	0.8	0.1	0.0	0.7	0.4
分配折扣商品房	0.0	0.3	0.4	0.1	0.0	0.2	0.0
购房补贴	0.7	0.8	1.7	0.5	0.0	0.4	0.4
住房公积金	22.9	29.8	30.0	7.7	0.0	12.5	12.4
租房补贴	0.3	0.8	0.5	0.7	0.0	0.5	0.8
最低生活保障	0.7	1.0	0.6	2.1	2.5	1.4	1.5
以上都没有	13.2	11.4	9.6	20.6	7.3	12.2	16.2
人数	577	1240	771	1478	4933	919	266

第三节　老年人的收入与福利

随着我国老龄化程度的提高，老年人的收入与福利保障将变得越来越引起关注。下面对所有 60 岁及以上的老年人的收入和福利情况进行简要描述。

一、老年人的收入

从表 4-18 可以看到，全国老年人绝大多数年收入普遍低于 7500 元，占 82%，年收入 1.2 万元以上的有 13%。分地区的情况来看，河南与甘肃老年人年收入集中于 7500 元以下的比例更大，分别为 85% 和 90%；上海最低，58% 的老年人年收入在 7500 元以下。相对来说，上海老年人中收入高的比重相对较高，年收入 1.8 万元以上的有 19%，这一比例在辽宁与广东省中分别为 10%、9%，河南这一比例最低，不到 5%。从 7500 元到 2.7 万元这一中间收入区间来看,上海超过35%的老人收入属于这一区间,辽宁为17%,河南与广东均为14%左右,而甘肃最少,只有8%。

表4-18 不同地区老年人总收入分组情况 (单位:%)

收入组	全国	辽宁	上海	河南	广东	甘肃
2500元以下	67.0	70.1	49.2	71.8	68.3	79.1
2500—7500元	14.6	7.0	8.9	13.6	13.9	10.4
7500—1.2万	5.0	6.4	12.6	4.8	5.0	1.9
1.2—1.8万	6.4	7.0	9.9	6.3	4.3	3.2
1.8—2.7万	3.5	4.0	12.8	2.5	4.2	2.7
2.7—4万	2.7	4.3	5.1	0.8	3.7	2.4
4万及以上	0.7	1.3	1.5	0.3	0.6	0.3
合计	100.0	100.0	100.0	100.0	100.0	100.0
	(4333)	(703)	(845)	(812)	(626)	(639)

女性老人的收入相对更少,男女老年人中分别有75%和89%的人收入在7500元以下,年收入在1.2万元到4万元的比例分别有17%与8%。户籍性质不同,老年人收入分布也不同,有91%的农业户籍老人收入在7500元以下,非农户籍老年人中低于这一收入水平的只有62%,余下的非农户籍老年人中有15%收入在1.2—1.8万元间,另有16%年收入在1.8万元以上,也就是说累计有31%的非农户籍老年人收入在1.2万元以上(表4-19)。

表4-19 不同户籍及性别的老年人总收入分组情况 (单位:%)

收入组	男	女	农业户籍	非农业户籍
2500元以下	56.6	77.8	72.6	54.7
2500—7500元	18.2	10.9	17.9	7.4
7500—1.2万	6.5	3.4	4.1	6.9
1.2—1.8万	8.6	4.2	2.6	14.9
1.8—2.7万	5.1	1.9	1.3	8.4
2.7—4万	3.7	1.6	1.3	5.7
4万及以上	1.2	0.1	0.2	1.9
合计	100.0	100.0	100.0	100.0
	(2210)	(2123)	(2987)	(1346)

文化程度对老年人收入同样存在影响,文化水平越高的老人中收入水平较低的人所占比重越小,高收入者所占比例越大。从表4-20可以看到,随着文

化水平的提高,老年人中收入在7500元以下收入组的比例越来越低,而1.2万元以上收入组所占比例越来越大。

表4-20 不同文化程度的老年人总收入分组情况 （单位:%）

收入组	文盲/半文盲	小学	初中	普高、中专及职高	大专及以上
2500元以下	76.0	59.3	52.9	46.9	41.7
2500—7500元	14.4	18.9	14.1	6.6	3.3
7500—1.2万	3.7	7.2	7.5	6.2	0.8
1.2—1.8万	3.6	8.4	12.6	13.7	9.2
1.8—2.7万	1.1	4.0	7.9	11.5	15.8
2.7—4万	1.0	1.7	4.5	13.3	17.5
4万及以上	0.2	0.5	0.6	1.8	11.7
合计	100.0	100.0	100.0	100.0	100.0
	(2504)	(948)	(533)	(226)	(120)

二、老年人的保险及福利情况

整体而言,全国老人有12%不享受任何一项保险和福利,与在职工作者基本持平。各类保险福利中,农村合作医疗的覆盖率最高,其次城镇职工医疗保险和城镇基本养老保险,两者都在12%上下,几种养老保险的覆盖率并不高。从分地区的情况来看,下列各类保险在各省的总覆盖率存在一定差异,上海的覆盖率最高,广东的最低。具体而言,如表4-21所示,辽宁省老年人中享受公费医疗的比例最高,达到15%以上,其他省份这一比例都在10%以下,甚至5%以下;此外,辽宁省的老人中享受城镇职工医疗保险及住房公积金的比例也相对较高。上海老年人主要依托城镇基本养老保险、城镇居民医疗保险、农村社会养老保险等保险类型,这三类保险福利在上海的覆盖率远远高出其他省份。甘肃、河南、广东三省的新型农村合作医疗覆盖率都较高,其他保险和福利的覆盖率相对较低,且不同省份主要依赖的其他保险福利类型存在一定差异,如河南主要依托城镇职工医疗保险,而广东更多依托城镇居民医疗保险。

表 4-21 不同地区老年人享受的保险和福利情况（多选题） （单位:%）

福利待遇	全国	辽宁	上海	河南	广东	甘肃
公费医疗	8.2	15.1	9.8	6.2	6.7	4.7
城镇职工医疗保险	12.0	30.9	14.2	13.0	8.8	6.4
城镇居民医疗保险	6.8	3.4	39.1	3.5	11.9	1.3
补充医疗保险	0.9	1.1	1.6	0.5	1.0	0.0
新型农村合作医疗	59.2	44.2	18.3	68.4	56.9	74.8
城镇基本养老保险	11.6	26.5	42.5	7.4	10.1	3.9
农村社会养老保险	8.1	1.0	21.3	5.3	7.7	9.6
补充养老保险	1.3	1.4	2.9	1.4	2.1	0.0
生育保险	0.1	0.1	0.0	0.0	0.2	0.0
失业保险	0.4	0.3	1.1	0.3	0.2	0.3
工伤保险	0.2	0.6	0.4	0.3	0.3	0.2
分配房改房	0.4	1.1	0.4	0.0	0.5	0.6
分配折扣商品房	0.1	0.3	0.0	0.3	0.2	0.8
购房补贴	0.3	0.3	0.0	0.0	0.3	0.0
住房公积金	0.7	2.0	1.3	0.1	0.3	1.1
租房补贴	0.1	0.0	0.1	0.1	0.0	0.0
最低生活保障	5.4	3.1	1.8	6.7	1.8	6.4
以上都没有	11.8	10.7	6.9	8.1	13.3	12.1
人数	4324	703	840	811	624	638

表 4-22 显示,有 10% 的男性老年人不享受任何一种保险与福利,女性中这一比例稍高,为 13%。看具体的细项,新农合在女性老年人中的覆盖面略高,而公费医疗、城镇职工医疗保险、城镇基本养老保险等城市类保险在男性老人中的覆盖面均高于女性。表中各类保险和福利在不同户籍的老年人中的总覆盖率相差不大,非农业户籍老年人略高 2.5 个百分点。在具体种类上,农业户籍老年人主要(81%)参加了新型农村合作医疗,农村社会养老保险和最低生活保障也分别有 10% 和 6.3% 的覆盖率,但其他各类保险和福利的覆盖率都很低。非农业户籍老年人选择的保险与福利种类更多,其中城镇职工医疗保险与城镇基本养老保险均有超过 1/3 的覆盖率,公费医疗有 23.4% 的覆盖率,城镇居民医疗保险的覆盖率达到 18%,在其他各类保险如补充医疗保险、补充养老保险、失业保险、分配房改房、购房补贴、住房公积金在非农户籍老年人中的覆盖比例均高于农业户籍老年人。

表 4-22 不同户籍和不同性别的老年人享受的保险和福利情况(多选题)

(单位:%)

福利待遇	男	女	农业户籍	非农户籍
公费医疗	10.7	5.5	1.3	23.4
城镇职工医疗保险	14.8	9.1	1.5	35.2
城镇居民医疗保险	6.1	7.6	1.6	18.3
补充医疗保险	1.0	0.8	0.4	1.9
新型农村合作医疗	58.0	60.5	80.9	11.1
城镇基本养老保险	13.6	9.5	1.7	33.4
农村社会养老保险	8.1	8.0	9.9	3.9
补充养老保险	1.3	1.3	0.6	2.8
生育保险	0.2	0.1	0.1	0.2
失业保险	0.6	0.1	0.0	1.1
工伤保险	0.4	0.1	0.1	0.6
分配房改房	0.7	0.1	0.0	1.3
分配折扣商品房	0.1	0.1	0.0	0.3
购房补贴	0.5	0.1	0.0	1.0
住房公积金	1.1	0.3	0.1	2.1
租房补贴	0.1	0.1	0.1	0.2
最低生活保障	5.7	5.2	6.3	3.5
以上都没有	10.3	13.3	11.0	13.5
人数	2207	2117	2980	1344

较之性别与户籍差异,不同文化程度的老年人享受的保险与福利在量上差异更大,如表4-23。普高、中专及职高文化水平的老人有94%享受至少一种保险与福利,大专及以上文化程度的老年人中这一比例是92%。随着文化水平依次递减,这个比例也在下降,文盲与半文盲老年人的这一比例值为86%,且主要依托新型农村医疗保险。教育水平带来的差异还体现在公费医疗、城镇职工医疗保险、城镇基本养老保险在不同文化程度的老年人中的覆盖率上,随着文化水平的提高,它们的覆盖率不断上升;而农村合作医疗、农村社会养老保险、最低生活保障与文化水平的关系正好相反,文化水平越低覆盖率越高。

表 4-23　不同文化程度的老年人享受的保险和福利情况（多选题）（单位:%）

福利待遇	文盲/半文盲	小学	初中	普高、中专及职高	大专及以上
公费医疗	2.7	6.7	18.8	32.3	40.8
城镇职工医疗保险	4.7	14.5	23.3	38.1	44.2
城镇居民医疗保险	5.4	5.9	11.4	13.3	10.8
补充医疗保险	0.4	0.7	1.9	3.5	4.2
新型农村合作医疗	69.2	61.0	40.2	15.5	5.0
城镇基本养老保险	5.9	12.7	20.8	34.1	37.5
农村社会养老保险	9.1	8.7	6.2	2.2	1.7
补充养老保险	1.0	1.4	2.1	3.1	1.7
生育保险	0.1	0.1	0.2	0.4	0.8
失业保险	0.0	0.3	1.3	0.9	2.5
工伤保险	0.0	0.2	0.2	1.8	1.7
分配房改房	0.2	0.0	0.6	2.2	5.0
分配折扣商品房	0.0	0.0	0.2	1.3	0.0
购房补贴	0.1	0.2	0.6	2.2	0.8
住房公积金	0.2	0.4	1.1	2.2	9.2
租房补贴	0.1	0.1	0.0	0.0	0.8
最低生活保障	6.9	4.7	2.8	1.3	0.8
以上都没有	13.6	10.0	9.6	6.2	7.5
人数	2496	947	533	226	120

本 章 提 要

• 全国有 43.0% 的受访者年收入在 2500 元以下,七成以上受访者的收入低于 1.2 万元,也就是说月收入少于 1000 元。不同户籍的成人总收入存在较大的差异。女性较之男性更多地集中于低收入组,上海不同性别间的收入差距相对最小。正在工作的受访者收入等级分布比较均匀,其中 46.6% 的受访者在 7500 元以下,27.8% 的受访者收入在 1.8 万元以上。

• 调查中提到的 17 种保险覆盖了 85% 的成人受访者,剩下的 15% 没有享受到其中的任何一项。就保险和福利种类来说,覆盖率最高的是新型农村合作医疗,接下来依次是城镇职工医疗保险和城镇基本养老保险。

• 全国在职劳动者年收入水平在 1.5 万元左右,上海最高,接近 4.4 万元,甘肃最低,不足 8000 元。不同性别和教育水平的在职工作者的收入差异明显。

- 全国在职工作者中有 11% 的人不享受任何一项保险或福利。农村新型合作医疗在农业户籍的在职工作者中覆盖面相对较大,但其他各类保险和福利只惠及少数人。男性和女性在职劳动者在享受福利保险的比例上没有太大差别。
- 由于新型合作医疗超高的覆盖率,在不同职业劳动者中,农业生产人员至少享有一种保险和福利的比例最高。各类保险和福利覆盖面最小的是服务人员,保险和福利最好的是办事人员及专业技术人员,他们的保险和福利状况甚至好过负责人。
- 超过 80% 的老年人年收入低于 7500 元,年收入 1.2 万元以上的仅有 13%。经济相对落后的河南与甘肃两省老年人的年收入更多地集中于 7500 元以下。
- 在保险和福利方面,多种保险和福利对老年人的覆盖率较高,但主要是医疗类保险,真正享有养老保险的老人并不多,并且受到户籍性质、性别以及教育水平的影响。

第二部分 教育状况

教育乃百年大计,从公民的教育水平、教育投入、教育资源分布等方面,不仅可以判断出一个国家公民的整体素质,还能在一定程度上揭示不同区域间整体发展及其潜力的差异。同时,教育水平、教育投入及教育资源分布等均是观察社会变迁非常重要的因素,通过观察这些因素的变化,有利于我们勾勒出整体社会发展变迁的状况与趋势。

本部分共分四章,第五章对居民的受教育程度进行描述,关注不同地区、不同年龄、不同性别的居民受教育程度是否以及有何不同;第六章关注居民在教育上的经济投入与时间投入,以及各地区、各教育阶段在这两方面的差异;第七章主要关注的是学校教育与家庭教育相互间的协调,关注家长的教育方式以及教育期望对孩子的影响;第八章主要侧重比较城乡间教育水平、教育资源分布、在校生学习情况等方面的差异。

第五章 教育水平

第一节 居民的教育水平

本次调查我们统计了全国15岁以上居民的教育水平,共收集到21572个有效样本。如表5-1所示,在全国15岁以上居民中,文盲/半文盲所占比例依旧不低,为29.8%,而高等学历的拥有比例较低,为6.6%,小学、初中、高中的比例分别为21.1%、29.2%和13.2%。分地区来看,五大省中文盲比例最低的省份为辽宁,为17.6%,文盲比例最高的省份为甘肃,为45.9%。高等教育比例方面,最高为上海,占16.4%,是全国水平的近3倍,最低为甘肃,4.4%。

表5-1 居民教育水平分布 (单位:%)

地区	文盲/半文盲	小学	初中	高中	大专及以上	合计
全国	29.8	21.1	29.2	13.2	6.6	100.0(21572)
辽宁	17.6	24.9	35.9	13.2	8.4	100.0(3125)
上海	17.8	12.3	30.9	22.3	16.4	100.0(2925)
河南	27.4	21.2	31.1	13.6	6.7	100.0(3602)
广东	29.6	22.6	27.1	14.3	6.2	100.0(3061)
甘肃	45.9	18.0	20.9	10.8	4.4	100.0(3683)

近些年来,由于受到就业市场导向的影响,高等教育专业扎堆的现象非常明显,类似的现象在本次调查中也得到了体现。如图5-1所示,我们对受过高等教育的被访者进行主修学科的统计,可以发现,专业为工学比例最高,达到了18.0%;而在其他理工科中,主修医学的比例较高,为8.2%,理学的比例为

6.1%。在社会科学之中,管理学和经济学是最热门的专业,它们的比例分别为17.5%和16.1%,与此同时,专业为文学、教育学和法学的比例也不少,而相对来说哲学和历史学则是较为冷门的学科,仅有0.8%的人选择它们作为自己所主修的专业。

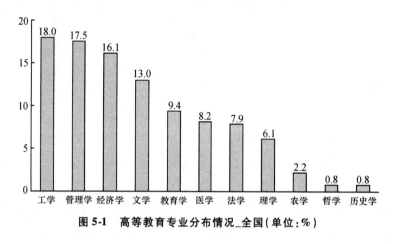

图5-1　高等教育专业分布情况_全国(单位:%)

第二节　教育水平的性别、年龄差异

一、教育水平的性别差异

图5-2展现的是全国教育水平的性别差异,其中女性的有效样本数为10434人,男性的有效样本数为11132人。如图5-2所示,女性文盲率远高于男性,男性的平均教育水平高于女性,尤其初中教育水平中,男女差异最明显,而在高中、大专及以上的教育水平中,男女间的差异最小。

在分地区统计中,较为特殊的省份为辽宁、上海。如图5-3所示,辽宁、上海女性的文盲率同样高于男性,但差异较全国小。受教育水平上,辽宁的男女差异很小,不同于全国及其他省份,小学、初中、高中以及高学历中的男女比例几乎没有差异;在上海,男女间在小学以上的教育水平中差异趋大。另外,总体而言,辽宁、上海的文盲率远低于全国水平,而接受过高等教育的比例也高于全国及其他省份。

除此之外,河南、广东、甘肃三省男女的教育水平差异较明显,女性文盲率

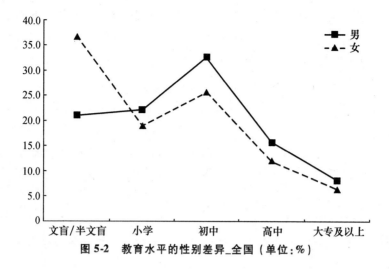

图 5-2 教育水平的性别差异_全国（单位：%）

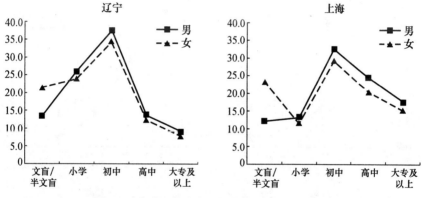

图 5-3 分地区教育水平的性别差异（单位：%）

远高于男性,而男性教育水平普遍高于女性,同图 5-2 的全国教育水平的性别差异相似。

二、不同年龄受教育水平的性别差异

如表 5-2 所示,全国不同年龄段的居民教育水平差异较为明显。为便于观察,我们将年龄分为 30 岁以下、30—39 岁、40—49 岁、50—59 岁、60 岁以上共五组。结果显示,60 岁以上的居民有 57.8% 的人属于文盲/半文盲,而仅为小学文化程度的比例也高达 21.9%,大专及以上学历的人仅为 2.7%。相对的,大专及以上的高学历人群中,40岁以下占了多数,其中30岁以下人群中有11.3%的人为大专以上学历,而30—39岁人群中该比例也达到了11.6%。总体而言,年龄较小的群体,受教育水平相对较高。

表5-2 教育水平的年龄差异_全国 （单位:%）

	文盲/半文盲	小学	初中	高中	大专及以上	合计
30岁以下	7.2	17.6	43.0	20.9	11.3	100.0(4195)
30—39岁	18.5	23.2	34.4	12.4	11.6	100.0(3902)
40—49岁	24.3	24.4	33.0	13.0	5.3	100.0(5039)
50—59岁	40.9	18.0	23.4	14.7	2.9	100.0(4103)
60岁以上	57.8	21.9	12.3	5.2	2.7	100.0(4333)

图5-4展示的是不同省份、不同年龄段、不同性别接受高等教育情况的差

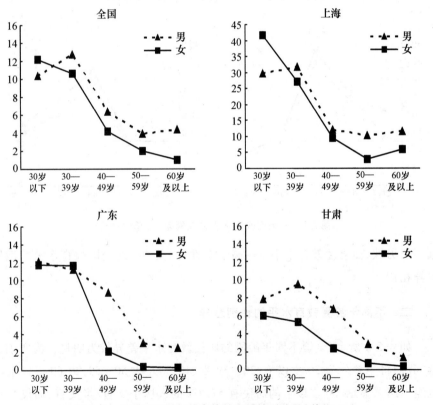

图5-4 分地区不同年龄高等教育的性别差异(单位:%)

异。数据表明,无论男女,越年轻的年龄组中接受高等教育的比例相对较高。分地区的情况来看,河南、广东、甘肃三个地区不同年龄段、男女接受高等教育比例的差异较为明显,而辽宁除60岁以上年龄组男女两性中接受高等教育的比例存在一定差异外,其他各年龄组两性间几乎没有差异。河南、广东、甘肃地区两性接受高等教育的比例差异呈现出较为明确的年龄走势,河南和广东越年轻的队列男女两性之间的差异越来越小,而甘肃高龄组两性之间的差异并非最大,反倒是中间年龄段的男女两性间的差异相对较大。全国30岁以下的成年人口中,女性中接受了高等教育的比例高于男性,这一现象充分体现在上海。上海30岁以下女性中接受过大专以上高等教育的达到将近42%,而男性中这一比例只有不到36%。河南、广东和甘肃尽管差异不这么明显,但女性中接受高等教育的比例已经靠近男性,并有超过男性的趋势。

第三节 自我教育期望的实现

本次调查中,居民自我教育期望的实现程度是通过对比居民预期自己能获得的最高学历与他/她实际获得的最高学历之间的差值来测量的。如表5-3所示,无论是全国还是五大省份,绝大多数居民的教育程度没有达到预期水平。

表5-3 居民自我教育期望实现的分布 （单位:%）

地区	超出预期	实现预期	未实现预期	合计
全国	2.4	21.7	75.9	100.0(7442)
辽宁	3.1	28.8	68.1	100.0(1042)
上海	4.0	30.1	65.9	100.0(962)
河南	2.4	22.1	75.5	100.0(1277)
广东	2.5	22.9	74.7	100.0(1094)
甘肃	1.6	12.1	86.2	100.0(1097)

具体来看,全国未实现自我教育期望的居民比例为75.9%,实现自我教育期望的居民比例为21.7%,超出自我教育期望的居民比例为2.4%。分地区统计中,上海未实现自我教育期望的居民比例为65.9%,低于全国水平,而甘肃未实现自我教育期望的居民比例最高,为86.2%,高于全国水平。同样的,

上海实现自我教育预期的居民比例最高,为 30.1%,而甘肃该比例最低,仅为 12.1%。在超出自我教育预期的居民比例方面,也是上海最高,为 4.0%,甘肃最低,只有 1.6%。

本 章 提 要

- 从居民总体教育水平上来看,各地区存在明显差异,上海高学历人群比例最高、文盲率最低,河南高学历人群比例最少、文盲率最高,且相差三四倍。

- 受教育水平存在性别差异,男性受教育水平普遍高于女性,各地区虽有略微差异,但趋势较一致。但在 30 岁以下的年龄段,全国和上海、河南都出现了女性中接受高等教育的比例高于男性中相应比例的现象。

- 在高等教育方面,不同年龄段差异较大,大体呈现年龄越大、接受高等教育的比例越少的趋势。

- 最后,从居民自我教育期望的实现来看,绝大多数居民均表示自己最终获得的学历水平没有达到原先自己的预期,仅有少数居民表示学历超出了预期。上海的居民教育水平达到或超过预期的比例在五个省份中最高,而甘肃最低。

第六章 教育投入

第一节 教育的经济投入

一、居民教育年支出

本次调查中,我们调查了6岁以上在校生去年的教育总支出及各项支出。如图6-1所示,去年全国在校生年均教育总支出为2043元。五省之间在校生年均教育总支出相差较为明显,甘肃、河南最低,仅为1113元和1394元;上海最高,为6708元,是甘肃的6倍多,全国水平的近3倍多。辽宁、广东次之,分别为3209元、2021元,构成了第二梯队,也比甘肃、河南高出了2倍多。

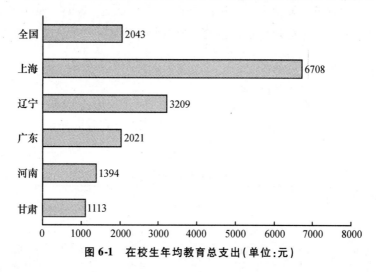

图6-1 在校生年均教育总支出(单位:元)

与教育相关的各项支出包括:学杂费、书本费、课外辅导或家教费、住宿费、交通费以及其他费用。如表6-1所示（括号内的数值为均值），学杂费在在校生教育总支出中占了非常大的比重。就全国来看，55.0%的教育支出用于交付学杂费，课外辅导/家教费次之，占了11.1%，书本费也占了9.4%的比例，住宿费和交通费的比重比较小。

表6-1　在校生教育年支出结构　　　　　　　　　　　　（单位:%）

地区	学杂费	书本费	课外辅导/家教费	住宿费	交通费	其他费用	合计（元）
全国	55.0	9.4	11.1	5.6	4.9	14.0	100.0(2016)
辽宁	43.2	10.0	21.6	4.6	7.9	12.7	100.0(3211)
上海	60.3	5.2	18.2	4.1	7.0	5.2	100.0(6466)
河南	56.5	11.3	10.0	3.6	3.2	15.4	100.0(1336)
广东	60.0	7.1	6.6	6.1	5.0	15.2	100.0(1935)
甘肃	47.8	10.8	7.9	8.0	4.0	21.5	100.0(1140)

全国 $N = 5097$，辽宁 $N = 512$，上海 $N = 402$，河南 $N = 1048$，广东 $N = 1018$，甘肃 $N = 1084$。

分地区统计中，河南、甘肃地区在校生的学杂费所占比例在五大省中最高，分别为60.3%、60.0%，而辽宁的学杂费所占比例最低，为43.2%。同时，辽宁的书本费占总支出的比例是五大省中最高的，为21.6%，是广东（6.6%）的3倍多。在住宿费所占比例上，甘肃居于榜首，为8.0%。辽宁的在校生用在课外辅导/家教上开销所占的比例乃五大省之最，为21.6%，是全国水平的将近2倍。辽宁、上海地区在校生的交通费所占的比例在五大省中最高，分别为7.9%和7.0%，远高于全国水平。

二、不同教育阶段的经济投入

如表6-2所示，不同教育阶段的年教育总支出存在较大差异。年均教育总支出随着教育阶段的增高迅速增加，到高等教育阶段，教育支出达到了8020元。

表6-2　不同教育阶段的经济投入　　　　　　　　　　　（单位:元）

教育水平	年均教育总支出	标准差	人数
幼儿园	1784	2790	902
小学	958	1966	2305
初中	1611	2522	992
高中	4134	3794	568
大专及以上	8020	7894	329

但幼儿园的教育支出高于小学,甚至比初中还高。

分地区统计中,如图6-2所示,各个地区存在一些共同点。首先,在小学以后,随着教育程度的提高,教育支出也逐渐增高,而且从图形来看,教育支出随着教育程度的提高呈指数级增长。不过,上海的小学支出要高于初中,这是一个例外。其次,在各个地区,幼儿园的费用普遍高于小学,在上海、广东和甘肃,幼儿园的教育支出甚至比初中还要高。综合这两点,我国居民用于教育方面的支出在幼儿园阶段比较高,到小学阶段出现下降,然后随着教育等级的提高,逐渐增高。

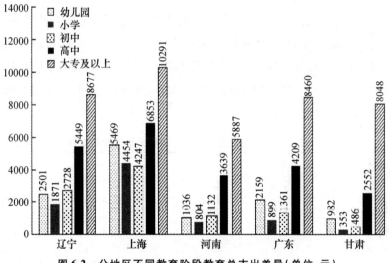

图6-2 分地区不同教育阶段教育总支出差异(单位:元)

第二节 教育的时间投入

一、基本情况描述

本节统计的是在校生在教育上的时间投入。如表6-3所示,全国在校生平均每天学习时间为8.0小时,五大省份与全国水平相去无几,其中辽宁最高,为8.8小时,上海最低,为7.0小时,略低于全国水平。

表 6-3　在校生平均每天学习时间　　　　　　　　（单位：小时）

地区	平均每天学习时间	标准差	人数
全国	8.0	3.3	3243
辽宁	8.8	3.3	335
上海	7.0	4.7	275
河南	8.0	3.4	607
广东	7.9	3.0	695
甘肃	7.7	3.5	770

二、不同教育水平与教育时间投入

我们进一步考察处于不同教育阶段的在校生周一到周五学习时间（即在校学习及课后复习时间之和）有否较大差异。通过观察表6-4可以得知（括号内为标准差，下同），就全国而言，高中生平均每天学习时间最长，为9.7小时，初中生次之，为8.8小时，大专及以上学生最少，为5.3小时，而小学生每天的学习时间却比前者还要长。

表 6-3　不同教育阶段在校生平均每天学习时间差异　　（单位：小时）

地区	小学	初中	高中	大专及以上
全国	7.4(2.5)	8.8(3.0)	9.7(3.7)	5.3(4.1)
辽宁	8.5(2.1)	9.6(2.9)	9.7(4.2)	6.3(4.2)
上海	9.0(3.2)	10.3(3.1)	9.3(4.1)	3.8(4.0)
河南	7.5(2.5)	9.0(3.3)	9.6(3.5)	4.4(4.3)
广东	7.3(2.6)	8.8(2.3)	9.5(3.1)	4.4(4.0)
甘肃	7.2(3.0)	8.0(3.4)	8.9(4.2)	7.3(3.9)

分地区统计中，高中生平均每天学习时间普遍较长，均在9小时至10小时左右。上海和辽宁小学生、初中生的平均学习时间比较长，高于河南、广东和甘肃，上海初中生的平均学习时间甚至超过了高中生。相比小学生、初中生和高中生，大专及以上学生的学习时间相对要短得多，时间最长的甘肃也只有7.3小时，而最短的上海只有3.8小时。这反映出中小学生的学习压力普遍大于大学生。

三、不同学校类型与学习时间投入

如表6-5所示，在不同类型的学校中就读的学生，他们的学习时间也存在着略微的差异。就全国而言,重点学校、私立学校的学生平均每天学习的时间相对较长,分别为10.1小时和9.4小时,普通学校的学生则略低,为8.2小时。类似的情况在五大省份中也有体现,即重点学校和私立学校的学生平均每天学习的时间相对普通学校的学生而言较长。

表6-4 学校类型与平均每天学习时间 （单位:小时）

地区	普通学校	重点学校	私立学校
全国	8.2(3.0)	10.1(3.2)	9.4(2.9)
辽宁	9.2(2.8)	10.8(3.6)	11.3(2.1)
上海	9.5(3.4)	11.6(3.3)	9.4(4.1)
河南	8.1(3.1)	10.2(3.0)	9.3(3.1)
广东	8.1(2.6)	10(3.0)	9.5(2.5)
甘肃	7.7(3.3)	9.1(4.4)	—

是否寄宿也对学生的学习时间产生影响。如图6-3所示,就全国而言,寄宿制学校的学生学习时间(9.2小时)比非寄宿制学校的学生的学习时间(7.9小时)要长。分地区统计中,广东地区寄宿制、非寄宿制学校的学生学习时间差别最明显,达2小时。其他各省寄宿制学校的学生学习时间也明显比非寄宿制学校的学生的学习时间长。相差最小的辽宁区达到0.6小时。

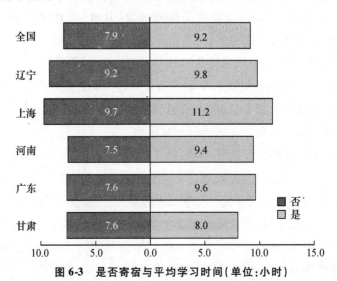

图6-3 是否寄宿与平均学习时间(单位:小时)

如表 6-6 所示,就全国而言,重点班的学生学习时间长于非重点班的学生,相差将近 1 小时。分地区统计中,上海的重点班学生学习时间最长,为 11.5 小时,甘肃最短,为 7.9 小时。上海重点班、非重点班学生的学习时间相差最大,超过了 2 个小时,其他四个省份中重点班、非重点班学生的学习时间相差较小,不到 1 小时。总体而言,就读于重点班的学生每天学习时间明显大于就读于非重点班的学生。

表 6-5　班级类型与学习时间　　　　　　　(单位:小时)

地区	重点班	非重点班	无区分
全国	9.4(3.3)	8.5(3.3)	8.1(2.8)
辽宁	10.3(2.4)	10.2(3.2)	8.9(2.7)
上海	11.5(3.5)	9.3(4.0)	9.9(3.1)
河南	9.2(3.6)	8.4(3.2)	8.2(3.0)
广东	9.3(2.3)	8.5(2.8)	7.8(2.6)
甘肃	7.9(4.1)	7.0(4.1)	8.1(2.7)

本 章 提 要

• 在教育的经济投入方面,在校生年均教育总支出存在非常大的地区差异,支出最高的省市(上海)是支出最低的省份(甘肃)的 6 倍之多。同时,教育水平越高,年均教育支出越多,尤其是高等教育(大专及以上)的支出高于其他教育阶段的很多倍。小孩在幼儿园的费用支出高,值得关注。

• 在教育支出的构成方面,学杂费占了非常大的比重,超过了 50%,其次是课外辅导/家教费和书本费,均达到了 10% 左右的比例。其他费用的比例也很高,而住宿费和交通费所占的比例相对较小。

• 在教育的时间投入方面,不同教育阶段的学生的学习时间明显不同,高中生学习压力普遍较大,每天学习时间最长,中小学生的平均学习时间高于大专及以上学生。另外,重点学校、重点班级对学生的学习时间有着一定的影响,总体看来,重点学校、重点班级的学生学习时间要比非重点学校、非重点班级的学生长。同时,私立学校的影响也略有体现,就读于私立学校的学生学习时间普遍略高于普通学校的学生,在部分地区甚至高于就读于重点学校的学生。

第七章 学校教育与家庭教育

与前两章描述的对象有所不同,本章的主要关注对象是3—15岁的儿童,分别通过学校教育、家庭教育和孩子的社交、心理状态,描述这一群体的教育现状。

第一节 学 校 教 育

一、学校教育资源

学校是现代社会最为重要的教育资源,按受教育阶段划分,常见的有幼儿园、小学、初中、高中(大学不在本章范围);按学校类型划分,常见的有普通学校、重点学校、私立学校、打工子弟学校、国际学校;按就读班划分,某些学校不设立重点班,有些学校则有重点班与非重点班之分。

本次调查中,从全国范围来看,3—15岁孩子中,8.8%的孩子就读幼儿园,67.5%的就读小学,23.2%就读初中,0.6%就读高中。五省的结构则各不相同,广东省就读幼儿园的比例最高,达11.3%,河南就读小学的比例最高,达71.6%,上海最低为60.2%。辽宁就读初、高中的比例超过30%,高于全国平均水平,河南则仅为20.1%,为五省最低。

表7-1右侧显示了就读重点班情况,可以看到,全国70.6%的孩子所在学校不区分重点班,22.1%就读于非重点班,仅7.3%就读于重点班,简言之,学校有无重点班的比例为3∶7,是否就读重点班的比例约1∶3。值得注意的是,上海就读重点班的比例达到10.1%,非重点班26.4%,是五省中区分度最大

的,甘肃就读重点班的比例是五省最低的。

表7-1 受教育阶段及就读重点班情况 （单位:%）

地区	幼儿园	小学	初中	高中	合计	重点班	非重点班	无区分	合计
全国	8.8	67.5	23.2	0.6	100.0(3392)	7.3	22.1	70.6	100.0(3086)
辽宁	6.1	63.8	28.5	1.5	100.0(326)	8.9	15.1	76.0	100.0(304)
上海	10.8	60.2	27.1	1.8	100.0(166)	10.1	26.4	63.5	100.0(148)
河南	8.3	71.6	20.0	0.1	100.0(686)	5.3	21.2	73.5	100.0(619)
广东	11.3	63.1	25.1	0.6	100.0(701)	8.4	20.2	71.4	100.0(619)
甘肃	7.9	70.4	21.1	0.5	100.0(744)	5.4	25.6	69.0	100.0(684)

表7-2显示,全国绝大多数(91.7%)的孩子在普通学校就读,4.6%就读于重点学校,3.5%就读于私立学校,仅0.2%就读于打工子弟学校,调查样本中没有就读国际学校的学生。五省数据统计则显示,甘肃省的学校类型区分度最低,97.5%都就读于普通学校;除上海市外,四省的重点学校比例都低于全国水平,尤其广东仅为2.4%。值得注意的是,就读于私立学校比例最高的是河南省,达7.5%,远远高于其余四省及全国平均水平,上海市就读于打工子弟学校的比例最高,达4.7%。

表7-2 就读学校类型及辍学情况 （单位:%）

地区	普通学校	重点学校	私立学校	打工子弟学校	合计	现在辍学	曾辍学	合计
全国	91.7	4.6	3.5	0.2	100.0(3094)	74.6	5.5	100.0(2160)
辽宁	95.1	3.3	1.6	0.0	100.0(306)	100.0	2.3	100.0(220)
上海	84.5	5.4	5.4	4.7	100.0(148)	0.0	5.0	100.0(100)
河南	88.9	3.7	7.5	0.0	100.0(629)	90.9	6.4	100.0(420)
广东	95.0	2.4	2.6	0.0	100.0(623)	70.0	4.2	100.0(474)
甘肃	97.5	2.5	0.0	0.0	100.0(685)	81.8	5.8	100.0(499)

关于辍学情况,表7-2显示了两组数据,一组是现在没有上学(包括辍学及已毕业)的孩子中,辍学儿童的比例,全国达74.6%;另一组则是现在正在上学的孩子中,曾经辍学的比例,全国达5.5%,五省中以河南省为最高,达6.4%,辽宁最低,为2.3%。

表7-3体现出全国的一个总体趋势:随着教育阶段的上升,就读重点学校及重点班比例明显增大。例如,小学阶段就读重点学校的仅3.2%,到初中阶

段达7.9%,到高中阶段陡然上升至36.8%;就读重点班的情况稍有不同,小学阶段为4.2%,初中为16.3%,高中为5.3%。这两组数据在一定程度上体现了学校教育对学生群体的划分。

表7-3 各教育阶段的就读学校及班级情况 (单位:%)

	普通学校	重点学校	私立学校	打工子弟学校	合计	重点班	非重点班	无区分	合计
小学	93.6	3.2	2.9	0.2	100.0(2289)	4.2	20.1	75.7	100.0(2284)
初中	86.6	7.9	5.2	0.3	100.0(786)	16.3	26.9	56.7	100.0(783)
高中	63.2	36.8	0.0	0.0	100.0(19)	5.3	63.2	31.6	100.0(19)

二、课外辅导

课外辅导班,作为常规教育外的一种补充形式,近几年得以长足发展,学生在课余时间参加辅导班学习已越来越成为一种常态。

表7-4显示,全国有14.1%的孩子参加辅导班(包括家教),平均每周用时为8.7小时。但五省统计数据显示,各地区差异很大,上海和辽宁参加辅导班的比例高达38.4%和37.6%,广东和甘肃则低于全国水平,为7.4%和5.8%。辅导班每周用时较多的是辽宁和甘肃,各为10.5和9.2小时,次之为河南及广东,为8.0和7.2小时,上海用时最少为5.0小时。

表7-4 参加辅导班情况 (单位:%)

地区	参加	没参加	合计	平均用时	标准差	人数
全国	14.1	85.9	100.0(2153)	8.7	8.7	304
辽宁	37.6	62.4	100.0(218)	10.5	10.6	82
上海	38.4	61.6	100.0(99)	5.0	3.4	37
河南	11.9	88.1	100.0(420)	8.0	6.8	50
广东	7.4	92.6	100.0(470)	7.2	6.7	35
甘肃	5.8	94.2	100.0(498)	9.2	12.5	29

对辅导班用时的进一步统计在表7-5中显示,可以看出,随着教育阶段上升,辅导班用时有上升趋势,幼儿园为7.0小时,小学为8.3小时,初中为9.4小时,高中为5.8小时,高中辅导班用时的下降,也许可以解释为校内课程的加重;不同的学校类型辅导班用时也不同,普通学校最多为8.8小时,重点学

校为 8.6 小时, 私立学校最少为 4.8 小时; 就读重点班的学生花在辅导班上的时间比非重点班学生多 2 小时, 分别是 9.4 小时和 7.3 小时, 无重点班区分的学校, 其学生的辅导班用时介于两者之间, 为 8.9 小时。

表 7-5 教育阶段与辅导班用时情况　　　　　　（单位:小时）

	幼儿园	小学	初中	高中	普通学校	重点学校	私立学校	重点班	非重点班	无区分
均值	7.0	8.3	9.4	5.8	8.8	8.6	4.8	9.4	7.3	8.9
标准差	1.4	8.4	9.1	3.8	8.4	10.0	4.8	10.1	6.4	8.8
总数	2	187	107	5	257	36	6	48	68	182

在辅导班科目方面, 排在前三名的依次是语文（39.2%）、外语（23.1%）和数学（20.1%）, 这与我国教育强调语数外的考试体制相一致, 书画、乐器和舞蹈的辅导班分别也有 5.4%、3.4% 和 3.0% 的孩子参加。按教育阶段细分后可看到, 幼儿园阶段参加各类辅导班的比例都较高, 体现了父母"不输在起跑线"的观念。从小学到初中、高中, 外语和数学的比例一直较高, 但语文的比例呈逐渐下降趋势, 数学则有上升的趋势。见表 7-6。

表 7-6 辅导班科目情况　　　　　　（单位:%）

	语文	数学	外语	乐器	棋类	书画类	声乐	舞蹈	体育	游戏	其他	合计
合计	39.2	20.1	23.1	3.4	0.9	5.4	0.9	3.0	0.9	0.2	3.0	100.0(467)
幼儿园	42.3	15.4	11.5	3.8	11.5	7.7	0.0	7.7	0.0	0.0	0.0	100.0(26)
小学	41.1	15.0	25.8	3.4	0.3	6.1	1.2	3.4	1.2	0.3	2.1	100.0(326)
初中	33.3	35.1	18.0	3.6	0.0	2.7	0.0	0.9	0.0	0.0	6.3	100.0(111)
高中	25.0	50.0	25.0	0.0	0.0	0.0	0.0	0.0	0.0	0.0	0.0	100.0(4)

第二节　家庭教育

一、家庭观念与期待

家庭是孩子成长的最初环境, 父母的观念以及他们对孩子的期待, 对孩子有着持续的影响力, 甚至将伴随孩子终身。本次调查截取了三个侧面, 分别从成就、职业、教育的角度了解父母对孩子的观念。

在考察成就观时, 询问了 7 个问题, 从 1 至 4 分别表示非常不同意、不同意、同意和非常同意。表7-7为全国几个地区的加权平均得分,2.5为中立,低于2.5倾向于不同意,高于2.5倾向于同意。

表 7-7 父母对孩子成就的观念

地区	成就观1	成就观2	成就观3	成就观4	成就观5	成就观6	成就观7
全国	2.5	2.4	3.0	2.6	3.0	2.5	2.7
辽宁	2.4	2.3	3.0	2.7	3.0	2.5	2.7
上海	2.4	2.2	3.0	2.6	3.1	2.5	2.8
河南	2.5	2.4	3.0	2.6	3.0	2.6	2.7
广东	2.5	2.4	3.0	2.6	3.1	2.5	2.8
甘肃	2.6	2.5	3.1	2.7	3.0	2.6	2.8

成就观1:社会地位高的家庭,孩子未来的成就也会大;社会地位低的家庭,孩子未来的成就也小。成就观2:富人家的孩子,未来的成就也会大;穷人家的孩子,未来的成就也会小。成就观3:孩子受教育程度越高,未来获得很大成就的可能性就越大。成就观4:影响孩子未来成就大小最重要的因素是孩子的天赋。成就观5:影响孩子未来成就大小最重要的因素是孩子的努力程度。成就观6:影响孩子未来成就大小最重要的因素是孩子的运气。成就观7:影响孩子未来成就大小最重要的因素是孩子家里有关系。

从统计结果上看,在受教育程度(成就观3)和孩子努力程度(成就观5)对成就的影响上,父母持肯定态度,在天赋(成就观4)和家庭关系(成就观7)对成就的影响上,父母也倾向于同意,在社会地位(成就观1)和运气(成就观6)对成就的影响上,父母持中立态度,在家庭财富(成就观2)对成就的影响上,父母都倾向于不同意。由此可见,中国的父母最为重视的是孩子的受教育程度和孩子自身的努力程度。

父母对孩子的职业期望较为分散,比例最高的是受人尊敬(职业观4),达23.7%,但固定收入(职业观6)、为社会服务(职业观2)、推动社会发展(职业观1)、能赚钱(职业观5)也与之相去不远,分别达到18.3%、16.3%、15.4%和14.9%,比例较低的是受人高度评价(职业观3)和自谋职业(职业观7),仅7.6%和3.7%。从五省统计数据看,上海市的职业观与全国平均水平相去最远,受人尊敬、固定收入都超过了25%,而推动社会发展和为社会服务两个观点都小于10%,远低于全国水平。见表7-8。

表 7-8 父母对孩子职业的观念　　　　　　　　　　　（单位:%）

地区	职业观1	职业观2	职业观3	职业观4	职业观5	职业观6	职业观7	合计
全国	15.4	16.3	7.6	23.7	14.9	18.3	3.7	100.0(2835)
辽宁	11.2	13.6	8.1	23.3	14.3	25.6	3.9	100.0(258)
上海	8.0	6.9	8.0	33.7	16.6	25.7	1.1	100.0(175)
河南	20.0	19.4	7.2	21.2	10.1	16.9	5.2	100.0(556)
广东	12.3	20.1	5.2	20.3	16.6	21.2	4.3	100.0(537)
甘肃	13.1	20.0	12.7	23.4	9.9	18.3	2.6	100.0(624)

职业观1:能推动社会发展的职业。职业观2:助人、为社会服务的职业。职业观3:得到人们的高度评价的职业。职业观4:受人尊敬的职业。职业观5:能赚钱的职业。职业观6:虽平凡,但有固定收入的职业。职业观7:若不为人所用,就自谋职业。

父母对孩子接受教育的观念,主要通过对孩子最高学历的期望,以及对孩子留学的期望来反映。表 7-9 显示,从全国范围看,超过80%的父母希望孩子读到本科以上,希望孩子读博的比例高达19.9%,表现了中国父母对孩子高学历的偏好。上海父母的教育期望更高,希望孩子读本科、硕士、博士的分别达63.3%、12.7%和18.4%,高于全国水平。

在出国方面,全国有22.6%的父母想过让孩子留学,这一比例在上海最高,达41.1%,甘肃也高达30.7%,在广东最低,为15.1%。

表 7-9 父母对孩子教育的观念　　　　　　　　　　　（单位:%）

地区	小学	初中	高中	大专	本科	硕士	博士	合计	想过留学	没想过留学	合计
全国	1.4	3.5	7.7	6.2	56.1	5.0	19.9	100.0(2824)	22.6	77.4	100.0(2847)
辽宁	1.5	1.1	4.2	4.2	57.9	6.9	24.1	100.0(261)	27.4	72.6	100.0(263)
上海	1.3	0.0	1.9	2.5	63.3	12.7	18.4	100.0(158)	41.1	58.9	100.0(158)
河南	0.7	2.0	9.2	5.3	54.3	4.4	24.0	100.0(608)	25.0	75.0	100.0(611)
广东	1.5	5.1	8.8	6.6	60.7	3.2	13.7	100.0(532)	15.1	84.9	100.0(542)
甘肃	1.6	2.3	9.4	6.8	64.7	3.5	11.8	100.0(575)	30.7	69.3	100.0(576)

二、家庭教育方式

家庭教育是学龄前儿童最为重要的教育途径,从表 7-10 看,读书给孩子听、带孩子外出游玩,以及帮助孩子识字是全国父母较常用的家教方式,坚持每天进行这三项家教的分别有 11.5%、9.8%、11.1%，但实际没有的也高达 37.1%、33.5% 和 40.6%。超过 60% 的父母一年中很少给孩子买书，超过 90% 的父母一年中从没让孩子参加培训，这种情况可能与孩子年龄幼小有关。

表 7-10　父母对孩子(3—5 岁)的家教方式　　　　　　(单位:%)

	实际没有	一年几次或更少	每月一次	每月两三次	一周数次	每天	合计
读东西给孩子听	37.1	6.8	5.2	16.9	22.5	11.5	100.0
给孩子买书	35.1	25.4	12.8	20.3	5.5	0.9	100.0
带孩子外出游玩	33.5	11.6	6.6	21.0	17.6	9.8	100.0
帮助孩子识字	40.6	5.1	4.9	15.1	23.1	11.1	100.0
参加培训	90.4	3.1	0.9	2.7	2.0	0.9	100.0

$N = 1159$。

6—15 岁的孩子已是学龄儿童，这一阶段的家庭教育对配合学校教育有重要意义。从表 7-11 看，父母最常采用的方式是要求孩子完成作业，每周要求超过两次的超过 80%，仅有 5.8% 的家长从不操心作业，但对检查作业，父母则有分化的趋势，46.4% 的父母经常检查(每周超过两次)，36.2% 的父母很少(每月一次及以下)检查。另外，超过 60% 的父母常常为孩子放弃看电视，同时，也有近 60% 的父母常阻止孩子看电视，限制电视节目每周超过两次的也达到 35.7%。

表 7-11　父母对孩子(6—15 岁)的家教方式　　　　　　(单位:%)

	每周6—7次	每周2—3次	每周1—2次	每月1次	从不	合计
自己放弃看电视	20.0	40.3	15.8	10.0	13.9	100.0
讨论学校事情	7.5	37.8	24.2	16.7	13.8	100.0
要求完成作业	28.4	52.9	7.0	5.9	5.8	100.0
检查孩子作业	13.9	32.5	17.4	13.3	22.9	100.0
阻止孩子看电视	13.9	45.9	18.2	11.4	10.6	100.0
限制电视节目	6.9	28.8	16.3	13.5	34.5	100.0

$N = 3092$。

父母对孩子成绩的期待较为一致，全国均值为 90.9 分，五省中最高是辽宁，达 92.9 分，最低是上海，也有 89.4 分。表 7-12 的右侧展现了家长对孩子低成绩的处理方式，全国有 65.8% 的父母要求孩子努力学习，12.5% 的父母会责骂孩子,10.2%的父母会给予孩子更多帮助,体罚和限制孩子活动的比例都较低,仅有2.1%和2.3%。从五省数据看,广东的父母要求孩子努力的比例最高,达73.7%,甘肃最低,为51.2%,但甘肃省父母责骂孩子的比例高于全国水平,达到22.8%,更多帮助孩子的比例,辽宁省父母为五省最高,达14.8%。

表7-12 父母对成绩的期待及处理 （单位:%）

地区	期待分数	标准差	总人数	联系老师	体罚孩子	责骂孩子	要求努力	限制活动	更多帮助	合计
全国	90.9	10.0	3053	7.1	2.1	12.5	65.8	2.3	10.2	100.00(3079)
辽宁	92.9	7.8	304	6.9	2.0	6.2	67.2	3.0	14.8	100.0(305)
上海	89.4	7.6	147	6.8	2.0	14.3	63.3	2.0	11.6	100.0(147)
河南	91.6	10.3	616	4.3	2.1	14.1	69.4	2.1	8.0	100.0(624)
广东	89.8	9.7	615	4.7	2.0	11.1	73.7	2.9	5.7	100.0(615)
甘肃	90.0	10.1	685	7.0	4.4	22.8	51.2	3.5	11.0	100.0(683)

与前面三个表格不同,表7-13关注了孩子对家教的感知,从情况1至情况7的统计数据看,多数孩子对父母跟自己交流的方式方法持肯定态度;情况8和情况9考察了父母对待子女作业的态度,两极分化较为明显;情况10及情况11显示,超过74.1%和63.4%的孩子感到父母极少甚至从不给自己讲故事、一起玩乐,这体现出一种家庭内伙伴关系的缺失;情况12、13及14则显示,超过30%的家长极少表扬孩子,超过25%的家长经常批评孩子,近35%的家长很少参加家长会。

表7-13 孩子眼中的家庭教育 （单位:%）

	从不	极少	有时	经常	总是	合计
情况1	8.0	16.6	33.7	31.0	10.7	100.0
情况2	4.8	9.4	30.5	38.0	17.4	100.0
情况3	2.1	7.8	26.7	43.9	19.5	100.0
情况4	8.3	9.1	25.5	41.7	15.3	100.0
情况5	8.3	15.0	27.8	34.5	14.4	100.0
情况6	3.7	14.2	23.5	42.8	15.8	100.0
情况7	7.5	17.9	30.2	31.8	12.6	100.0
情况8	15.2	18.4	24.1	29.4	12.8	100.0
情况9	19.8	19.3	26.5	24.6	9.9	100.0
情况10	48.7	25.4	17.9	7.8	0.3	100.0

（续表）

	从不	极少	有时	经常	总是	合计
情况 11	38.0	25.4	23.3	10.2	3.2	100.0
情况 12	10.2	20.4	46.9	20.1	2.4	100.0
情况 13	5.4	21.7	49.9	18.8	4.3	100.0
情况 14	22.3	15.8	15.8	23.3	22.8	100.0

$N = 374$。

情况 1:当你做得不对时,家长会问清楚原因,并与你讨论该怎样做。情况 2:家长鼓励你努力去做事情。情况 3:家长在跟你说话的时候很和气。情况 4:家长鼓励你独立思考问题。情况 5:家长要你做事时,会跟你讲这样做的原因。情况 6:家长喜欢跟你说话、交谈。情况 7:家长问你学校的情况。情况 8:家长检查你的作业。情况 9:家长辅导你的功课。情况 10:家长给你讲故事。情况 11:家长和你一起玩乐。情况 12:家长表扬你。情况 13:家长批评你。情况 14:父/母参加学校召开的家长会。

第三节 孩子状态

一、社交

表 7-14 显示,全国有 33.9% 的孩子在一年内担任过学生干部,62.0% 的孩子没担任过。在五省数据中,上海市有 53.0% 的学生担任过干部,比例大大超出了其他省份和全国水平,广东和甘肃的学生干部则较少,都有超过 66% 的孩子没担任过。参加社团的比例全国都较低,每 10 个学生中约有一个参加社团,这一比例在上海最高,达 21.1%,在甘肃最低,为 6.6%。

表 7-14 各地区担任学生干部及参加社团情况 （单位:%）

地区	担任干部	没担任	合计	参加社团	不参加	合计
全国	33.9	62.0	100.0(2158)	9.4	90.6	100.0(2066)
辽宁	36.5	60.7	100.0(219)	12.2	87.8	100.0(213)
上海	53.0	42.0	100.0(100)	21.1	78.9	100.0(95)
河南	35.6	61.2	100.0(418)	12.6	87.4	100.0(404)
广东	30.8	66.7	100.0(474)	10.6	89.4	100.0(462)
甘肃	29.7	66.9	100.0(499)	6.6	93.4	100.0(482)

担任干部和参加社团的比例,有随教育阶段上升而增大的趋势。表 7-15 显示,学生担任干部的比例,在小学阶段为 33.2%,在初中为 35.1%,到高中

则上升至42.1%,这与高年级班级设置更多的学生干部有关。参加社团的比例,也从小学的7.9%,升到初中的11.9%,再升至高中的16.7%。

表7-15 各阶段担任学生干部及参加社团情况 （单位:%）

	担任干部	没担任	合计	参加社团	不参加	合计
小学	33.2	62.7	100.0(1343)	7.9	92.1	100.0(1286)
初中	35.1	60.8	100.0(781)	11.9	88.1	100.0(749)
高中	42.1	52.6	100.0(19)	16.7	83.3	100.0(18)

获得友谊是社交情况最重要的标志,表7-16显示,从全国范围看,有高达10.2%的孩子表示没有好朋友,五省数据显示,这一情况在甘肃表现突出,为12.9%,在上海则最为乐观,98.0%的孩子都有好朋友,在辽宁、河南及广东,无好朋友的比例分别为3.9%、2.6%及4.1%,均低于全国平均水平。在朋友数目上也显示出同样的地区分布特点,上海的孩子有最多的朋友,达9.5人,辽宁和广东分别为8.5和8.6人,甘肃仅4.4人,河南接近全国水平,为7.5人。

表7-16右侧还显示了孩子恋爱状况,全国范围而言,目前正在恋爱的孩子有0.5%,曾经谈过恋爱的有2.3%,从未恋爱过的为97.2%。从五省数据看,辽宁和上海的恋爱率较高,分别达4.0%和5.0%,其他三省都与全国水平相近。

表7-16 各地区孩子友谊发展及恋爱情况 （单位:%）

地区	有好朋友	无好朋友	合计	朋友数均值	标准差	现正恋爱	曾恋爱	从未恋爱	合计
全国	89.8	10.2	100.0(2228)	7.3	8.7	0.5	2.3	97.2	100.0(2229)
辽宁	96.1	3.9	100.0(229)	8.5	11.0	0.9	3.1	96.1	100.0(229)
上海	98.0	2.0	100.0(101)	9.5	13.4	0	5.0	95.0	100.0(101)
河南	97.4	2.6	100.0(428)	7.5	9.9	0.7	1.9	97.4	100.0(428)
广东	95.9	4.1	100.0(484)	8.6	9.5	0.4	2.5	97.1	100.0(485)
甘肃	87.1	12.9	100.0(511)	4.4	6.4	1.2	1.8	97.1	100.0(511)

按教育阶段划分后可发现,友谊发展是随着年龄增长而增长的。在小学阶段没有好朋友的达10.8%,初中后降为7.0%,高中后100%有好朋友。但朋友数却在高中锐减,从小学的7.1及初中的7.9个朋友,降至高中的4.6个朋友。恋爱比例则显然在上升,到高中阶段,15.8%的学生正在或曾经谈过恋

爱。见表 7-17。

表 7-17　各阶段孩子友谊发展及恋爱情况　　　　　（单位:%）

	有好朋友	没有好朋友	合计	朋友数均值	标准差	现正恋爱	曾恋爱	从未恋爱	合计
小学	89.2	10.8	100.0(1344)	7.1	8.5	0.5	1.8	97.7	100.0(1345)
初中	93.0	7.0	100.0(784)	7.9	9.1	0.4	2.7	96.9	100.0(784)
高中	100.0	0.0	100.0(19)	4.6	3.7	5.3	10.5	84.2	100.0(19)

二、心理

从全国范围看,有59.5%的孩子希望家长关心自己的学习,在甘肃,这一比例达73.4%。其次是期待家长对自己情感的关注,占13.7%,上海和辽宁的这一比例较高,达16.8%和16.6%,甘肃最低,为9.4%。对物质生活和社会交往的关注期待各占10.6%和8.7%,有意思的是,在上海和辽宁,期待家长关注社会交往的比例高于物质生活,在广东和甘肃则相反,期待家长关注物质生活远高于社会交往。另外,上海有8.9%的孩子对家长关注没有期待,这一比例在甘肃最低为2.9%。见表7-18。

表 7-18　孩子期待家人关注的方面　　　　　（单位:%）

地区	物质生活	学习	情感	社会交往	没有	合计
全国	10.6	59.5	13.7	8.7	7.4	100.0(2220)
辽宁	8.7	56.3	16.6	11.4	7.0	100.0(229)
上海	8.9	49.5	16.8	15.8	8.9	100.0(101)
河南	9.4	63.1	12.4	8.9	6.1	100.0(426)
广东	15.3	55.9	15.1	7.3	6.5	100.0(478)
甘肃	9.8	73.4	9.4	4.5	2.9	100.0(511)

表7-19展示的是采用罗森伯格自尊量表,通过10道选择题计算得出的自尊分值,满分为40。总体来看,全国得分均值为27.9,五省得分差异不大,但似乎存在经济发达地区自尊得分较高的趋势,上海得分最高为29.1,甘肃最低为27.2,辽宁、河南、广东分别为27.8、28.0和28.1。

表 7-19　孩子的自尊心

	全国	辽宁	上海	河南	广东	甘肃
自尊得分	27.9	27.8	29.1	28.0	28.1	27.2
标准差	2.2	2.0	2.7	1.6	2.6	2.1
总数	268	32	11	52	40	55

表7-20揭示了孩子的心理健康状态,值得注意的问题是,3.3%的孩子几乎每天都精神紧张,每天出现坐卧不安难以平静,做任何事都感到困难,以及情绪沮丧不能振奋等现象的比例,分别为1.8%、1.6%和1.5%。每月负面情况出现一次,出现情绪沮丧、精神紧张和做任何事都感困难等现象的比例,分别为19.1%、18.2%和17.2%,出现严重情况如感到未来无望及生活无意义的分别为8.6%和6.8%。

表 7-20　孩子的心理健康　　　　　　　　　（单位:%）

	几乎每天	每周两三次	每月两三次	每月一次	从不	合计
情况1	1.5	6.3	11.4	19.1	61.7	100.0
情况2	3.3	6.1	10.8	18.2	61.7	100.0
情况3	1.8	4.1	6.8	13.5	73.8	100.0
情况4	0.9	2.3	4.0	8.6	84.3	100.0
情况5	1.6	4.5	9.0	17.2	67.6	100.0
情况6	1.0	2.0	3.1	6.8	87.2	100.0

$N = 2220$。

情况1:感到情绪沮丧,郁闷,做什么事情都不能振奋的频率。情况2:感到精神紧张的频率。情况3:最近一个月,你感到坐卧不安、难以保持平静的频率。情况4:最近一个月,你感到未来没有希望的频率。情况5:最近一个月,你做任何事情都感到困难的频率。情况6:最近一个月,你认为生活没有意义的频率。

调查孩子的人生态度采用了11道问题,从1至4分别表示了非常不同意、不同意、同意、非常同意,加权均值2.5表示中立态度。从全国范围看,在态度1—5(使父母自豪、跟从他人、让朋友喜欢、自己决定目标、坚持完成目标)及态度11(凡事预则立)上,孩子倾向于不同意,在态度6(生而幸运)上孩子态度较为中立,在态度7—10(努力无用、无法改正错误、逃避面对、坏事无法阻止)上,孩子倾向于同意。总体而言,消极倾向性较为明显。五省比较而言,上海的孩子几乎对所有问题都持中立态度,辽宁的孩子在态度1—5上都更倾向于不同意。

表 7-21 孩子的人生态度

地区	态度1	态度2	态度3	态度4	态度5	态度6	态度7	态度8	态度9	态度10	态度11
全国	2.3	2.2	2.3	2.2	2.3	2.5	2.8	2.8	2.7	2.7	2.3
辽宁	2.1	2.0	2.2	1.9	2.0	2.5	2.7	2.9	2.8	2.7	2.3
上海	2.5	2.5	2.5	2.5	2.5	2.5	2.5	2.5	2.6	2.3	2.4
河南	2.3	2.2	2.3	2.3	2.3	2.5	2.7	2.8	2.7	2.6	2.3
广东	2.2	2.2	2.3	2.1	2.2	2.4	2.7	2.8	2.7	2.7	2.3
甘肃	2.1	2.2	2.1	2.0	2.1	2.6	2.8	2.9	2.7	2.7	2.3

态度1:我生活的主要目标之一就是让我父母觉得自豪。态度2:我追求自己的价值而不是跟从他人。态度3:我会付出很大的努力让朋友们喜欢我。态度4:我自己决定我的生活目标。态度5:我一旦开始去做某个事情,无论如何都必须完成它。态度6:某些孩子生来就很幸运。态度7:别花费大部分时间去努力,因为事情永远不会证明那是管用的。态度8:一旦你做错了事,就几乎无法改正。态度9:处理问题的最好方式就是不去想它们。态度10:你多大程度上同意:当坏事将要发生时,不论你如何设法阻止,它们也都将要发生。态度11:你多大程度上同意:你是相信预先计划会使事情做得更好的那种人。

本 章 提 要

- 从受教育阶段看,全国3—15岁分别就读幼儿园、小学、初中和高中的孩子的比例分别为8.8%、67.5%、23.2%和0.6%;从教育资源的分布看,绝大多数孩子(91.7%)上的是普通学校,读重点学校的仅有4.6%,读重点班的仅有7.3%;辍学儿童占所有没上学孩子的74.6%,在读儿童中有辍学经历的达5.5%。

- 在课余时间,有14.1%的学生参加辅导班,且参加比例随受教育阶段上升而增加,辅导班用时地区差异较大,就读于普通学校、重点班、目前在读初中孩子,其辅导班用时相比其他情况为多,大部分孩子参加的科目是语文、数学和外语。

- 对孩子的未来成就,父母最为重视的是孩子的受教育程度和孩子自身的努力程度;对孩子职业的期待较为分散,受人尊敬、固定收入、为社会服务等观念占了主流位置;对孩子的教育期待集中在完成本科,有1/5的父母希望孩子获得博士学历。

- 父母对3—5岁孩子的家教行为较少,对6—15岁孩子则较多,要求孩子努力读书是最常用方式,超过60%的父母常为孩子放弃自己看电视,阻止孩子看电视的父母也近60%,说明控制电视也已成为一项常用家教方式。多数孩子对父母与自己的交流感到满意,但普遍感觉父母陪伴自己的时间较少,缺乏伙伴关系。

- 在孩子的社交方面,33.9%和9.4%的孩子担任过学生干部和参加社团,在发展友谊方面,全国10.2%的孩子没有好朋友,尽管高中生都有好朋友,但朋友数较少,仅4.6位。恋爱现象并不罕见。

- 孩子的心理状况显示,大部分孩子希望父母关注自己的学习,其次是情感。孩子的自尊心普遍不高,满分40只得27.9分,情绪沮丧、精神紧张等情况困扰着近20%的孩子,人生态度上,孩子们也表现得较为消极。

第八章 教育的城乡差异

本章关注教育的城乡差异,在第一节关注对象是成年人接受教育的城乡差异,主要从教育水平、教育期望等几个方面进行描述。第二节关注6岁以上在校生的教育支出与投入情况的城乡差异。在第三节中,关注对象为适龄儿童,即正在求学的学生,从学生的社交及心理方面,分析城乡差异所在。

第一节 教育水平和教育期望的城乡差异

以下以性别、年龄为控制变量,对比教育水平、教育期望的城乡差异。

表8-1显示,农业户籍受访者的教育程度,大部分在小学水平以下,占61.7%,非农户籍的受访者,大多数拥有初中以上学历,占76.8%。文盲的百分比,农业户籍者是非农户籍者的3倍以上,大专及以上学历的百分比,非农户籍者是农业户籍者的13倍。就文盲情况看,女性农业户籍者有45.9%为文盲,而非农户籍女性仅为15.4%。

表8-1 教育水平的性别城乡差异　　　　　　　　（单位:%）

		文盲	小学	初中	高中	大专及以上	合计
农业户籍	小计	36.9	24.8	28.4	8.3	1.5	100.0(26240)
	男	27.1	27.0	33.5	10.6	1.8	100.0(12492)
	女	45.9	22.7	23.8	6.3	1.3	100.0(13748)
非农户籍	小计	11.9	11.3	30.6	26.0	20.2	100.0(11718)
	男	8.3	12.0	31.1	26.8	21.8	100.0(5875)
	女	15.4	10.6	30.2	25.1	18.7	100.0(5843)

表8-2按地区进行了划分,可以看到,在文盲的比例上,城乡差异最大的是甘肃,在农村和城镇的比例分别为51.5%和10.9%,广东和上海的文盲比例城乡差异较小,辽宁与河南城镇的文盲率则低于全国水平。在接受高中以上教育的情况方面,河南和甘肃的城乡差异最大,城镇与农村的比例分别为50.4%和9.5%、56.7%和8.5%,这显示出城镇居民与农村居民在受教育机会上的不均等。

表8-2 分地区教育水平的城乡差异 （单位:%）

		文盲	小学	初中	高中	大专及以上	合计
农业户籍	全国	36.9	24.9	28.8	8.0	1.4	100.0(15480)
	辽宁	23.7	33.2	34.1	7.4	1.5	100.0(1936)
	上海	30.5	18.7	33.3	13.6	4.1	100.0(863)
	河南	33.7	25.0	31.7	7.9	1.6	100.0(2651)
	广东	33.9	25.9	26.9	11.1	2.2	100.0(2133)
	甘肃	51.5	19.5	20.4	7.6	0.9	100.0(3177)
非农户籍	全国	11.6	11.6	30.4	26.4	20.0	100.0(6090)
	辽宁	7.7	11.3	38.8	22.6	19.7	100.0(1189)
	上海	12.6	9.7	30.0	26.1	21.6	100.0(2054)
	河南	9.7	10.3	29.5	29.4	21.0	100.0(951)
	广东	19.9	15.0	27.9	21.6	15.6	100.0(928)
	甘肃	10.9	8.5	23.9	30.2	26.5	100.0(506)

从表8-3看,教育期望不存在明显的性别差异,而主要体现为城乡差异。在城镇,无论男女,70%左右的人都期望自己能受到高等教育,这几乎是农村相应期望率36.8%的两倍。在农村,希望自己最高学历是初中的受访者高达24.2%,这一比例三倍于城镇的相应期待。

表8-3 教育期望的性别城乡差异 （单位:%）

		不必念书	小学	初中	高中	大专及以上	合计
农业户籍	小计	1.4	3.1	24.2	34.5	36.8	100.0(8544)
	男	1.3	2.9	23.1	35.3	37.4	100.0(4246)
	女	1.4	3.3	25.3	33.8	36.2	100.0(4298)
非农户籍	小计	1.2	0.5	7.4	20.7	70.1	100.0(4370)
	男	1.3	0.6	8.1	21.3	68.7	100.0(2140)
	女	1.0	0.5	6.8	20.2	71.5	100.0(2230)

表8-4划分了地区,受教育期望在高中及以上的,辽宁、上海、河南、广东、甘肃的比例分别为89.3%、94.6%、88.3%、86.0%和96.5%,可见甘肃与上海城镇居民对受高等教育期待尤为突出,而在农村方面,五省比例分别是58.7%、80.0%、67.6%、74.2%、77.9%,辽宁和河南的农村居民受高等教育期待相对较低。

表8-4 分地区受教育期望的城乡差异 （单位:%）

		不必念书	小学	初中	高中	大专及以上	合计
农业户籍	全国	1.4	3.1	24.0	35.1	36.3	100.0(5073)
	辽宁	1.1	4.1	36.1	31.6	27.1	100.0(656)
	上海	2.1	1.5	16.4	32.7	47.3	100.0(330)
	河南	1.1	2.9	28.4	37.6	30.0	100.0(877)
	广东	1.4	4.6	19.8	29.6	44.6	100.0(736)
	甘肃	1.1	1.9	19.0	34.9	43.0	100.0(872)
非农户籍	全国	0.9	0.5	7.8	22.2	68.5	100.0(2369)
	辽宁	1.6	0.3	8.8	23.8	65.5	100.0(386)
	上海	0.8	0.0	4.6	14.2	80.4	100.0(632)
	河南	2.3	1.0	8.5	22.8	65.5	100.0(400)
	广东	2.0	1.4	10.6	17.6	68.4	100.0(358)
	甘肃	0.9	0.4	2.2	19.6	76.9	100.0(225)

从表8-5中,可以看出教育期望的实现程度。简言之,农村期望受高中教育的受访者,仅9.5%达到目标,0.5%超过目标,而城镇的相对应人群,达到目标的为32.5%,超过的达5.1%。期望接受大专及以上教育的受访者,在农村仅9.8%实现了目标,28.6%的人完成了高中教育,而在城镇,近半数47.5%实现了目标,另有33.5%的人完成了高中教育。由此可见,实现教育期望,农村远比城镇困难得多。

表 8-5　教育期望实现程度的城乡差异　　　　　　　　（单位：%）

		小学	初中	高中	大专及以上	合计
农业户籍	不必念书	64.1	32.5	2.6	0.9	100.0(117)
	小学	91.0	8.2	0.0	0.7	100.0(267)
	初中	53.7	45.2	1.1	0.0	100.0(2068)
	高中	28.9	61.1	9.5	0.5	100.0(2948)
	大专及以上	14.8	46.8	28.6	9.8	100.0(3144)
非农户籍	不必念书	11.8	35.3	25.5	27.5	100.0(51)
	小学	75.0	25.0	0.0	0.0	100.0(24)
	初中	26.2	68.9	2.8	2.2	100.0(325)
	高中	8.7	53.8	32.5	5.1	100.0(906)
	大专及以上	1.3	17.7	33.5	47.5	100.0(3064)

第二节　教育投入的城乡差异

从总体看，城镇 6 岁以上在上学的居民的教育费用支出为 3615 元/年，农村为 1530 元，城镇比农村多 2000 元。从支出的明细比较来看，学杂费城镇比农村多约 1000 元，书本费多约 150 元，辅导班费多约 600 元，交通费多约 80 元。从性别上看，在农村女性和男性教育费用相差无几，在城镇，女性比男性教育费用多 440 元。见表 8-6。

表 8-6　教育费用支出的城乡差异　　　　　　　　（单位：元）

		学杂费	书本费	课外辅导费	住宿费	交通费	其他	支出合计	标准差	人数
农业户籍	小计	850	155	76	104	80	237	1530	2693	3782
	男	860	150	81	100	74	249	1533	2749	1990
	女	839	160	70	108	86	223	1526	2630	1792
非农户籍	小计	1901	294	670	144	162	421	3615	5357	1268
	男	1753	280	659	151	178	345	3396	4674	638
	女	2051	309	680	137	147	498	3837	5965	630

按地区划分后，可以看到明显的地区差异和城乡差异。以上海和甘肃为例，上海城镇在校生人均教育总支出为 7427 元，农村为 3624 元，相差近 4000 元。不过，上海农村户籍在校生人均教育总支出超出了河南、广东、甘肃的城镇户籍在校生的人均总支出。农村户籍在校生人均教育总支出最低的是甘

肃,仅812元,不足上海农村户籍学生的1/4。地区差异及城乡差异在学杂费上也有突出体现,从上海城镇的4301元,次第下降至甘肃农村的377元。在书本费方面,辽宁无论在城镇还是农村都居于五省之首。课外辅导费城乡差异非常明显,上海、辽宁农村超过250元外,其他地区农村学生该项支出都不足50元,而城镇的该项支出最低的广东也有338元,其他四省从近500至1300、1400不等。见表8-7。

表8-7 分地区教育费用支出的城乡差异 （单位:元）

		学杂费	书本费	课外辅导费	住宿费	交通费	其他	支出合计	标准差	总数
农业户籍	全国	850	155	76	104	80	237	1529	2692	3783
	辽宁	949	288	259	166	263	356	2310	3079	320
	上海	2136	209	394	214	298	282	3624	3937	72
	河南	579	126	29	35	37	197	1081	1978	796
	广东	937	100	46	99	82	208	1551	2648	726
	甘肃	377	98	36	80	31	204	812	1784	937
非农户籍	全国	1901	294	670	144	162	421	3615	5357	1268
	辽宁	2136	379	1417	123	243	505	4747	4648	189
	上海	4301	369	1364	276	489	349	7427	9852	326
	河南	1357	235	485	95	62	238	2470	3312	241
	广东	1759	243	338	175	145	536	3303	4814	274
	甘肃	1826	308	497	188	160	578	3422	4342	129

表8-8反映了不同教育阶段在校生教育费用支出的差异。我们发现,无论城市还是农村,从小学到高等教育,支出费用随着教育阶段的提高而增加,农村从小学的686元,上升到大专及以上的7662元,而城镇则从2079元增至8299元。值得注意的是,无论城市还是农村,幼儿园在校生的人均支出费用都超过小学、甚至高于初中生。

表8-8 各教育阶段教育费用支出的城乡差异 （单位:元）

		学杂费	书本费	课外辅导费	住宿费	交通费	其他	支出合计	标准差	总数
农业户籍	幼儿园	1010	74	15	12	51	119	1234	1763	656
	小学	310	96	80	36	42	155	686	1317	1828
	初中	629	162	103	130	82	272	1349	2003	759
	高中	2096	404	110	311	209	510	4029	3634	396
	大专及以上	4709	546	59	682	323	875	7662	5720	144

（续表）

		学杂费	书本费	课外辅导费	住宿费	交通费	其他	支出合计	标准差	总数
非农户籍	幼儿园	2764	221	201	15	87	254	3415	4249	225
	小学	662	175	912	31	77	275	2079	3335	452
	初中	712	256	967	89	132	376	2473	3624	232
	高中	1959	507	776	236	216	422	4376	4139	172
	大专及以上	5325	526	119	564	449	1036	8299	9245	185

第三节 学生状况的城乡差异

表8-9显示,城镇孩子比农村孩子有更大的比例担任学生干部,其各自比例为43.9%及31.1%。同样,14.1%的城镇孩子参加社团,而只有8.1%的农村孩子参加社团。五省数据显示,在担任学生干部方面,辽宁的情况接近全国水平,而上海无论是城镇还是农村,孩子都有更多机会担任干部,然而城镇孩子的机会比农村高17.4个百分点,甘肃的城乡差异更为显著,城镇孩子担任干部的比例高于全国水平,农村孩子的比例则低于全国水平,两者之差达到17.4个百分点。在参加社团方面,上海的情况与全国相反,农村孩子的24.1%参加了社团,高于城镇孩子的20.3%,甘肃也存在农村高于城镇的情况。

表8-9 担任学生干部及参加社团的城乡差异 （单位:%）

		担任干部	不担任	合计	参加社团	不参加	合计
农业户籍	全国	31.1	64.4	100.0(1673)	8.1	91.9	100.0(1595)
	辽宁	33.8	63.4	100.0(145)	10.6	89.4	100.0(141)
	上海	40.0	56.7	100.0(30)	24.1	75.9	100.0(29)
	河南	33.9	62.1	100.0(327)	11.5	88.5	100.0(313)
	广东	28.0	68.9	100.0(357)	8.1	91.9	100.0(346)
	甘肃	28.7	68.1	100.0(464)	6.5	93.5	100.0(449)
非农户籍	全国	43.9	53.2	100.0(474)	14.1	85.9	100.0(460)
	辽宁	43.1	54.2	100.0(72)	15.7	84.3	100.0(70)
	上海	57.4	36.8	100.0(68)	20.3	79.7	100.0(64)
	河南	42.7	57.3	100.0(89)	16.9	83.1	100.0(89)
	广东	40.4	58.5	100.0(114)	18.6	81.4	100.0(113)
	甘肃	46.4	50.0	100.0(28)	3.7	96.3	100.0(27)

从表 8-10 看友谊发展情况,城镇孩子有好朋友的达 95.6%,比农村孩子的 89.2% 高 6.4 个百分点,且城镇孩子的朋友数为 8.2,比农村的 7.0 多 1.2 人。但上海是例外,农村孩子拥有朋友的比例高达 100%。甘肃孩子的朋友数城乡差异较大,城镇达 11.8,农村仅 3.8,即便考虑到城镇样本量过小带来较大的标准差,但其农村孩子朋友数远远低于全国水平是无疑的。

恋爱方面,全国范围内的城乡差异并不明显,但五省数据显示,上海的情况,5.9% 的城镇孩子过去谈过恋爱,而在辽宁,农村孩子谈恋爱的情况则多于城市。

表 8-10　孩子友谊发展及恋爱情况的城乡差异　　　　（单位:%）

		有好朋友	没有好朋友	合计	朋友数均值	标准差	总数	现正恋爱	曾恋爱	从未恋爱	合计
农业户籍	全国	89.2	10.7	100.0(1673)	7.0	8.1	1531	0.5	2.0	97.5	100.0(1673)
	辽宁	95.9	4.1	100.0(145)	8.2	10.8	146	0.7	4.1	95.2	100.0(145)
	上海	100.0	0.0	100.0(30)	7.9	9.1	31	0.0	0.0	100.0	100.0(30)
	河南	96.9	2.8	100.0(327)	7.2	9.3	326	0.3	1.8	97.6	100.0(327)
	广东	94.7	5.0	100.0(357)	8.1	8.5	347	0.0	2.2	97.2	100.0(357)
	甘肃	86.9	13.1	100.0(464)	3.8	3.2	410	1.1	1.7	97.2	100.0(464)
非农户籍	全国	95.6	4.4	100.0(474)	8.2	10.4	457	0.6	2.5	96.8	100.0(474)
	辽宁	98.6	1.4	100.0(72)	9.2	11.5	72	1.4	1.4	97.2	100.0(72)
	上海	97.1	2.9	100.0(68)	10.2	15.1	66	0.0	5.9	94.1	100.0(68)
	河南	98.9	1.1	100.0(89)	8.6	11.8	89	2.2	2.2	95.5	100.0(89)
	广东	99.1	0.9	100.0(114)	10.0	12.2	114	0.0	2.6	97.4	100.0(114)
	甘肃	100.0	0.0	100.0(28)	11.8	20.9	29	0.0	0.0	100.0	100.0(28)

表 8-11 显示,从全国范围看,城镇孩子的自尊得分为 28.7,高于农村孩子的 27.5,五省的数据也部分证实了这一情况,上海和甘肃的数据例外,这可能与其样本数太少有关。

表 8-11　自尊心的城乡差异

		自尊得分	标准差	总数
农业户籍	全国	27.5	2.1	187
	辽宁	27.7	2.2	17
	上海	31.0	0.0	1
	河南	27.7	1.7	31
	广东	27.8	2.5	27
	甘肃	27.2	2.1	52

(续表)

		自尊得分	标准差	总数
非农户籍	全国	28.7	2.3	77
	辽宁	28.2	1.3	14
	上海	28.8	3.0	9
	河南	28.4	1.3	21
	广东	28.8	3.1	12
	甘肃	26.7	3.2	3

学习是孩子普遍希望父母关注的方面,相比而言,农村孩子比城镇孩子更为热切,比例分别为62.0%和50.4%。其次希望关注的均是情感,需注意的是,城镇孩子的情感需求(17.5%)高于农村孩子(12.7%),对物质生活的需求城乡差异并不大,分别为10.7%和10.8%,但城镇孩子更需要父母关注其社会交往(12.1%),农村孩子则要弱得多(7.8%)。五省数据上看,物质生活关注需求方面,甘肃的城乡差异最大,城镇孩子比农村孩子的比例高6.9个百分点,学习关注需求方面,广东的农村孩子比城镇孩子的比例高20.3个百分点,情感关注方面城乡差异最大的也是广东,社会交往关注需求方面城乡差异最大的则是上海。见表8-12。

表8-12 关注需求的城乡差异 (单位:%)

		物质生活	学习	情感	社会交往	没有	合计
农业户籍	全国	10.7	62.0	12.7	7.8	6.9	100.0(1727)
	辽宁	9.1	58.4	13.0	13.6	5.8	100.0(154)
	上海	3.2	48.4	19.4	22.6	6.5	100.0(31)
	河南	8.7	66.8	11.4	9.0	4.2	100.0(334)
	广东	15.8	60.7	11.9	5.5	6.1	100.0(361)
	甘肃	9.3	73.9	9.3	4.4	3.2	100.0(475)
非农户籍	全国	10.8	50.4	17.5	12.1	9.2	100.0(480)
	辽宁	8.2	52.1	24.7	6.8	8.2	100.0(73)
	上海	11.8	51.5	14.7	13.2	8.8	100.0(68)
	河南	12.2	48.9	16.7	8.9	13.3	100.0(90)
	广东	14.0	40.4	25.4	12.3	7.9	100.0(114)
	甘肃	17.2	62.1	13.8	6.9	0.0	100.0(29)

第八章　教育的城乡差异 131

本 章 提 要

- 从总体上说,城镇居民的教育水平远远好于农村的教育水平,文盲率为农村的1/3,高等教育比例是农村的13倍。广东和上海的文盲比例城乡差异较小,接受高中以上教育的比例,河南和甘肃的城乡差异较大。在教育期望的实现方面,农村的困难也远大于城市。

- 教育费用支出与经济条件有很大关系,城镇的支出高出农村近1.4倍,主要差额体现在学杂费、书本费、课外辅导班费及其他费用上。随着受教育阶段的上升,教育费用支出也大幅上升。

- 教育的城乡差异还体现在目前在读学生的社交和心理方面,数据显示城镇孩子有更多的机会担任学生干部、参加社团,能交到更多的朋友,自尊得分也比农村稍高。而在希望得到父母的关注方面,农村孩子学习关注需求远远高于城镇,在情感关注方面则相对较低。

第三部分　婚姻与家庭

第九章 婚姻状况

婚姻是家庭的基础,家庭是社会的细胞,在这一部分,我们关注的主题正是与人们日常生活密切相关的婚姻与家庭。本章侧重于对全国以及分地区婚姻状况的整体描述,主要从婚姻状况和婚姻次数两个方面入手。

第一节 婚姻状况

一、全国及分地区比较

本次调查在两处问及了受访者的婚姻状况,第一处是在家庭成员问卷当中,第二处是在成人问卷当中,问卷将婚姻状况分为五个类别,即未婚、在婚、同居、离婚和丧偶。由于成人问卷是由受访者本人填答,而家庭成员问卷是由家庭选派一个代表作答,所以成人问卷中的信息更加准确。因而我们选取成人问卷当中的婚姻状况数据作为描述的基础,如果成人问卷中数据缺失,就用家庭成员问卷中的婚姻状况去替代。

首先,我们比较了全国和不同地区的婚姻状况的分布,数据结果见表 9-1。

表 9-1 分地区的婚姻状况分布 (单位:%)

地区	未婚	在婚	同居	离婚	丧偶	合计
全国	12.7	80.0	0.3	1.2	5.8	100.0(21571)
辽宁	10.6	79.9	0.7	2.9	6.0	100.0(3125)
上海	13.3	78.4	0.4	2.0	5.8	100.0(2925)
河南	11.9	81.5	0.2	0.9	5.6	100.0(3602)
广东	16.2	76.4	0.0	1.0	6.3	100.0(3059)
甘肃	15.2	77.7	0.0	1.0	6.2	100.0(3683)

就全国整体状况来看,我国所有成年人的婚姻状况分布大致呈现出以下几个特点:第一,普遍在婚,从全国的分布来看,在婚的人数是最多的,在婚人口占总体的比例达到了80%;第二,部分人未婚或丧偶,这两部分人在总体中也都占有相当的比例;第三,少量人正处于离婚状态;第四,处于同居状态的人数极少。

就不同地区来看,各个地区均具有上述总体中的四个基本特征,但是也呈现出明显的地区差异。广东处于未婚状态的人口比例最高,而辽宁的未婚比例最低,两者之间相差5.6个百分点。广东处于在婚状态的比例也是各地区中最低的,而在婚比例最高的是河南,两者相差5.1个百分点。辽宁同居人口比例最高,而广东和甘肃的被调查者几乎没有人正在同居。辽宁处于离婚状态的人口比例最高,而河南最低。广东处于丧偶状态的比例最大,而河南最小。

二、性别与婚姻状况

如果我们分受访者的性别来比较婚姻状况的分布,就得到了表9-2。

表9-2 分性别的婚姻状况分布 (单位:%)

性别	未婚	在婚	同居	离婚	丧偶	合计
男	15.1	79.6	0.3	1.4	3.4	100.0(10434)
女	10.5	80.3	0.3	0.9	8.1	100.0(11131)
全国	12.7	80.0	0.3	1.2	5.8	100.0(21565)

从表9-2中可以看出,首先,男性未婚者所占的比例显著地比女性高;其次,女性处于丧偶状态的比例明显地比男性高,这就是说,就全国来看男性未婚和女性丧偶这两种现象比较突出。最后,女性在婚的比例略高于男性,男性离婚的比例也是略高于女性,而男女同居的比例完全一样。总的来说,这三项上的性别差异不大。

三、年龄与婚姻状况

如果我们分年龄来描述受访者的婚姻状况的分布,就可以得到表9-3。

第九章 婚姻状况

表 9-3 分年龄段的婚姻状况分布 （单位：%）

年龄	未婚	在婚	同居	离婚	丧偶	合计
30 岁以下	57.8	41.1	0.6	0.4	0.0	100.0(4195)
30—39 岁	4.1	93.7	0.3	1.6	0.3	100.0(3902)
40—49 岁	1.1	95.0	0.4	1.6	1.9	100.0(5039)
50—59 岁	1.1	92.9	0.1	1.5	4.4	100.0(4102)
60 岁以上	1.5	75.4	0.1	0.7	22.3	100.0(4333)
全国	12.7	80.0	0.3	1.2	5.8	100.0(21571)

从表 9-3 中可以看到，同居者在 30 岁以下组所占的比例最高；青年人和中年人处于离婚状态的比例比较高；60 岁以上组丧偶的比例接近 25%，这些丧偶老人的家庭生活值得我们关注。

表 9-4 显示，如果我们分年龄段和性别来看婚姻状况分布，在控制了年龄以后，无论在哪个年龄组，女性未婚的比例都比男性低，而在婚的比例都比男性高，而且这种差异在低年龄组中表现得比较突出。其次，男性处于离婚状态的比例普遍比女性高，只有 50—59 岁年龄组是一个例外。最后，无论在哪个年龄组，女性丧偶者的比例都比男性高，而且随着年龄的增大，二者的落差拉大。

表 9-4 分年龄段、性别的婚姻状况分布 （单位：%）

年龄	性别	未婚	在婚	同居	离婚	丧偶	合计
30 岁以下	男	66.1	32.6	0.7	0.6	0.0	100.0(1977)
	女	50.3	48.8	0.6	0.2	0.1	100.0(2216)
30—39 岁	男	7.1	90.7	0.3	1.7	0.2	100.0(1835)
	女	1.4	96.4	0.2	1.5	0.4	100.0(2066)
40—49 岁	男	2.1	94.3	0.5	2.3	0.9	100.0(2388)
	女	0.3	95.5	0.3	1.1	2.8	100.0(2649)
50—59 岁	男	1.9	94.3	0.2	1.3	2.4	100.0(2024)
	女	0.3	91.5	0.0	1.7	6.5	100.0(2077)
60 岁以上	男	2.5	83.2	0.1	1.2	12.9	100.0(2210)
	女	0.4	67.3	0.0	0.2	32.0	100.0(2123)
全国	男	15.1	79.6	0.3	1.4	3.4	100.0(10434)
	女	10.5	80.3	0.3	0.9	8.1	100.0(11131)

四、城乡婚姻状况

在这里,我们根据受访者的户籍来区分城市和农村。如表 9-5 所示,城市未婚者所占的比例比农村高,相应的,城市在婚者所占的比例比农村低;城市中离婚者的比例比农村高很多;城市中丧偶的比例比农村低。如前所述,丧偶在中老年以后发生的可能性更高,所以这从一个侧面反映出城市的医疗卫生水平比农村好,城市人的平均寿命比农村长。

表 9-5 分城乡的婚姻状况分布 (单位:%)

户籍	未婚	在婚	同居	离婚	丧偶	合计
农业户籍	12.4	80.5	0.3	0.7	6.1	100.0(15480)
非农业户籍	13.5	78.6	0.3	2.3	5.2	100.0(6091)
全国	12.7	80.0	0.3	1.2	5.8	100.0(21571)

如果我们分城乡和性别来看婚姻状况,会发现无论在农村还是城市,未婚者都是男性居多;但是在农村中,未婚的男性比女性的比例高很多,而在城市中,二者的差距并不太大。同样,农村中男性离婚者的比例也要比女性高出很多;而在城市地区,反而是女性的比例比男性高。所以从这两组数字的对比中可以看出,农村中有大量未婚的或离婚后未再婚的单身男性,他们的婚姻问题值得关注。见表 9-6。

表 9-6 分城乡、性别的婚姻状况分布 (单位:%)

户籍	性别	未婚	在婚	同居	离婚	丧偶	合计
农业户籍	男	15.4	79.4	0.3	1.2	3.7	100.0(7392)
	女	9.7	81.5	0.3	0.3	8.2	100.0(8084)
非农业户籍	男	14.6	80.3	0.4	2.0	2.7	100.0(3042)
	女	12.5	76.9	0.2	2.7	7.7	100.0(3047)
全国	男	15.1	79.6	0.3	1.4	3.4	100.0(10434)
	女	10.5	80.3	0.3	0.9	8.1	100.0(11131)

第二节 婚姻次数

一、全国及分地区比较

对那些有过婚姻史的人,本调查询问了他们的结婚次数,这个变量的最小值是1,而最大值达到了11。为了描述的方便,我们对它进行了重编码,结婚次数为1次和2次的我们保留其原始值,而结婚次数在3次及以上的我们统一合并成一类,这样我们就得到了一个有三个类别的分类变量。

表9-7显示,无论是全国还是分地区来看,绝大多数人只结过1次婚,有少部分人结过2次婚,而结婚次数超过3次的人非常少。分地区来看,辽宁结婚2次的人的比例最高,而广东最低;相应的,辽宁结婚1次的人的比例最低,而广东最高。但总体来看,各个地区之间的差异不是特别明显。

表9-7 分地区的婚姻次数 (单位:%)

地区	1次	2次	3次及以上	合计
全国	96.9	3.0	0.1	100.0(18773)
辽宁	95.8	4.2	0.0	100.0(2784)
上海	96.5	3.5	0.0	100.0(2526)
河南	97.6	2.2	0.1	100.0(3165)
广东	98.3	1.7	0.0	100.0(2561)
甘肃	97.0	2.8	0.2	100.0(3123)

二、性别与婚姻次数

分性别来看,男性和女性在婚姻次数上的分布大致相同,总体来说,男性再婚者的比例比女性略高一点,但两者的差异不大。见表9-8。

表9-8 分性别的婚姻次数 (单位:%)

性别	1次	2次	3次及以上	合计
男	96.7	3.1	0.2	100.0(8830)
女	97.0	3.0	0.0	100.0(9939)
全国	96.9	3.0	0.1	100.0(18769)

三、年龄与婚姻次数

分年龄组来看,各类别的频率分布与上述表格大致相同,但也有其独特性。从表9-9可以看出,随着年龄的上升,婚姻次数也越来越多。从30岁以下组到60岁以上组,无论是结婚2次的比例,还是结婚3次及以上的比例都呈现出逐渐上升的趋势。

表9-9 分年龄段的婚姻次数 （单位:%）

年龄	1次	2次	3次及以上	合计
30岁以下	99.4	0.6	0.0	100.0(1742)
30—39岁	97.3	2.6	0.1	100.0(3735)
40—49岁	96.6	3.3	0.1	100.0(4976)
50—59岁	96.8	3.2	0.0	100.0(4054)
60岁以上	95.8	4.0	0.3	100.0(4266)
全国	96.9	3.0	0.1	100.0(18773)

四、城乡与婚姻次数

如果分城乡来看,可以发现,在城市地区,婚姻次数大于1次的人所占的比例高于农村,也就是说在城市地区,再婚的现象比农村更普遍。这正好与之前发现的城市地区离婚者更多的现象相呼应。这些现象都表明,城市地区的婚姻比农村更加不稳定,不仅离婚的人多,再婚的人也多。见表9-10。

表9-10 分城乡的婚姻次数 （单位:%）

户籍	1次	2次	3次及以上	合计
农业户籍	97.1	2.8	0.1	100.0(13519)
非农业户籍	96.2	3.7	0.1	100.0(5254)
全国	96.9	3.0	0.1	100.0(18773)

如果我们分城乡和性别来看婚姻次数,可以发现另外一个现象。在农村地区,女性再婚的比例比男性高,而在城市地区,男性再婚的比例比女性高。见表9-11。

表 9-11 分城乡、性别的婚姻次数　　　　　　　　（单位:%）

户籍	性别	1 次婚姻	2 次婚姻	3 次及以上	合计
农业户籍	男	97.2	2.7	0.2	100.0(6238)
	女	97.1	2.9	0.0	100.0(7278)
非农业户籍	男	95.7	4.1	0.2	100.0(2592)
	女	96.7	3.3	0.0	100.0(2661)
全国	男	96.7	3.1	0.2	100.0(8830)
	女	97.0	3.0	0.0	100.0(9939)

本 章 提 要

● 就婚姻状况来说，无论是在全国还是在各个地区之中，在婚者的比例都是最高的，未婚者和丧偶者也占有一定的比例，而离婚者和同居者的比例很小。

● 分性别来看，男性未婚者和离婚者的比例比女性高，这种现象在控制了受访者的年龄以后依然存在。在低年龄组中，男性未婚和离婚的比例与女性的差异有扩大的趋势。

● 数据显示，女性遭遇丧偶的多于男性，这意味着在婚姻中，男性先亡者更多。

● 相对于农村来说，城市中的独身者更多，离婚者也更多，而丧偶者较少。分性别描述城乡婚姻状况的差异显示，农村中的男性未婚的比例远高于女性，而在城市中两者的差距并不大。

● 数据显示，无论是分地区、性别、年龄还是城乡来看，结婚次数为 1 次的人都占到了绝大多数，有少数人结过 2 次婚，结婚次数达到 3 次及以上的非常少。分年龄的比较显示，婚姻次数会随着个人年龄的增加而增加。分城乡比较显示，城市中再婚者的比例高于农村。引入性别因素后显示，城市中男性再婚者的比例高于女性，而农村中则是女性再婚者的比例高于男性。

第十章 婚姻缔结

本章描述的内容是婚姻的缔结,而婚姻的解体是下一章的内容。本章从初婚年龄、婚前同居、婚姻匹配和认识方式四个角度来描述婚姻缔结的各个方面。本调查在成人问卷中有完整的婚姻模块,对以上内容均有所涉及,而且不仅问及了受访者现在的婚姻,对于有多次婚姻经历的受访者还询问了他们的初婚。不过为了使所有的描述具有可比性,在这一部分我们的分析都针对初婚而言,只是在描述教育程度的匹配时是一个例外。

第一节 初婚年龄

一、全国及分地区比较

对那些结过婚的受访者,本调查询问了他们初婚的年月,用这个值减去受访者的出生年月就可以得到他们的初婚年龄。值得注意的是,初婚时间需要受访者回忆,所以缺失值比较多,对年龄较大的受访者来说更是如此;此外,它的奇异值也有不少。针对这种情况,我们根据问卷里的已有信息,对缺失值和奇异值进行了处理。

本调查在设计时的一大特点是所有家庭成员都需填答一份问卷,所以对于初婚时间,我们不仅可以从受访者本人那里得到答案,也可以从其配偶那里获得。因而,在受访者及其配偶都是初婚的情况下(这种情况是绝大多数),我们用其配偶回答的初婚时间去替代缺失值,并用两人报告的时间中比较可信的那个答案作为真实的初婚时间,经过这样的处理以后,缺失值和奇异值都大大减少了。

第十章 婚姻缔结

表 10-1 分地区的初婚年龄 （单位：岁）

地区	均值	标准差	个案数
全国	22.9	3.9	17679
辽宁	23.2	3.4	2556
上海	24.4	4.2	2433
河南	22.8	3.6	2995
广东	24.1	4.5	2428
甘肃	21.7	3.9	2847

如表 10-1 所示，全国的平均初婚年龄是 22.9 岁，而分地区来看有明显的差异，最高的上海为 24.4 岁，而最低的甘肃只有 21.7 岁，两者相差了 2.7 岁。

在分地区的比较中，可以看到，地区的经济发展水平越高，平均初婚年龄也越高。在五个子总体中，经济发展水平的顺序依次为甘肃、河南、辽宁、广东和上海，初婚年龄恰好也是按照同样的顺序排列的。

二、初婚年代与平均初婚年龄

如果分初婚年代来看平均初婚年龄，可以看到，平均初婚年龄正随着时间的推移变得越来越高。如图 10-1 所示，70 年代以前，平均初婚年龄尚不足 21 岁，但是到 2000 年以后，平均初婚年龄已经超过了 24 岁，而且有继续上升的势头。

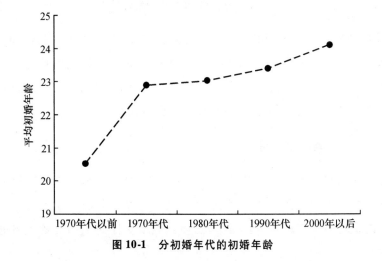

图 10-1 分初婚年代的初婚年龄

我国平均初婚年龄的上升受到法律、经济和社会发展水平等多方面的影响,它的变动很值得我们关注,因为这个指标会直接影响生育的年龄,从而影响人口的规模和结构。

三、性别与平均初婚年龄

如果分性别来比较初婚年龄,可以发现,平均来说我国男性的初婚年龄高于女性。如图 10-2 所示,无论是在哪个年代,我国男性的平均初婚年龄都比女性高,这说明"男大女小"是我国比较常见的婚姻模式。

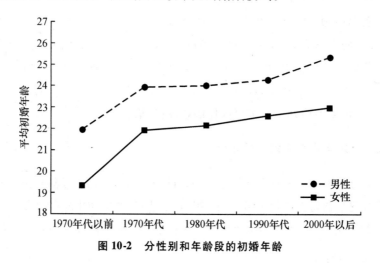

图 10-2　分性别和年龄段的初婚年龄

图 10-2 中提供给我们的另外一个信息是,随着时间的推移,男性和女性的平均初婚年龄都推迟了,这说明婚龄的推迟不是某一个性别的特殊现象。而且图中显示,在 1990 年代以后,男性初婚年龄上升的趋势比女性更加迅速,男女婚龄差有逐渐扩大的趋势,这种现象也很值得我们关注。

四、城乡平均初婚年龄

如果我们在上述分析的基础上再加上城市和农村变量,就可以得到如图 10-3 所示的结果。从图中可以看出,城市的平均初婚年龄高于农村。不仅城市男性的平均初婚年龄高于农村男性,而且城市女性的平均初婚年龄也高于农村女性。

另外,图 10-3 也再次显示了我们之前所发现的结果,即整体来说,我国的

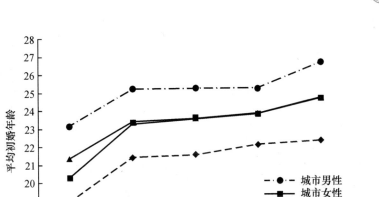

图 10-3　分城乡、性别和年龄段的初婚年龄

平均初婚年龄随着时间的推移逐步上升,并且男性的平均初婚年龄大于女性。因此概括起来,城市男性的平均初婚年龄最高,农村女性的平均初婚年龄最低。而城市女性和农村男性的平均初婚年龄差不多。

第二节　婚前同居

一、全国及分地区比较

本调查询问了受访者初婚前的同居情况。同居是一个敏感性问题,受访者倾向于低报同居状况,针对这个问题,我们综合考虑了夫妻双方对同居问题的回答,只要有一方回答婚前同居,就认为这对夫妇婚前同居了。当然,这要在夫妻双方都是初婚的条件下才可行,如果受访者的初婚配偶不是现在的配偶,那么我们就只能根据受访者本人的回答来判断其初婚前是否经历过同居。

全国和各地区受访者婚前同居的情况,如表 10-2 所示。在全国,婚前同居的比例接近 10%,也就是说每 10 个人中就有 1 个在婚前同居过。如果我们分地区来看,各地之间的差异性很大,上海的同居比例为 17.1%,而甘肃只有 2.7%。

表 10-2　分地区的同居状况　　　　　　　（单位:%）

地区	未同居	同居	合计
全国	90.2	9.8	100.0(18773)
辽宁	90.1	9.9	100.0(2784)
上海	82.9	17.1	100.0(2526)
河南	93.5	6.5	100.0(3165)
广东	84.6	15.4	100.0(2561)
甘肃	97.3	2.7	100.0(3123)

二、年龄与婚前同居

如果我们分年龄来比较同居比例,就可以看出,年龄越小的受访者同居比例越高。如表10-3所示,年龄30岁以下的受访者中,有大概1/3的人回答在婚前同居过,而在年龄超过60岁以上的受访者中,这个比例只有1.6%。也就是说,年轻人的婚姻观念要比老一辈的人开放得多。

表 10-3　分年龄的同居状况　　　　　　　（单位:%）

年龄	未同居	同居	合计
30岁以下	67.2	32.8	100.0(1742)
30—39岁	79.9	20.1	100.0(3735)
40—49岁	93.1	6.9	100.0(4976)
50—59岁	97.2	2.8	100.0(4054)
60岁以上	98.4	1.6	100.0(4266)
全国	90.2	9.8	100.0(18773)

同样,如果我们分初婚年代来比较同居比例,可以发现,随着时间的推移,婚前同居的比例逐年增高。如表10-4所示,2000年以后结婚的人在婚前同居的可能性高达31.2%;而在1970年代以前,这个比例只有1.5%。

表 10-4　分初婚年代的同居状况　　　　　　（单位:%）

初婚年代	未同居	同居	合计
1970年代以前	98.5	1.5	100.0(2843)
1970年代	97.7	2.3	100.0(2793)
1980年代	95.3	4.7	100.0(4865)
1990年代	87.7	12.3	100.0(4004)
2000年以后	68.8	31.2	100.0(3174)
全国	89.7	10.3	100.0(17679)

同居的现象越来越普遍反映出我国的婚姻观念正在发生着重大的变迁,传统的观念正在瓦解,更自由、开放的观念正在婚姻生活中逐渐成长起来,所以同居也就不再显得那么不能被人接受了。

三、城乡与婚前同居

如果我们分城乡来比较婚前同居的比例,可以发现城市居民的婚前同居现象更为普遍,如表10-5所示。

表10-5　分城乡的同居状况　　　　　　　　　　（单位:%）

户籍	未同居	同居	合计
农业户籍	91.1	8.9	100.0(13519)
非农业户籍	87.9	12.1	100.0(5254)
全国	90.2	9.8	100.0(18773)

四、教育程度与婚前同居

如果我们分教育程度来比较婚前同居的比例,可以发现,教育程度越高的人同居的可能性也越高,结果如表10-6所示。文盲同居的可能性不足5%,而具有大专以上学历的人同居的可能性则接近了20%。

这一现象的提示是,当人们接受更多教育的同时,也许同时接受了更加开放的婚姻观念。

表10-6　分教育程度的同居状况　　　　　　　　（单位:%）

教育水平	未同居	同居	合计
文盲/半文盲	95.9	4.1	100.0(6175)
小学	90.6	9.4	100.0(4116)
初中	87.2	12.8	100.0(5210)
普高、中专及职高	84.6	15.4	100.0(2184)
大专及以上	81.1	18.9	100.0(1086)
全国	90.2	9.8	100.0(18771)

第三节　婚姻的匹配

一、年龄的匹配

婚姻作为男女两性的结合，彼此般配就显得格外重要，中国自古以来就有"门当户对"一说，讲的就是婚姻的匹配。从婚姻匹配的角度来展开分析的维度有很多，首先我们关注年龄匹配，接下来将转向教育程度的匹配。

本调查询问了受访者初婚配偶的出生年月，用这个值减去受访者本人的出生年月，就得到了夫妇之间的婚龄差。初婚配偶的出生年月需要受访者去回忆，回忆往往就会有偏差，所以它的缺失值和奇异值比较多。针对这种情况，我们采用了与初婚年龄同样的办法，即用其初婚配偶填答的出生年月对原始数据进行补充和修正，经过这样的处理后，虽然还是有一些缺失值，但是与处理前相比，婚龄差这个变量已经得到了很大的改善。

在实际分析时，我们是用男方的初婚年龄减去女方的初婚年龄来计算婚龄差。婚龄差在总体中的均值是2.0岁，标准差为3.2。也就是说，平均来说，丈夫会比妻子大2岁，这与之前描述初婚年龄时发现男性初婚年龄比女性晚的结论是一致的。

如果我们将婚龄差这个变量分为七个组，分别标记为"女比男大10岁以上"、"女比男大5至9岁"、"女比男大1至4岁"、"男女一样大"、"男比女大1至4岁"、"男比女大5至9岁"、"男比女大10岁以上"，可以发现，"男比女大1至4岁"的比例是最高的，达到了48.1%；"女比男大1至4岁"、"男女一样大"、"男比女大5至9岁"这三组所占的比例相当，分别为16.7%，16.0%和15.8%；而"女比男大10岁以上"、"女比男大5至9岁"以及"男比女大10岁以上"这三组所占的比例很小，几乎可以忽略不计。

所以，总体来说，我国的婚龄差分布以男比女大为主要趋势，男性比女性大1至4岁的情况最为普遍。女性比男性略大一点、男女一样大以及男性比女性大5至9岁的情况也比较常见，而更加极端的情况就很少了。

为了进一步描述的方便，我们将婚龄差这个变量重编码为三个类别，即"男比女大"、"男女一样大"和"女比男大"。首先，我们比较了重编码以后的婚龄差在全国及各地区中的分布,结果见表10-7。

表 10-7　分地区的婚龄差分布　　　　　　　　　　（单位:%）

地区	男比女大	男女一样大	女比男大	合计
全国	66.3	15.9	17.7	100.0(17173)
辽宁	60.8	19.6	19.6	100.0(2459)
上海	67.1	17.1	15.8	100.0(2354)
河南	53.6	22.0	24.4	100.0(2912)
广东	71.3	14.8	13.8	100.0(2330)
甘肃	75.5	13.1	11.5	100.0(2726)

从表中可以看出,无论是在全国还是在各个地区中,"男比女大"的情况都是主流,但是分地区来看,差异是很明显的。河南"男比女大"的比例最低,而甘肃最高,两者的差异超过了20个百分点。相应的,河南"女比男大"的比例最高,而甘肃最低,两者之间的差异接近13个百分点。一般来说,婚龄差反映了文化观念、婚配性别比等诸多社会、经济和人口因素的综合影响,这些因素在不同地区各不相同,这导致了婚龄差的地区差异。

表 10-8　分初婚年代的婚龄差分布　　　　　　　　（单位:%）

初婚年代	男比女大	男女一样大	女比男大	合计
1970年代以前	73.3	12.0	14.7	100.0(2587)
1970年代	67.4	15.8	16.8	100.0(2730)
1980年代	63.4	17.5	19.1	100.0(4768)
1990年代	62.9	17.7	19.4	100.0(3937)
2000年以后	68.6	14.7	16.7	100.0(3151)
全国	66.3	15.9	17.7	100.0(17173)

如果我们分初婚年代来看婚龄差的分布,可以发现,随着时间的推移,"男比女大"的比例经过了一个先下降后上升的过程;相应的,"女比男大"的比例经过了一个先上升后下降的过程。见表10-8。一般来说,"男比女大"的年龄匹配模式是社会中的主导模式。但是近些年来,"姐弟恋"、"姐弟婚"等现象越来受到社会的关注,这些"非主流"的婚姻模式的兴起值得研究。

二、教育程度的匹配

本调查询问了每个受访者的最高受教育程度,并在家庭成员问卷中询问了其配偶的最高受教育程度。不过这里的配偶是受访者本人现在的配偶,而不是初婚配偶,所以在分析教育程度的匹配时,我们分析的对象是当前的婚姻,而不是初婚。

本调查测量教育程度时分了七个等级,分别为"文盲"、"小学"、"初中"、"高中(包含职高和技校)"、"大学(包含大专)"、"硕士"和"博士"。我们从1—7来给每个受访者的教育程度打分,然后用丈夫的得分减去妻子的得分,就得到了一个反映夫妻教育程度差距的指标,我们姑且将之命名为"教育差"。教育差为负表示妻子受教育程度比丈夫高,为零表示夫妻一样高,为正表示丈夫比妻子高。

教育差的最大值是5,最小值是-5,均值为0.4,标准差为1.1。就其分布来看,夫妻教育程度一样高的情况最为普遍,其比例达到了43.3%;第二常见的情况是丈夫比妻子高1个等级,其比例达到了26.6%;妻子比丈夫高1个等级和丈夫比妻子高2个等级的各自所占的比例相同,都是11.5%,而更加极端的情况非常少。所以总体来看,中国人倾向于同自己教育程度相当的人结婚,而且男性比女性教育程度高的情况要更常见。

为了下面描述的方便,我们将教育差分成了三个组,女性比男性高的归为一类,男女一样高的归为一类,男性比女性高的归为一类。我们在全国和各地区比较了教育差在分组以后的分布情况。如表10-9所示,从全国来看,男性和女性教育程度相同的情况是最常见的;男性比女性教育程度高的比例要高于女性比男性高的比例。但是从不同地区来看,差异也是很明显的。在上海和辽宁,女性比男性教育程度高的比例高于河南、广东和甘肃;相应的,这三个省男性比女性教育程度高的比例要比上海和辽宁高。这种现象背后的原因值得我们去做进一步的分析。

表10-9 分地区的教育程度的匹配　　　　　　(单位:%)

地区	男比女高	男女一样高	女比男高	合计
全国	41.4	43.3	15.3	100.0(17106)
辽宁	34.2	44.7	21.2	100.0(2477)
上海	36.5	44.8	18.6	100.0(2275)
河南	46.1	39.7	14.2	100.0(2918)
广东	47.1	38.7	14.1	100.0(2319)
甘肃	44.0	45.8	10.2	100.0(2829)

如果我们分初婚的年代来比较教育程度的匹配,可以发现,随着时间的推移,男性比女性高的比例正在下降,而女性比男性高的比例正在上升。如表10-10所示,从1970年代以前到2000年以后,男比女高的比例从44.1%下降到34.2%,而女比男高的比例从8.5%上升到21.1%。这种现象是婚姻观念的变化以及教育的普及等多方面因素共同作用的结果。总之,随着时间的推移,男方教育程度不如女方已经越来越不构成对婚姻的阻碍。

表10-10 分初婚年代的教育程度的匹配 （单位:%）

初婚年代	男比女高	男女一样高	女比男高	合计
1970年代以前	44.1	47.4	8.5	100.0(2155)
1970年代	46.2	42.6	11.2	100.0(2598)
1980年代	44.1	39.5	16.4	100.0(4631)
1990年代	39.9	43.3	16.8	100.0(3872)
2000年以后	34.2	44.7	21.1	100.0(3079)
全国	41.6	42.9	15.5	100.0(16335)

我们分城乡比较了教育程度的匹配。如表10-11所示,农村里丈夫比妻子教育程度高的情况更加普遍,相应的,妻子教育程度比丈夫高的情况在城市里更常见。

表10-11 分城乡的教育程度的匹配 （单位:%）

户籍	男比女高	男女一样高	女比男高	合计
农业户籍	42.6	44.2	13.2	100.0(12351)
非农业户籍	38.2	41.1	20.8	100.0(4755)
全国	41.4	43.3	15.3	100.0(17106)

第四节 认识方式

一、全国及分地区比较

在结婚之前,男方和女方总是要经过一个相互认识和相互了解的阶段,所以分析他们的认识方式是了解婚姻缔结的一个重要方面。本调查询问了每个受访者同自己初婚配偶的认识方式,总共有"在学校自己认识"、"在工作场所自己认识"、"在居住地自己认识"、"在其他地方自己认识"、"经亲友介绍认识"、"经婚介介绍认识"、"父母包办"这七个选项,另外对于一些特殊情况提供了一个开放式的"其他"选项,并要求受访者自己填写。

为了分析的方便,我们对其他选项中的结果进行了后编码,能够合并到前七类中的就合并过去。媒人介绍、童养媳和娃娃亲这类在其他一项中的比例很高,鉴于它们和父母包办都代表中国传统的婚姻习俗,所以将之合并成一类处理。另外,为了减少比较的类别,我们将前四类自己认识的合并成一类,标注为自己认识。这样处理后,认识方式就只剩下了四个类别,即"自己认识"、"亲友介绍"、"婚介介绍"、"父母包办等"。

首先,我们在全国和各地区比较了认识方式的频率分布。如表10-12所述,无论是在全国还是各个地区中,经亲友介绍认识的比例都是最高的,自己认识的比例居第二位,而通过婚介和传统的婚姻习俗结成的婚姻比较少。但是分地区来看,差异是很明显的。甘肃通过父母包办等传统婚姻习俗认识的情况特别多,其比例远远高于其他各省。另外,在广东和上海这两个最发达的地区,自己认识的比例非常高。总体来说,我们可以发现这样的趋势,即社会经济发展程度越高的地区,自己认识的比例就越高;同时可见,中国传统的婚姻习俗已经很少见,只有在相对偏远的农村地区才能找到它的踪迹。

表10-12 分地区的认识方式 （单位:%）

地区	自己认识	亲友介绍	婚介介绍	父母包办等	合计
全国	21.0	69.3	4.3	5.4	100.0(18733)
辽宁	18.1	79.2	1.7	1.1	100.0(2780)
上海	26.6	68.6	1.2	3.5	100.0(2511)
河南	11.6	82.7	3.1	2.6	100.0(3154)
广东	31.4	59.9	6.1	2.6	100.0(2560)
甘肃	14.1	64.6	5.0	16.4	100.0(3120)

二、初婚年代与认识方式

如果我们分初婚年代来比较认识方式的变迁,可以发现这样一个趋势,即随着时间的推移,自己认识的婚姻方式正在逐渐增多,而亲友介绍、婚介介绍和传统的婚姻习俗所占的比例正在逐渐减少。如表10-13所示,从1970年代以前到2000年以后,自己认识所占的比例从11.9%上升到37.7%,上升的幅度非常明显,这说明自由恋爱的方式已经得到人们的普遍接受。与此相对,另外三种认识方式的比例均下降了,亲友介绍从70.9%下降到58.4%,婚介介绍从5.3%下降到2.2%,传统的婚姻习俗从11.9%降到1.8%,几乎已经消失不见了。认识方式的演变反映出我国婚姻观念的变迁,自由恋爱逐渐成为社会的主流,而包含强制意味的父母包办、童养媳等传统形式已经逐渐被人们抛弃。

表10-13　分初婚年代的认识方式　　　　　　　　（单位:%）

初婚年代	自己认识	亲友介绍	婚介介绍	父母包办等	合计
1970年代以前	11.9	70.9	5.3	11.9	100.0(2840)
1970年代	14.0	74.7	5.4	5.9	100.0(2792)
1980年代	17.9	74.4	4.8	2.9	100.0(4860)
1990年代	26.2	66.9	4.2	2.6	100.0(3999)
2000年以后	37.7	58.4	2.2	1.8	100.0(3144)
全国	21.7	69.3	4.4	4.6	100.0(17635)

三、教育程度与认识方式

如果我们分教育程度来比较认识方式的变迁,可以发现这样一条规律,即个人的教育程度越高,自己认识的比例越高,而通过其他三种方式认识的比例越低。如表10-14所示,从文盲到高等教育,自己认识的比例从13.4%上升到43.3%,而亲友介绍的比例从68.6%下降到55.6%,婚介介绍的比例从6.1%下降到0.6%,传统方式的比例从11.9%下降到0.5%。由此可见现代教育有助于自由平等的婚姻观念的普及。

表10-14　分教育程度的认识方式　　　　　　　　（单位:%）

教育水平	自己认识	亲友介绍	婚介介绍	父母包办等	合计
文盲/半文盲	13.4	68.6	6.1	11.9	100.0(6161)
小学	18.7	72.9	4.8	3.6	100.0(4107)
初中	23.3	71.6	3.3	1.8	100.0(5203)
普高、中专及职高	30.4	66.2	1.9	1.6	100.0(2180)
大专及以上	43.3	55.6	0.6	0.5	100.0(1080)
全国	21.0	69.3	4.3	5.4	100.0(18731)

四、城乡与认识方式

最后,我们分城乡比较了认识方式的分布,结果发现,城市地区通过自己认识的比例比较高,而通过亲友介绍、婚介介绍和传统婚姻习俗认识的比例比较低。见表10-15。

表 10-15 分城乡的认识方式 （单位:%）

户籍	自己认识	亲友介绍	婚介介绍	父母包办等	合计
农业户籍	18.1	69.9	5.3	6.7	100.0(13495)
非农业户籍	28.3	67.9	1.6	2.2	100.0(5238)
全国	21.0	69.3	4.3	5.4	100.0(18733)

本 章 提 要

- 平均初婚年龄呈现出逐年升高的趋势,而且经济发展水平越高的地区,平均初婚年龄也越高。总体来说,男性的平均初婚年龄高于女性,城市的平均初婚年龄高于农村。

- 婚前同居的比例也呈现出逐年上升的趋势,而且经济发展水平越高的地区婚前同居的比例也越高。数据还显示,婚前同居的比例随着教育程度的提高而提高,而且城市中婚前同居的现象比农村地区更为普遍。

- 本章从年龄和教育程度两个维度分析了婚姻的匹配。数据结果显示,男比女大是我国婚姻年龄匹配的基本模式,其中男性比女性年长1—4岁的情况最为常见。但是在不同地区,年龄的匹配模式也存在差异,而且随着时间的推移,男比女大的比例呈现出先下降后上升的趋势。

- 在教育程度的匹配方面,数据结果显示,男女教育程度相同的情况是最常见的,另外男性比女性教育程度高的比例要高于女性比男性高的比例。但随着时间的推移,男性比女性高的比例正在下降,而女性比男性高的比例正在上升。在农村中丈夫比妻子教育程度高的情况更加普遍,而妻子教育程度比丈夫高的情况在城市里更常见。

- 在夫妻的认识方式方面,数据显示,随着时间的推移,自己认识的方式正在逐渐增多,而亲友介绍、婚介介绍和传统的婚姻习俗所占的比例正在逐渐减少。自由的恋爱方式已经逐渐发展成社会的主流,传统的婚姻习俗变得越来越罕见,只有在一些边远农村地区才能发现。

第十一章 婚姻解体

离婚和丧偶是婚姻解体的两种最常见的形态,本章主要从这两个角度分析婚姻的解体。

第一节 离 婚

一、全国及分地区比较

如果受访者的初婚已经结束了,本调查就进一步询问受访者初婚的结束方式,共有两个选项,即离婚和丧偶,本节分析离婚,下一节分析丧偶。

表 11-1 分地区的离婚水平 （单位:%）

地区	未离婚	离婚	合计
全国	97.0	3.0	100.0(18773)
辽宁	94.2	5.8	100.0(2784)
上海	95.6	4.4	100.0(2526)
河南	97.6	2.4	100.0(3165)
广东	98.0	2.0	100.0(2561)
甘肃	97.2	2.8	100.0(3123)

我们用初婚离异的总对数除以成年人口总数来表示离婚水平,这个值越高,表明离婚水平越高。如表 11-1 所示,在全国来看,离婚的比例平均为 3.0%,即每 100 个成年人,平均有 3 对初婚会因为离婚而结束。如果分地区来看,各省的离婚水平有显著的不同,辽宁的离婚水平最高,离婚的比例达到了 5.8%;除了辽宁以外,上海的离婚水平也很高,离婚的比例为 4.4%;离婚

水平最低的地区是广东,只有 2.0%。

二、城乡离婚水平

如果我们分城乡来比较离婚水平,可以发现,农村地区的离婚水平比城市低很多。如表 11-2 所示,两者相差 2.9 个百分点。离婚水平越高,表示婚姻越不稳定,婚姻的破裂会产生一系列的社会问题,比如单亲家庭问题、子女照顾问题等。

表 11-2　分城乡的离婚水平　　　　　　　　（单位:%）

户籍	未离婚	离婚	合计
农业户籍	97.8	2.2	100.0(13519)
非农业户籍	94.9	5.1	100.0(5254)
全国	97.0	3.0	100.0(18773)

三、初婚年代与离婚

为了分析离婚水平在不同年代的变化,我们使用了一个指标,即用每个年代的离婚数除以结婚数,用这个比值来表示每个年代的离婚水平。如果分析这个比值在不同年代的变化,可以发现,1980 年代以前,我国的离婚水平一直很低;而 1980 年代以后,离婚水平迅速上升。如图 11-1 所示,无论是在全国还是各地区中,在 1980 年代以后,离婚水平都提高了。在 1980 年代以前,各地区的离婚水平都很低,而且几乎没有差异;但是在 1980 年代以后不仅离婚水平都上升了,而且各条曲线也分离开了,其中广东的离婚水平上升得最慢,而上海和辽宁的上升速度比较快。不过数据显示,上海在 2000 年以后,离婚水平相对 1990 年代反而降低了,这一现象需要进一步的分析才能下结论。

如果我们分城乡比较不同初婚年代的离婚水平,可以发现,1980 年代以前,无论是在城市还是农村,离婚水平都很低,而且之间几乎没有差异;但是到 1980 年代以后,城市和农村的离婚水平都提高了,而且城市地区上升的速度更快。见图 11-2。

由此可见,地区之间和城乡之间在离婚水平上的差异都是在 1980 年代以后才出现的。1980 年代以后恰好也是我国经济转轨、社会转型的加速期,与此

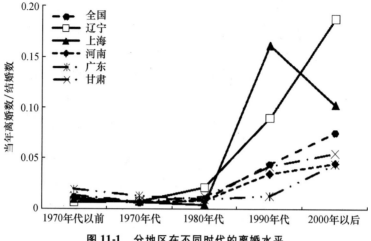

图 11-1 分地区在不同时代的离婚水平

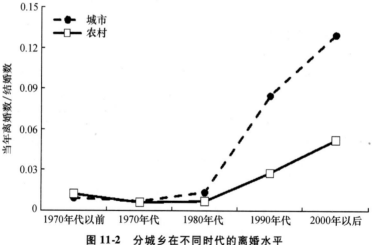

图 11-2 分城乡在不同时代的离婚水平

相伴随的是人们观念上的变化,传统的婚姻观念逐渐解体。

四、教育程度与离婚

如果我们分教育程度比较离婚发生的频率,可以发现,教育程度越高的人离婚的可能性也越高。如表 11-3 所示,初中以下学历的人离婚水平很低,而高中以上学历的人离婚水平要高得多。

表 11-3　分教育程度的离婚水平　　　　　　　　　（单位:%）

教育水平	未离婚	离婚	合计
文盲/半文盲	97.7	2.3	100.0(6175)
小学	97.7	2.3	100.0(4116)
初中	96.6	3.4	100.0(5210)
普高、中专及职高	95.1	4.9	100.0(2184)
大专及以上	95.4	4.6	100.0(1086)
全国	97.0	3.0	100.0(18771)

五、认识方式与离婚

如果分认识方式来比较离婚水平,可以发现,通过自己认识结成的婚姻离异的比例最高,而通过传统的婚姻习俗结成的婚姻则离婚水平最低。如表11-4 所示,通过自己认识结成的婚姻比依靠传统婚姻习俗结成的婚姻的离婚水平高出 1.6 个百分点。

表 11-4　分认识方式的离婚水平　　　　　　　　　（单位:%）

认识方式	未离婚	离婚	合计
自己认识	96.5	3.5	100.0(3930)
亲友介绍	97.0	3.0	100.0(12976)
婚介介绍	97.9	2.1	100.0(797)
父母包办等	98.1	1.9	100.0(1011)
全国	97.0	3.0	100.0(18714)

这可能归结为,中国的传统婚姻观念对离婚的道德限制较多,所以受传统婚姻观念影响较大的婚姻形式,离婚水平就会显得比较低。而自己认识的婚姻是与现代婚姻观念相适应的,它受传统观念的约束较少,所以离婚水平也比较高。

这一点可以通过对婚前同居的分析得到某些支持。如表 11-5 所示,婚前有过同居行为的婚姻离婚比例较高。婚前同居说明夫妇双方的观念比较开放,受传统保守的婚姻观念的影响比较小,离婚的约束也比较小。

表 11-5　婚前同居与离婚水平　　　　　　　　　　（单位:%）

是否同居	未离婚	离婚	合计
未同居	97.1	2.9	100.0(16928)
同居	95.7	4.3	100.0(1845)
全国	97.0	3.0	100.0(18773)

六、结婚到离婚的持续时间

本调查询问了受访者初婚的离婚年月,用这个值减去结婚年月,就可以算出离婚距离结婚的时间。

这个时间的平均值为8.9年,标准差为7.1年。但是如图11-3所示,离婚距离结婚时间的频率分布右偏得比较厉害,所以它的均值会比众值来得高。从图中可以看出,在结婚后的不同时点上,离婚水平有较大的波动,但是整体来说呈现出先上升后下降的趋势。刚结婚的时候离婚水平很低,然后随着时间的推移逐渐升高,在大概婚后5年的时候达到峰值,然后持续下降。

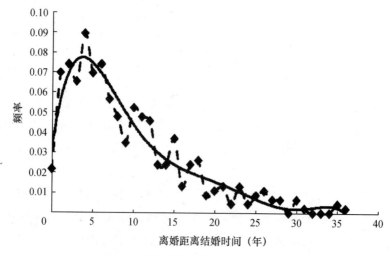

图11-3　离婚距离结婚时间的频率分布图

上面的数据显示的是平均值,而分初婚年代的图形结果显示,离婚高峰到来的时间有逐渐提前的趋势。见图 11-4、图 11-5、图 11-6。

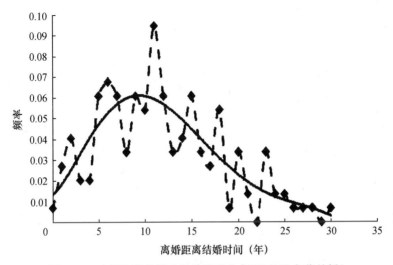

图 11-4　离婚距离结婚时间的频率分布图（1980 年代结婚）

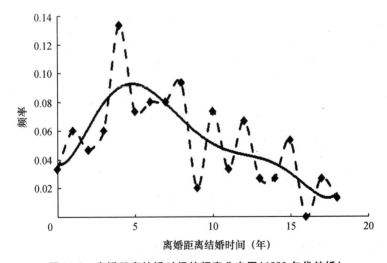

图 11-5　离婚距离结婚时间的频率分布图（1990 年代结婚）

图 11-4 描绘的是在 1980 年代结婚的人离婚距离结婚时间的频率分布图，如图所示，峰值大概在 10 年左右出现。图 11-5 描绘的是在 1990 年代结婚的人离婚距离结婚时间的频率分布图，这时离婚的峰值已经提前到了婚后 5 年。图 11-6 描绘的是在 2000 年以后结婚的人离婚距离结婚时间的频

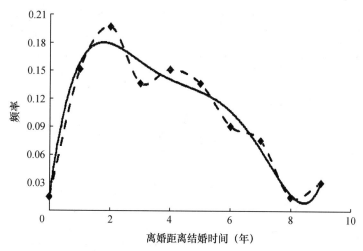

图 11-6 离婚距离结婚时间的频率分布图(2000 年以后结婚)

率分布图,这时离婚的可能性大概在婚后 2 年时最高,离婚时间已经大大提前了。

年轻的夫妇离婚越来越早的现象已经受到了社会的广泛关注,人们用"闪离"这个词来形容他们的离婚速度之快,这种现象值得做进一步的研究。

第二节 丧 偶

一、全国及分地区比较

除了离婚,丧偶也是婚姻解体的一种常见形式。本次调查了解了因为丧偶而导致初婚解体的情况。我们用初婚丧偶的总对数除以成年人口总数来表示丧偶水平。

我们比较了这个比例在全国和各地中的差异。如表 11-6 所示,全国初婚丧偶的比例为 7.8%,分地区来看,各个地区各不相同,甘肃的丧偶比例最高,为 8.3%;而河南比较低,只有 7% 左右。

表 11-6　分地区的丧偶比例　　　　　　　　（单位:%）

地区	未丧偶	丧偶	合计
全国	92.2	7.8	100.0(18773)
辽宁	91.8	8.2	100.0(2784)
上海	92.2	7.8	100.0(2526)
河南	93.0	7.0	100.0(3165)
广东	91.8	8.2	100.0(2561)
甘肃	91.7	8.3	100.0(3123)

二、性别与丧偶

在前面的章节中,我们在描述受访者的婚姻状况的时候曾经指出,丧偶随着年龄的增大而逐渐增多,而且女性丧偶的可能性比男性大。

在这一节中,我们描述的是因为丧偶而导致初婚解体的比例,虽然这与之前描述婚姻状况时的因变量有些不同,但结果是完全一致的。如表 11-7 所示,初婚丧偶的比例随着年龄的增长逐渐提高,而且无论在哪个年龄段,女性初婚丧偶的比例都要比男性高。此外,随着年龄的增长,男女之间初婚丧偶比例的差越来越大。丧偶的比例在性别之间的差异,体现了男性的平均预期寿命比女性低的自然规律。

表 11-7　分年龄、性别的丧偶比例　　　　　　（单位:%）

年龄	性别	未丧偶	丧偶	合计
30 岁以下	男	99.8	0.2	100.0(657)
	女	99.7	0.3	100.0(1085)
30—39 岁	男	99.4	0.6	100.0(1701)
	女	99.2	0.8	100.0(2033)
40—49 岁	男	98.5	1.5	100.0(2335)
	女	95.8	4.2	100.0(2639)
50—59 岁	男	96.6	3.4	100.0(1984)
	女	91.0	9.0	100.0(2069)
60 岁以上	男	84.5	15.5	100.0(2153)
	女	66.8	33.2	100.0(2113)
全国	男	94.9	5.1	100.0(8830)
	女	89.8	10.2	100.0(9939)

三、城乡与丧偶

在分城乡进行比较时,我们可以发现,城市人初婚丧偶的比例比农村人低,而且在控制了年龄以后,无论在哪个年龄段,城市人丧偶的比例都要比农村人低,这与前面章节发现的结果是完全一致的。此外,如表 11-8 所示,随着年龄的增长,城乡之间初婚丧偶比例的差越来越大。这体现了城乡之间生活条件和医疗卫生水平方面的差异。

表 11-8 分城乡、年龄的丧偶比例 （单位:%）

年龄	户籍	未丧偶	丧偶	合计
30 岁以下	农业户籍	99.7	0.3	100.0(1392)
	非农业户籍	100.0	0.0	100.0(350)
30—39 岁	农业户籍	99.1	0.9	100.0(2606)
	非农业户籍	99.6	0.4	100.0(1129)
40—49 岁	农业户籍	97.0	3.0	100.0(3709)
	非农业户籍	97.2	2.8	100.0(1267)
50—59 岁	农业户籍	93.3	6.7	100.0(2885)
	非农业户籍	94.8	5.2	100.0(1169)
60 岁以上	农业户籍	73.8	26.2	100.0(2927)
	非农业户籍	80.0	20.0	100.0(1339)
全国	农业户籍	91.9	8.1	100.0(13519)
	非农业户籍	93.0	7.0	100.0(5254)

本 章 提 要

● 我国在 1980 年代以前,离婚水平一直很低,而且城乡之间、地区之间也没有显著差异。但是 20 世纪 80 年代以后,离婚水平迅速攀升,不仅城市地区的离婚水平提高了,农村地区也提高了;不仅经济发达地区的离婚水平提高了,经济落后地区也提高了。

● 那些婚姻观念比较开放的人群较婚姻更多受传统观念约束的人群,离婚水平要高。比较不同的受教育程度、不同的认识方式以及婚前是否同居的情况,结果都支持这点。具体来说,夫妻双方受教育程度较高、通过各种途径自己认识的婚姻、在婚前有同居行为的婚姻离婚的可能性更高。

- 比较了在不同婚姻阶段的离婚水平后的结果显示,结婚以后离婚水平呈现出先上升后下降的趋势,刚结婚的时候离婚水平很低,然后随着时间的推移逐渐升高,平均在大约婚后5年的时候达到峰值,然后持续下降。分初婚年代的数据分析结果显示,离婚高峰到来的时间有逐渐提前的趋势,1980年代的婚姻在婚后10年左右达到离婚高峰,而1990年代的婚姻这个峰值提前到了5年左右,而在2000年以后,这个值又提前到了2年左右。

- 丧偶情况的数据结果显示,初婚丧偶的比例随着年龄的增大而逐渐增多,而且女性丧偶的可能性比男性大,农村丧偶的比例比城市高。性别之间的差异以及城乡之间的差异随着年龄的增长而逐渐扩大。初婚丧偶时的平均年龄,在不同地区之间以及城乡之间存在着明显的差异。

第十二章 家庭规模与结构

家庭不仅是人们日常生活的重要场所,而且也是最小的一个社会单位,它承担着联结个人和社会的功能。本章以家庭为核心,围绕家庭的规模和结构两个主要方面展开讨论。

第一节 家庭规模

一、全国及分地区比较

家庭的规模指的是同住家庭成员的数量。本调查将住在同一个家庭户中,并与家庭有血缘、婚姻、领养关系的直系亲属和非直系亲属界定为家庭成员,对非直系亲属还要求同住时间达到3个月以上。本调查在家庭成员问卷中统计了符合上述标准的家庭成员数量,并且询问了每个家庭成员的基本信息。我们以问卷统计的家庭成员数量作为家庭规模的指标。表12-1显示,我国平均每个家庭户中有3.8个家庭成员,但是不同地区存在差异。上海和辽宁的平均家庭规模比较小,而河南、广东和甘肃比较大,其中平均家庭规模最小的上海和最大的广东之间相差有1.5人之多。

表12-1 分地区的家庭规模 (单位:人)

地区	均值	标准差	户数
全国	3.8	1.7	9597
辽宁	3.1	1.3	1477
上海	3.0	1.3	1307

（续表）

地区	均值	标准差	户数
河南	4.3	1.8	1484
广东	4.5	2.2	1389
甘肃	4.4	1.6	1531

二、城乡与家庭规模

在之前的章节中，我们都是通过受访者的户籍来区分城市人和农村人，但是这一章分析的对象是家庭，从个人角度定义的城乡变量在这里并不合适，所以我们从本调查家庭问卷中选取了"家庭是否从事农业生产"这个指标来区分城市家庭和农村家庭。

如果我们按照这个标准比较城市和农村的家庭规模，可以发现，农村的家庭规模比城市大，两者相差有1个人。见表12-2。

表12-2　分城乡的家庭规模　　　　　　　　（单位:人）

城乡	均值	标准差	户数
城市	3.3	1.5	4531
农村	4.2	1.7	5063
总计	3.8	1.7	9594

分地区比较城乡差异，可以发现，这种差异在各个地区都存在。如表12-3所示，各个地区的城市家庭规模都小于农村。城乡之间相差最大的是甘肃和河南，平均来说城市比农村每户少1.2人；而在上海，城乡之间的家庭规模已经不存在显著差异。

表12-3　分地区和城乡的家庭规模　　　　　　（单位:人）

地区	城乡	均值	标准差	户数
辽宁	城市	2.7	1.1	850
	农村	3.7	1.3	626
上海	城市	3.0	1.3	1215
	农村	3.0	1.4	92
河南	城市	3.5	1.6	524
	农村	4.7	1.8	960
广东	城市	4.1	2.2	792
	农村	5.1	2.0	597

（续表）

		均值	标准差	个案数
甘肃	城市	3.5	1.3	303
	农村	4.7	1.6	1225
全国	城市	3.3	1.5	4531
	农村	4.2	1.7	5063

广东的城乡家庭规模都比其他地区显著大,这可能和广东受传统的家族和宗族观念的影响比较大有关。那里不仅生育水平较高,而且家庭联合居住的情况也很普遍。正如下一节所展示的,广东联合家庭的比例是各个地区中最高的,而且在核心家庭中,子女多于1个的比例也很高。

第二节 家庭结构

一、家庭的代际结构

家庭规模衡量的是家庭成员的数量,而家庭结构衡量的是家庭成员之间的关系。本调查在家庭成员问卷中专门设计了一张家庭成员关系表,用来测量每个家庭成员之间的关系。在家庭成员关系中最基本的关系是代际关系,中国人有"四代同堂"的说法,讲的就是代际关系。

我们将代际结构区分为三种类型,只有一代人同住的家庭称为"一代人家庭",有两代人共同居住的称为"两代人家庭",有三代人或三代人以上同住在一起的家庭称为"三代人以上家庭"。首先,我们在全国和各个地区比较了这三种家庭类型的分布。见表12-4。

表12-4 分地区的家庭代数 （单位:%）

地区	一代人家庭	两代人家庭	三代人以上家庭	合计
全国	33.9	49.0	17.1	100.0(9446)
辽宁	39.0	45.6	15.5	100.0(1453)
上海	40.4	43.7	15.9	100.0(1274)
河南	28.6	51.9	19.4	100.0(1477)
广东	27.7	54.7	17.6	100.0(1347)
甘肃	26.6	49.4	24.0	100.0(1503)

如表12-4所示,就全国来说,两代人家庭所占的比例最高,一代人家庭所

占的比例也不少,而三代人以上家庭的比例最小。分地区来看,也大致表现出同样的特征,但是在不同地区,三种家庭类型所占的比例相差很大。辽宁一代人家庭所占的比例最高,而甘肃最低;相应的,辽宁三代人以上家庭的比例最低,而甘肃最高。

如果我们分城乡来比较三种家庭类型,可以看出,农村地区三代人以上家庭所占的比例比城市高出很多;相应的,城市一代人家庭的比例比农村高出很多,如表12-5所示。

表12-5 分城乡的家庭代数　　　　　　　　　　（单位:%）

城乡	一代人家庭	两代人家庭	三代人以上家庭	合计
城市	37.0	49.9	13.1	100.0(4427)
农村	31.2	48.1	20.7	100.0(4986)
全国	33.9	49.0	17.1	100.0(9413)

二、家庭的关系结构

除了代际,我们还可以根据家庭成员之间的关系对家庭结构做进一步的细分。本调查在家庭成员问卷中询问了每个家庭成员的父亲、母亲、子女、配偶的同住情况,对子女还进一步询问了他们的婚姻状况;另外在成人问卷中,还询问了受访者的兄弟姐妹是否与自己同住在一起。根据这些信息,我们将家庭区分为"核心家庭"、"主干家庭"、"联合家庭"、"空巢家庭"、"独身家庭"五种类型,而在核心家庭内部,又进一步划分出三个子类。

核心家庭是由已婚夫妇和子女两代人组成的家庭,如果家中只有夫妇中的一方,也界定为核心家庭。根据夫妇生育子女的数量,又可以将核心家庭细分为三类。第一类指的是尚未生育子女的家庭,即通常所说的"丁克家庭";第二类指的是只生育了1个子女的家庭,即通常所说的"三口之家";第三类指的是生育了多个子女的核心家庭。

主干家庭是夫妇与一对已婚子女同住在一起的家庭,这对已婚子女可以还有子女,也可以没有。联合家庭指的是已婚夫妇与自己同代的兄弟姐妹同住在一起的家庭,其兄弟姐妹可以已婚,也可以未婚,这种家庭可以包含上一代的父母,也可以包含下一代的子女。空巢家庭指的是已婚夫妇有子女,但是并不与子女同住也不与父母同住的家庭。独身家庭指的是未婚且自己一个人居住的家庭。

我们比较了全国和各个地区不同家庭类型的分布。如表12-6所示，如果我们将三种核心家庭合并成一类，那么就全国来看，家庭核心化和空巢化的趋势很明显，这两种家庭类型所占的比例分别位居第一位和第二位；传统的主干家庭和联合家庭已经退居次席，而独身家庭的比例总体来说比较少。

表12-6 分地区的家庭类型 （单位：%）

地区	核心1	核心2	核心3	主干	联合	空巢	独身	合计
全国	4.0	23.6	13.3	15.6	7.6	32.6	3.4	100.0(9450)
辽宁	5.0	29.3	5.3	16.7	3.9	35.9	3.9	100.0(1453)
上海	5.7	29.2	2.1	19.9	3.5	34.5	5.1	100.0(1274)
河南	3.3	20.0	17.5	17.9	7.0	31.6	2.7	100.0(1477)
广东	3.7	20.6	21.2	16.0	8.8	26.3	3.6	100.0(1347)
甘肃	4.0	19.2	16.9	23.0	6.3	27.9	2.8	100.0(1503)

就核心家庭来看，第二类核心家庭所占的比例最高，而第三类核心家庭的比例已经退居次席，也就是说"三口之家"成为核心家庭中的主流。

分地区来看，核心家庭和空巢家庭仍然是最主要的家庭类型，但是不同家庭类型在各地区的比例相差很大。首先，就核心家庭来看，在辽宁和上海，第一种和第二种核心家庭所占的比例很高，传统的第三种核心家庭的比例很低；而河南、广东和甘肃则呈现出完全相反的结果。就主干家庭来看，甘肃主干家庭的比例最高，而广东最低；就联合家庭来看，是广东所占的比例最高，而上海最低；就空巢家庭来看，是辽宁最高，广东最低；最后就独身家庭来看，则是上海最高，而甘肃最低。

区分城乡来看，如表12-7所示，农村地区的第三种核心家庭、主干家庭和联合家庭的比例明显高于城市地区，而前两种核心家庭和独身家庭的比例却显著地低。值得注意的是，平均来说农村地区空巢家庭的比例也要比城市高，这与近些年来大批农民工进城有关。

表 12-7　分城乡的家庭类型　　　　　　　　　　（单位:%）

城乡	核心1	核心2	核心3	主干	联合	空巢	独身	合计
城市	4.6	29.3	10.6	13.4	5.6	31.4	5.1	100.0(4431)
农村	3.5	18.5	15.8	17.4	9.3	33.7	1.8	100.0(4986)
全国	4.0	23.6	13.3	15.5	7.6	32.6	3.4	100.0(9417)

分地区和城乡比较不同家庭类型的分布,如表12-8所示,除上海以外,在其他各个省份,农村地区的第三种核心家庭、主干家庭和联合家庭的比例都比城市高;而前两种核心家庭和独身家庭的比例则是城市较高。就空巢家庭来看,在甘肃、河南和广东是农村地区比城市地区高,而辽宁是城市地区比农村地区高。

从上海的数据得出的结论与其他各省基本相同,但是也有特殊之处,比如上海第三种核心家庭和主干家庭的比例都是城市比农村高。但是如表12-8的最后一列显示,上海从事农业生产的家庭数量非常少,而且之前在描述家庭规模时也发现,上海城乡之间在家庭规模上的差异也很小,所以这里对上海进行城乡比较已经没有什么特别重要的意义。

表 12-8　分地区、城乡的家庭类型　　　　　　　　（单位:%）

	核心1	核心2	核心3	主干	联合	空巢	独身	合并
辽宁								
城市	5.8	33.6	2.2	12.6	2.4	37.3	6.2	100.0(828)
农村	4.0	23.7	9.5	22.1	5.8	34.0	1.0	100.0(624)
上海								
城市	5.7	29.9	2.2	20.2	3.2	33.3	5.4	100.0(1182)
农村	5.4	19.6	1.1	16.3	6.5	50.0	1.1	100.0(92)
河南								
城市	4.6	30.8	10.8	16.4	5.4	27.4	4.6	100.0(519)
农村	2.6	14.2	21.1	18.7	7.8	33.9	1.7	100.0(958)
广东								
城市	5.0	24.6	19.9	15.4	8.4	21.7	5.1	100.0(765)
农村	2.1	15.3	22.9	16.7	9.3	32.3	1.5	100.0(582)
甘肃								
城市	4.2	31.5	13.5	15.6	4.5	23.2	7.6	100.0(289)
农村	4.0	16.3	17.8	24.7	6.7	29.0	1.7	100.0(1211)
全国								
城市	4.6	29.3	10.6	13.4	5.6	31.4	5.1	100.0(4431)
农村	3.5	18.5	15.8	17.4	9.3	33.7	1.8	100.0(4986)

本 章 提 要

- 在家庭规模方面,数据显示我国平均家庭规模为 3.6 人。就不同地区来看,经济发达地区,比如上海的平均家庭规模比较小;而经济落后地区,比如甘肃的平均家庭规模比较大。广东的联合家庭的比例在全国最高,第三类核心家庭的比例也高,家庭规模也比较大。如果分城乡来看,无论是在全国,还是在各个地区,城市的家庭规模普遍要比农村小。

- 就代际结构来看,一代人家庭和两代人家庭所占的比例很高,而三代人以上家庭所占的比例已经比较小。在不同地区,在甘肃、河南,三代以上家庭所占的比例明显地高于上海、广东和辽宁。分城乡来看,在农村地区,三代人以上家庭所占的比例明显地高于城市地区。

- 就全国来看,核心家庭和空巢家庭的比例在所有家庭种类中分列前两位,而传统的主干家庭和联合家庭的比例已经退居次席。就不同地区来看,甘肃、河南和广东的第三类核心家庭、主干家庭和联合家庭的比例在各地区位居前列,而上海和辽宁则在前两类核心家庭上名列前茅。

- 城市在第三类核心家庭、主干家庭和联合家庭这三种传统家庭类型上的比例明显低于农村地区;而在前两类核心家庭、独身家庭这几种类型上,都是城市的比例比农村高。

- 农村地区出现相当比例的空巢家庭,在全国以及有的地区,比城市的空巢家庭比例更高。这和农村中有大量农民工进城务工有关。

第四部分　健康与医疗

第十三章 健康状况及评价

根据世界卫生组织的定义,健康包括身体、心理和社会康乐三方面内容。在此次调查的成人问卷中,我们对被访者的身体状态和精神健康状况进行了问询与测量,并让被访者对其健康概况进行了自我评价。

第一节 患病状况

一、患病情况的基本描述

本调查询问了被访者过去两周及过去两周至六个月中的患病情况。我们把"过去两周及两周至六个月均患病"的情况称为"近半年二度患病",虽然其中有人患病两次,有人患病两次以上,有人在较早时间患病一直拖延到两周内;把"过去两周患过病,但过去两周至六个月没有患过病"和"过去两周没患过病,但过去六个月患过病"称为"近半年一度患病";将两个阶段都没有患过病的称为"近半年未患病"。调查结果如表13-1。

表13-1 过去半年的患病状况　　　　　　　　　　（单位:%）

地区	近半年未患病	近半年一度患病	近半年二度患病	合计
全国	67.8	24.9	7.3	100.0(21572)
辽宁	65.1	27.3	7.6	100.0(3125)
上海	68.8	26.1	5.1	100.0(2925)
河南	62.8	28.6	8.7	100.0(3602)
广东	68.1	25.0	6.9	100.0(3061)
甘肃	59.5	29.1	11.5	100.0(3683)

表 13-1 中显示,就全国来讲,绝大多数被访者近半年以来没有患过疾病,但分别也有 25% 和 7% 左右的被访者近半年一度患病或二度患病。五个地区在过去半年的患病情况有显著差异,甘肃地区过去半年未患病的比例最低,上海最高。

就全国来讲,在所患疾病大类方面,患病比例最高的疾病为循环系统疾病,见表 13-2。

表 13-2 过去半年所患疾病类型 （单位:%）

疾病类型	所占比例
传染病	1.4
寄生虫病	0.1
恶性肿瘤	0.75
良性、原位及动态未定肿瘤	0.64
内分泌、营养和代谢疾病及免疫疾病	4.66
血液和造血器官疾病	4.96
精神病	0.64
神经系统疾病	3.4
眼及附器疾病	1.14
耳和乳突疾病	0.41
循环系统疾病	20.7
呼吸系统疾病	14.43
消化系统疾病	15.86
泌尿生殖系统疾病	5.37
妊娠、分娩病及产褥期并发症	0.29
皮肤和皮下组织疾病	1.37
肌肉、骨骼系统和结缔组织疾病	18.32
先天异常	0.16
损伤和中毒	1.84
其他	3.59
样本数	6294

我们进一步分地区分析了五个地区患病比例较高的具体疾病类型,并以全国患病比例前五名的疾病为依据,来比较这些疾病在各地的患病中的普遍情况。数据显示,在所患具体类型疾病方面,患病比例最高的疾病为高血压。见表 13-3。

表 13-3　具体患病类型

疾病类型	排名					
	全国	辽宁	上海	河南	广东	甘肃
高血压	1	1	1	1	4	3
急、慢性肠胃炎	2	4	2	3	1	1
椎间盘疾病	3	2	3	2	3	5
其他运动系病	4	6	5	4	7	2
类风湿性关节炎	5	8	8	7	2	4

二、性别与患病情况

就全国情况来看，女性在过去半年内的患病比例显著高于男性。五个地区来看，各地区男女两性患病比例差异均显著。见表 13-4。

表 13-4　按性别分组的患病情况　　　　　　（单位:%）

	未患病	患过病	合计
全国			
男	70.8	29.2	100.0(10434)
女	64.9	35.1	100.0(11132)
辽宁			
男	70.3	29.7	100.0(1486)
女	60.3	39.7	100.0(1639)
上海			
男	72.5	27.5	100.0(1428)
女	65.3	34.7	100.0(1497)
河南			
男	67.4	32.6	100.0(1722)
女	58.6	41.4	100.0(1880)
广东			
男	71.4	28.6	100.0(1498)
女	65.0	35.0	100.0(1562)
甘肃			
男	45.3	28.6	100.0(1800)
女	65.0	35.0	100.0(1883)

三、年龄与患病情况

全国调查数据显示：年龄越大，在过去半年内患过疾病的比例越高。分地区来看，也都是如此。见表13-5。

表13-5　不同年龄组的患病情况　　　　　　　　（单位:%）

	未患病	患过病	合计
全国			
30 岁以下	83.7	16.3	100.0(4195)
30—39	75.7	24.3	100.0(3902)
40—49	66.7	33.3	100.0(5039)
50—59	60.1	39.9	100.0(4103)
60—69	53.8	46.3	100.0(4333)
辽宁			
30 岁以下	79.3	20.7	100.0(507)
30—39	75.5	24.5	100.0(502)
40—49	66.8	33.2	100.0(710)
50—59	57.9	42.1	100.0(703)
60 岁以上	52.8	47.2	100.0(703)
上海			
30 岁以下	79.0	21.0	100.0(561)
30—39	78.2	21.8	100.0(390)
40—49	74.8	25.2	100.0(465)
50—59	66.4	33.6	100.0(664)
60 岁以上	56.2	43.8	100.0(845)
河南			
30 岁以下	82.0	18.0	100.0(711)
30—39	74.1	25.9	100.0(602)
40—49	62.7	37.3	100.0(866)
50—59	53.4	46.6	100.0(611)
60 岁以上	44.7	55.3	100.0(812)

（续表）

	未患病	患过病	合计
广东			
30 岁以下	83.5	16.5	100.0(665)
30—39	78.6	21.4	100.0(501)
40—49	67.0	33.0	100.0(721)
50—59	60.4	39.6	100.0(548)
60 岁以上	51.4	48.6	100.0(626)
甘肃			
30 岁以下	83.2	16.8	100.0(809)
30—39	65.5	34.5	100.0(675)
40—49	54.7	45.3	100.0(942)
50—59	44.7	55.3	100.0(618)
60 岁以上	44.4	55.6	100.0(639)

四、教育程度与患病情况

为了排除年龄结构的影响,我们将年龄进行直接标准化后再统计不同教育程度者的患病比例。结果见图 13-1。

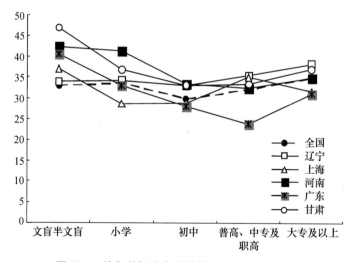

图 13-1　按年龄标准化后的教育程度与患病情况

图 13-2 是分年龄段考察总样本中不同教育程度与患病比例的关系。各教育程度群体的患病比例基本呈现随年龄增长而增长的趋势。

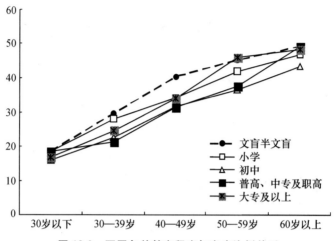

图 13-2　不同年龄教育程度与患病比例关系

五、职业与患病情况

就全国来讲,不同职业群体的患病比例有显著不同,患病比例最高的三个职业群体为:农林牧渔水利业生产人员、负责人、专业及技术人员。分地区来看,上海地区不同职业群体患病比例并未有显著不同,但是其他四个地区不同职业群体之间的患病比例存在显著差异。见表 13-6。

表 13-6　按职业类型分的患病情况　　　　　　　　　　（单位:%）

职业类型	未患病	患病	合计
全国			
负责人	71.2	28.8	100.0(577)
专业及技术人员	72.7	27.3	100.0(1240)
办事及相关人员	75.2	24.8	100.0(771)
服务人员	75.9	24.1	100.0(1478)
农林牧渔水利业生产人员	68.6	31.4	100.0(4933)
生产运输设备操作人员及有关人员	73.8	26.2	100.0(919)
其他	72.2	27.8	100.0(266)

(续表)

职业类型	未患病	患病	合计
辽宁			
负责人	81.0	19.0	100.0(63)
专业及技术人员	72.1	27.9	100.0(190)
办事及相关人员	72.2	27.8	100.0(79)
服务人员	67.2	32.8	100.0(229)
农林牧渔水利业生产人员	68.6	31.4	100.0(627)
生产运输设备操作人员及有关人员	78.7	21.3	100.0(127)
其他	57.8	42.2	100.0(90)
上海			
负责人	77.4	22.6	100.0(106)
专业及技术人员	77.5	22.5	100.0(253)
办事及相关人员	75.3	24.7	100.0(255)
服务人员	75.8	24.2	100.0(42)
农林牧渔水利业生产人员	76.9	23.1	100.0(65)
生产运输设备操作人员及有关人员	80.7	19.3	100.0(140)
其他	74.3	25.7	100.0(70)
河南			
负责人	70.1	29.9	100.0(67)
专业及技术人员	70.6	29.4	100.0(163)
办事及相关人员	73.0	27.0	100.0(126)
服务人员	73.5	26.5	100.0(268)
农林牧渔水利业生产人员	56.4	43.6	100.0(858)
生产运输设备操作人员及有关人员	71.8	28.2	100.0(103)
其他	72.0	28.0	100.0(25)
广东			
负责人	75.3	24.7	100.0(85)
专业及技术人员	78.8	21.2	100.0(170)
办事及相关人员	81.5	18.5	100.0(151)
服务人员	81.3	18.8	100.0(240)
农林牧渔水利业生产人员	60.9	39.1	100.0(604)
生产运输设备操作人员及有关人员	76.1	23.9	100.0(184)
其他	70.0	30.0	100.0(50)

(续表)

职业类型	未患病	患病	合计
甘肃			
负责人	70.7	29.3	100.0(41)
专业及技术人员	66.4	33.6	100.0(143)
办事及相关人员	59.1	40.9	100.0(44)
服务人员	70.3	29.7	100.0(128)
农林牧渔水利业生产人员	52.7	47.3	100.0(1352)
生产运输设备操作人员及有关人员	82.6	17.4	100.0(46)
其他	100.0	0.0	100.0(6)

六、户籍与患病情况

就全国而言,非农业户籍者的患病比例显著高于农业户籍者。分地区来看,上海与河南地区农业户籍者的患病比例显著高于非农业户籍者,河南地区的差异尤为显著。见表13-7。

表13-7 按户籍分组的患病情况　　　　（单位:%）

	未患病	患过病	合计
全国			
农业户籍	68.6	31.4	100.0(15481)
非农业户籍	65.6	34.4	100.0(6091)
辽宁			
农业户籍	66.2	33.8	100.0(1936)
非农业户籍	63.2	36.8	100.0(1189)
上海			
农业户籍	75.1	24.9	100.0(863)
非农业户籍	66.1	33.9	100.0(2061)
河南			
农业户籍	61.6	38.4	100.0(2651)
非农业户籍	65.9	34.1	100.0(951)
广东			
农业户籍	67.2	32.8	100.0(2133)
非农业户籍	70.3	29.7	100.0(928)

(续表)

	未患病	患过病	合计
甘肃			
农业户籍	58.9	41.1	100.0(3177)
非农业户籍	62.8	37.2	100.0(506)

第二节　精神健康情况

一、精神健康情况描述

与之前的调查一样,今年的调查也纳入了精神健康状况量表。被访者根据最近一个月的个人精神健康状况对多大程度符合量表中的表述进行评价。我们根据此量表,经过统计转换,得出一个在0—100之间的分值,作为衡量个体精神健康状况好坏的主要变量。分值越高,表明被访者的精神健康状况越好,反之越差。

图13-3显示的是全国及五个地区的精神健康状况得分情况。各地区之间精神健康状况得分差异显著。其中,上海地区的精神健康状况的得分最高,而甘肃的得分情况最低。

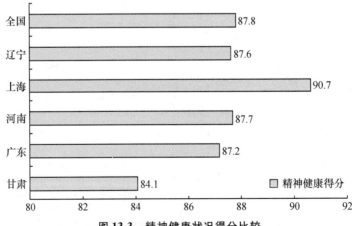

图13-3　精神健康状况得分比较

二、性别与精神健康状况

全国及五个地区的数据均显示,男性的精神健康状况得分显著高于女性。见图 13-4。

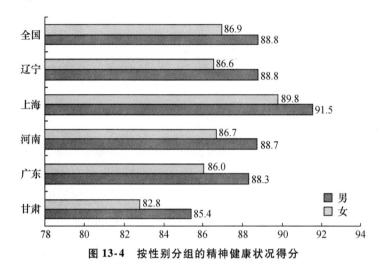

图 13-4　按性别分组的精神健康状况得分

图 13-5 显示的是分性别的年龄和精神健康状况情况。在各个年龄组,男性的精神健康状况得分都显著高于女性。

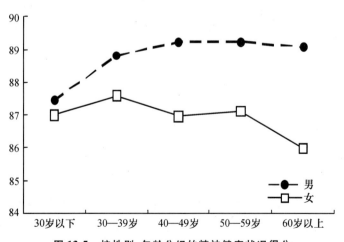

图 13-5　按性别、年龄分组的精神健康状况得分

三、年龄与精神健康状况

分地区考察年龄和精神健康状况得分的情况。就全国来看,60 岁之前精神健康得分随年龄的增长而变化不大。辽宁、河南、甘肃、广东的情况与全国情况类似,即精神健康得分随年龄的增长有波动,但变化不大。上海地区,精神健康得分随年龄增长而增加。见图 13-6。

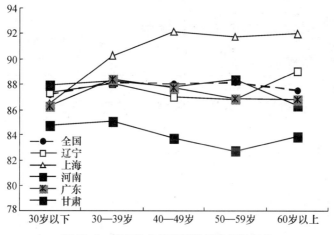

图 13-6 按年龄分组的精神健康状况得分

四、有无配偶与精神健康状况

全国来看,目前有配偶者的精神健康状况显著高于无配偶者的精神健康状况得分。分地区来看,除了甘肃以外,其他地区有配偶者的精神健康状况显著高于无配偶者的精神健康状况得分。甘肃地区,有配偶的精神健康状况得分略高于无配偶者的精神健康状况得分,但是这种差异并不显著。见图 13-7。

分年龄组来考察配偶情况与精神健康状况之间的关系,就全国来看,有配偶者精神健康状况得分在每个年龄组都高于无配偶者,这种差异在每个年龄组均显著,并且在 40—49 岁组尤为明显。见图 13-8。

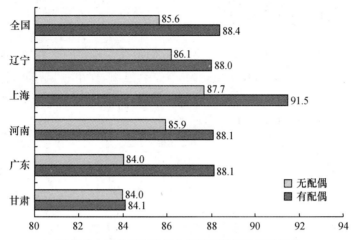

图 13-7 按是否有配偶分组的精神健康状况得分

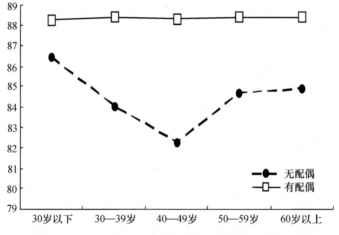

图 13-8 按年龄与有无配偶分组的精神健康状况得分

五、教育程度与精神健康状况

图 13-9 显示的是全国和分地区的教育程度与精神健康状况之间的关系。从全国的情况来看,教育程度与精神健康状况之间的关系呈现倒"U"型:初中教育水平者的精神健康状况得分最高,而更高和更低教育程度的精神健康状况都较之为差。

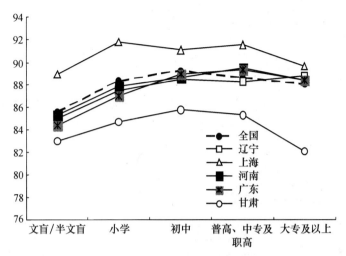

图 13-9 按教育程度分组的精神健康状况得分

六、职业与精神健康状况

按职业类型来考察精神健康状况水平，可见各职业间精神健康状况水平差异显著。除去其他职业类型，负责人精神健康得分最高，农林牧渔水利业生产人员精神健康得分最低。见图 13-10。

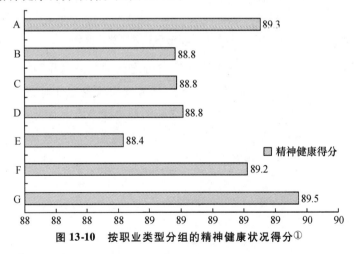

图 13-10 按职业类型分组的精神健康状况得分①

---

① A—G 对应的职业类型如下：A—负责人 B—专业及技术人员 C—办事及相关人员 D—服务人员 E—农林牧渔水利业生产人员 F—生产运输设备操作人员及有关人员 G—其他

七、户籍与精神健康状况

图13-11是城乡户籍在精神健康状况方面的差异情况。就全国来看,非农业户籍者的精神健康状况得分显著高于农业户籍者的精神健康状况得分。分地区来看,除甘肃地区非农业户籍者的精神健康状况得分与农业户籍者的精神健康状况得分没有显著差异之外,其他四个地区的情况均与全国类似,即非农业户籍者的精神健康状况得分显著高于农业户籍者。

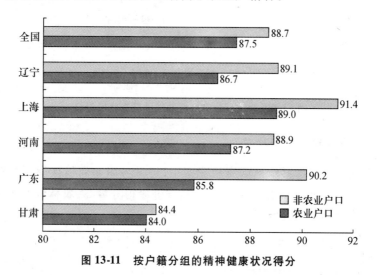

图13-11 按户籍分组的精神健康状况得分

分年龄段考察户籍与精神健康状况得分之间的关系可见,在30岁以下、30—39岁两个年龄组,农业户籍被访者的精神健康状况得分显著高于非农业户籍者;40—49岁年龄段内,两种户籍之间的精神健康状况得分无显著差异;在50—59岁以及60岁以上的两个年龄段内,非农业户籍的群体的精神健康状况得分显著高于农业户籍者。见图13-12。

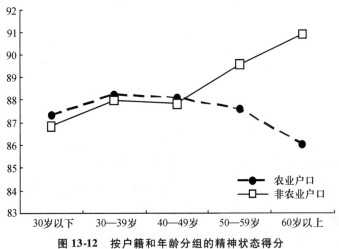

图 13-12　按户籍和年龄分组的精神状态得分

第三节　健康自评

一、健康自评状况

在调查时,被访者要求自我评价自己的健康程度,并根据"健康、一般、比较不健康、不健康、非常不健康"五个标准做出相应的选择。在分析数据时,我们将"比较不健康"、"不健康"以及"非常不健康"统归为"不健康"。将原来的五类标准重新划分为三类健康自评的标准即"健康"、"一般"、"不健康"进行描述。

在本次调查的全部成人样本中,就全国而言,有将近一半以上的被访者评价自身健康状况为"健康",也有16%左右的被访者评价自身的健康状况为"不健康"。而五个地区的健康自评存在显著差异。其中,甘肃地区自评为"健康"的比例最高,但同时,甘肃地区健康自评为"不健康"的比例也是五个地区中最高的。见表13-8。

表 13-8　健康自评的基本情况　　　　　　　　　　（单位:%）

地区	健康	一般	不健康	合计
全国	47.5	36.1	16.4	100.0(21565)
辽宁	43.2	41.5	15.3	100.0(3125)
上海	42.3	43.5	14.2	100.0(2924)
河南	48.0	34.1	17.9	100.0(3597)
广东	46.3	38.9	14.7	100.0(3060)
甘肃	50.7	27.4	21.9	100.0(3681)

全国以及五个地区绝大多数的被访者觉得目前的健康状况与一年前相比没有变化,但认为更差的比例远高于认为更好的。甘肃的被访者评价自己健康状况较一年前更好的比例高于其他几个地区,但与此同时,甘肃被访者评价自己健康较一年前更差的比例也高于其他几个地区的被访者。见表 13-9。

表 13-9　健康自评的变化描述　　　　　　　　　　（单位:%）

地区	更好	没有变化	更差	合计
全国	15.0	57.5	27.5	100.0(21564)
辽宁	15.5	54.5	29.9	100.0(3124)
上海	9.8	63.8	26.4	100.0(2924)
河南	16.3	54.6	29.1	100.0(3598)
广东	11.6	60.6	27.8	100.0(3059)
甘肃	18.5	46.1	35.4	100.0(3681)

二、性别与健康自评

全国以及几个地区的数据均反映,两性在健康自评情况上存在显著差异:男性在评价自己健康状况为"健康"的比例上高于女性,而评价自己健康状况为"不健康"的比例上低于女性,即男性的健康自评状况好于女性。见表 13-10。

表 13-10　分性别的健康自评　　　　　（单位:%）

	健康	一般	不健康	合计
全国				
男	49.5	35.0	15.5	100.0(10432)
女	41.8	38.9	19.3	100.0(11127)
辽宁				
男	48.7	39.7	11.6	100.0(1486)
女	38.3	43.1	18.6	100.0(1639)
上海				
男	46.0	41.6	12.4	100.0(1427)
女	38.7	45.4	15.9	100.0(1497)
河南				
男	52.7	33.1	14.2	100.0(1720)
女	43.6	35.1	21.3	100.0(1877)
广东				
男	49.4	38.1	12.5	100.0(1498)
女	43.4	39.7	16.9	100.0(1561)
甘肃				
男	54.6	27.5	17.9	100.0(1799)
女	47.0	27.3	25.7	100.0(1882)

三、年龄与健康自评

就全国而言,年龄越大,健康自评为健康的比例越低,自评为不健康的比例越高。这一趋势也普遍存在于五个地区。见表 13-11。

表 13-11　分年龄组的健康自评　　　　　（单位:%）

	健康	一般	不健康	合计
全国				
30 岁以下	69.9	26.9	3.2	100.0(4194)
30—39 岁	55.6	35.1	9.3	100.0(3901)
40—49 岁	45.6	38.9	15.6	100.0(5037)
50—59 岁	36.7	40.5	22.8	100.0(4101)
60 岁以上	31.0	38.4	30.6	100.0(4332)

(续表)

	健康	一般	不健康	合计
辽宁				
30岁以下	69.2	29.2	1.6	100.0(507)
30—39岁	56.6	34.9	8.6	100.0(502)
40—49岁	41.5	43.9	14.5	100.0(710)
50—59岁	33.0	45.8	21.2	100.0(703)
60岁以上	26.7	48.4	24.9	100.0(703)
上海				
30岁以下	65.2	31.6	3.2	100.0(561)
30—39岁	53.8	40.5	5.6	100.0(390)
40—49岁	43.4	46.2	10.3	100.0(465)
50—59岁	33.3	49.8	16.9	100.0(664)
60岁以上	28.1	46.4	25.5	100.0(844)
河南				
30岁以下	70.1	27.2	2.7	100.0(709)
30—39岁	57.6	32.6	9.8	100.0(601)
40—49岁	45.4	38.4	16.2	100.0(865)
50—59岁	39.6	37.3	23.1	100.0(611)
60岁以上	30.5	34.4	35.1	100.0(811)
广东				
30岁以下	69.3	26.3	4.4	100.0(665)
30—39岁	58.0	35.8	6.2	100.0(500)
40—49岁	44.1	43.1	12.8	100.0(721)
50—59岁	34.3	45.4	20.3	100.0(548)
60岁以上	25.7	44.2	30.0	100.0(626)
甘肃				
30岁以下	75.2	21.1	3.7	100.0(809)
30—39岁	55.7	28.4	15.9	100.0(675)
40—49岁	47.7	28.1	24.2	100.0(941)
50—59岁	35.1	33.7	31.2	100.0(618)
60岁以上	34.0	27.1	38.9	100.0(638)

四、教育与健康自评

基于全国情况,我们统计了各年龄组中不同教育程度者健康自评为"健康"和"不健康"的比例,并将之制作成图(图13-13 与图13-14)。各年龄段不同教育程度者之间的健康自评为"健康"的情况差异显著。而所有年龄段的各教育程度者之间的健康自评为"不健康"的情况差异亦显著。

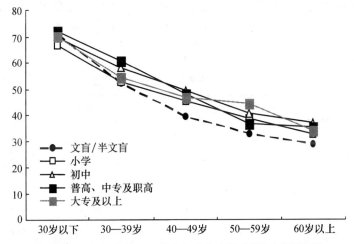

图13-13 各年龄段不同教育程度者自评为"健康"的比例

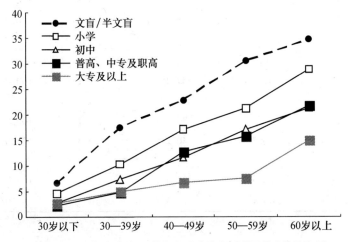

图13-14 各年龄段不同教育程度者自评为"不健康"的比例

五、户籍与健康自评

全国的情况显示,农业户籍者评价自己健康状况为"健康"与"不健康"的比例均高于非农业户籍者,但非农业户籍者在评价自己健康状况为"一般"的比例上高于农业户籍者且差异显著。分地区来看,上海和甘肃地区农业户籍者健康自评为"健康"的比例高于非农业户籍者,且差异显著。此情况也存在于除广东以外的其余两个地区。在广东地区,农业户籍者自评为"健康"的比例低于非农业户籍者,而自评为"不健康"的比例高于非农业户籍者。见表13-12。

表13-12 按户籍分组的健康自评状况 （单位:%）

	健康	一般	不健康	合计
全国				
农业户籍	48.2	34.0	17.7	100.0(15476)
非农业户籍	45.6	41.3	13.1	100.0(6089)
辽宁				
农业户籍	44.2	39.3	16.6	100.0(1936)
非农业户籍	41.6	45.2	13.2	100.0(1189)
上海				
农业户籍	47.3	37.0	15.8	100.0(863)
非农业户籍	40.1	46.3	13.5	100.0(2060)
河南				
农业户籍	46.5	33.1	20.4	100.0(2647)
非农业户籍	51.9	37.1	11.1	100.0(950)
广东				
农业户籍	44.5	38.4	17.1	100.0(2133)
非农业户籍	50.5	40.2	9.3	100.0(927)
甘肃				
农业户籍	50.9	25.4	23.7	100.0(3175)
非农业户籍	49.4	40.1	10.5	100.0(506)

第十三章 健康状况及评价

本 章 提 要

- 全国来讲,绝大多数被访者近半年以来没有患过疾病。五个地区在过去半年的患病情况有显著差异,甘肃地区过去半年未患病的比例最低,上海最高。全国来讲,在所患疾病大类方面,患病比例最高的疾病为循环系统疾病。在所患疾病具体类型方面,患病比例最高的疾病为高血压。全国以及五个地区来看,各地区男女两性患病比例差异均显著。

- 就全国来讲,不同职业群体的患病比例有显著不同,患病比例最高的三个职业群体为:农林牧渔水利业生产人员,负责人,专业及技术人员。

- 就全国而言,非农业户籍者的患病比例高于农业户籍者,而且差异显著。分地区来看,两种户籍类型的患病比例的显著差异只存在于上海与河南地区,在河南地区,农业户籍者的患病比例显著高于非农业户籍者。

- 全国及五个地区的数据均显示,男性的精神健康状况得分显著高于女性。在各个年龄组,男性的精神健康状况得分也都显著高于女性。就全国来看,60岁之前,精神健康得分随年龄的增长而变化不大。上海地区,精神健康得分随年龄增长而增加,而在河南地区精神健康得分随年龄增长先降后增。

- 全国以及除了甘肃以外的几个地区,有伴侣者的精神健康状况显著高于无伴侣者的精神健康状况得分。这种差异在每个年龄组均显著,并且在40—49岁组尤为明显。

- 全国的情况来看,教育程度与精神健康状况之间的关系呈现倒"U"型:初中教育水平者的精神健康状况得分最高,而更高和更低教育程度者的精神健康状况都较之更差。各职业间精神健康状况水平差异显著。除去其他职业类型,负责人精神健康得分最高,农林牧渔水利业生产人员精神健康得分最低。

- 就全国来看,非农业户籍者的精神健康状况得分显著高于农业户籍者的精神健康状况得分。分地区来看,除甘肃地区非农业户籍者的精神健康状况得分与农业户籍者的精神健康状况得分没有显著差异之外,其他四个地区的情况均与全国类似。在30岁以下、30—39岁两个年龄组,农业户籍被访者的精神健康状况得分显著高于非农业户籍者。40—49岁年龄段内,两种户籍之间的精神健康状况得分无显著差异。在50—59岁以及60岁以上的两个年龄段内,非农业户籍的群体的精神健康状况得分显著高于农业户籍者。

- 在本次调查的全部成人样本中,就全国而言有将近一半以上的被访者评价自身健康状况为"健康"。全国以及五个地区绝大多数的被访者觉得目前的健康状况与一年前相比没有变化。

- 全国以及几个地区的数据均显示,两性在健康自评情况上存在显著差异,且男性的健康自评的水平要高于女性。全国的情况显示,农业户籍者评价自己健康状况为"健康"与"不健康"的比例均高于非农业户籍者。除广东以外的其余四个地区农业户籍者健康自评为"健康"的比例高于非农业户籍者,且差异显著。在广东地区,农业户籍者自评为"健康"的比例低于非农业户籍者,而自评为"不健康"的比例高于非农业户籍者。

第十四章　患病处理行为、就医选择及医疗费用

第一节　患病处理行为与就医

患病处理行为和就医选择反映了个人的保健意识和其选择医疗机构或医疗方法的偏好,也反映了医疗资源的分布和质量。因为人们在患病时选择就医或者不就医、选择在怎样的医疗机构就医、选择接受怎样的治疗方法不仅是个人保健知识水平、对健康关注程度的体现,还受到医疗资源可及性、便捷性,医疗机构的服务质量等因素的影响。

一、患病处理行为

患病处理行为,顾名思义,指的是人们面对疾病的处理方式。本次调查通过询问被访者面对日常疾病的处理方式来考察患病处理行为。

从全国来看,只有三成左右的被访者表示在处理日常生病时会立刻去医院看病,有六成左右的被访者表示会自己找药或自己处理,还有2%左右的被访者表示不采取任何措施。五个地区的患病处理行为差异显著。河南地区有超过五成的被访者表示会立刻去医院看病,在五个地区中最高,而辽宁地区立刻去医院看病的被访者的比例最低,只有12%左右。见表14-1。

全国来看,在选择不立即去医院看病的被访者中,有五成以上的被访者表示不去医院看病的原因是觉得没有必要看病,也有大致三成左右的被访者表示,不去医院看病的原因是因为医疗费用太贵。分地区来看,五个地区之间不立即就医的原因存在显著差异。甘肃地区表示医疗费用太贵而不立即就医的被访者的比例高于其他几个地区,而上海地区表示医疗费用太贵而不立即就

表 14-1　处理日常生病行为选择　　　　　　　　　　　（单位：%）

地区	立刻去医院看病	自己找药或自己处理	不采取任何措施等病慢慢好	其他	合计
全国	31.7	60.2	2.1	6.0	100.0(21561)
辽宁	12.6	82.6	1.2	3.7	100.0(3124)
上海	28.2	63.8	1.5	6.4	100.0(2924)
河南	53.0	39.3	1.3	6.5	100.0(3596)
广东	42.0	53.2	1.5	3.3	100.0(3056)
甘肃	34.7	61.0	0.8	3.6	100.0(3680)

医的被访者的比例在五个地区为最低。河南地区觉得没必要看病的被访者的比例为五个地区中最高，甘肃地区觉得没有必要看病的被访者的比例为最低。见表 14-2。

表 14-2　不立即就医的原因　　　　　　　　　　　　　（单位：%）

地区	医疗费用太贵	离医院或其他医疗机构太远	无人陪同去医院	不相信医生自理	觉得没必要看病	其他	合计
全国	32.4	3.2	0.6	0.8	54.8	8.2	100.0(14723)
辽宁	36.9	1.8	0.1	0.7	50.5	10.0	100.0(2730)
上海	25.6	3.4	0.5	1.0	55.3	14.2	100.0(2098)
河南	33.4	1.1	0.4	0.5	57.3	7.3	100.0(1688)
广东	38.3	1.8	0.5	0.7	51.3	7.4	100.0(1769)
甘肃	39.8	9.9	0.4	0.6	42.1	7.3	100.0(2404)

本次调查中涉及了医疗点的远近与便捷度的问题，询问了被访者距离其家庭最近的医疗点的距离以及到达最近医疗点最快的时间，具体情况可以参见前面章节的讨论。

二、就医选择

在本次调查中，被访者的就医选择涉及对医疗机构的选择以及对中医疗法的选择。在调查中，医疗机构的选择主要有以下几种：综合医院、专科医院、社区卫生服务中心/乡卫生院、社区卫生服务站/村卫生室、诊所。在分析过程中，我们将"社区卫生服务中心/乡卫生院"、"社区卫生服务站/村卫生室"统归为社区医疗机构。

从全国来看,在选择立即上医院看病的样本中,被访者对医疗机构的选择主要集中在社区医疗机构,超过六成;其次为诊所,有大致1/4。各地区之间,就医地点的选择存在显著差异。辽宁地区选择在社区医疗机构就医的比例为五个地区间最高;而甘肃地区选择在社区医疗机构就医的比例为五个地区中最低。上海地区选择在综合大医院就医的比例为五个地区中最高,河南地区为最低。选择专科医院方面,上海地区的比例最高,河南地区的比例最低;选择诊所就医方面,甘肃地区的比例最高,上海地区的比例最低,只有1%。见表14-3。

表14-3 就医选择基本描述 （单位:%）

地区	综合大医院	专科医院	社区医疗机构	诊所	合计
全国	13.3	1.4	61.4	24.0	100.0(6826)
辽宁	10.6	2.1	66.7	20.6	100.0(393)
上海	31.5	3.4	63.9	1.1	100.0(825)
河南	4.0	0.9	60.7	34.3	100.0(1905)
广东	14.5	1.9	53.0	30.5	100.0(1283)
甘肃	9.0	1.6	47.2	42.1	100.0(1276)

在对就医地点医疗条件的满意程度方面,从全国来看,对于各类医疗机构医疗条件的满意程度差异显著,对综合大医院的满意程度最高,而对于诊所的满意程度最低。分地区来看,辽宁和上海地区对于各类医疗机构的医疗条件的满意程度差异并不显著。而在河南、广东和甘肃地区,这种差异显著。见表14-4。

表14-4 对就医地点医疗条件的满意程度 （单位:%）

	满意	一般	不满意	合计
全国				
综合大医院	64.6	29.6	5.8	100.0(746)
专科医院	58.8	32.9	8.2	100.0(85)
社区医疗机构	55.1	39.9	5.0	100.0(4202)
诊所	49.1	44.6	6.3	100.0(1792)

(续表)

	满意	一般	不满意	合计
辽宁				
综合大医院	56.7	26.7	16.7	100.0(30)
专科医院	40.0	60.0	0.0	100.0(10)
社区医疗机构	61.2	33.7	5.1	100.0(255)
诊所	57.3	37.5	5.2	100.0(96)
上海				
综合大医院	56.1	33.7	10.2	100.0(255)
专科医院	57.1	40.0	2.9	100.0(35)
社区医疗机构	50.5	40.2	9.3	100.0(527)
诊所	33.3	50.0	16.7	100.0(6)
河南				
综合大医院	67.8	25.6	6.7	100.0(90)
专科医院	65.0	35.0	0.0	100.0(20)
社区医疗机构	58.6	35.9	5.4	100.0(1139)
诊所	51.8	42.6	5.7	100.0(653)
广东				
综合大医院	51.9	40.5	7.6	100.0(185)
专科医院	57.9	31.6	10.5	100.0(19)
社区医疗机构	41.9	51.1	7.0	100.0(687)
诊所	31.8	58.9	9.3	100.0(387)
甘肃				
综合大医院	86.7	7.8	5.6	100.0(90)
专科医院	73.7	21.1	5.3	100.0(19)
社区医疗机构	61.7	32.8	5.5	100.0(671)
诊所	64.9	30.4	4.6	100.0(496)

在对于就医地点医疗水平的评价方面,全国来看,存在显著差异:对于专科医院医疗水平评价为"好"的比例要高于其他几种类型的医疗机构。分地区来看,除河南地区以外,其余四个地区的被访者对于不同医疗地点的医疗水平的评价存在显著差异,而除了甘肃地区以外,对于专科医院医疗水平评价为"好"的比例均高于对于综合大医院医疗水平评价为"好"的比例。见表14-5。

表 14-5　对就医地点医疗水平的评价　　　　（单位：%）

	好	一般	不好	合计
全国				
综合大医院	47.8	47.2	5.0	100.0(744)
专科医院	54.1	41.2	4.7	100.0(85)
社区医疗机构	36.4	58.3	5.2	100.0(4194)
诊所	34.1	60.0	5.9	100.0(1792)
辽宁				
综合大医院	43.3	50.0	6.7	100.0(30)
专科医院	60.0	40.0	0.0	100.0(10)
社区医疗机构	47.1	49.0	3.9	100.0(255)
诊所	37.5	56.3	6.3	100.0(96)
上海				
综合大医院	44.9	45.7	9.4	100.0(254)
专科医院	57.1	42.9	0.0	100.0(35)
社区医疗机构	34.5	54.9	10.6	100.0(528)
诊所	0.0	83.3	16.7	100.0(6)
河南				
综合大医院	53.3	43.3	3.3	100.0(90)
专科医院	55.0	45.0	0.0	100.0(20)
社区医疗机构	41.5	52.0	6.5	100.0(1140)
诊所	35.9	56.4	7.6	100.0(654)
广东				
综合大医院	36.7	59.0	4.3	100.0(188)
专科医院	42.1	47.4	10.5	100.0(19)
社区医疗机构	30.2	64.3	5.6	100.0(683)
诊所	25.2	66.8	8.1	100.0(385)
甘肃				
综合大医院	80.0	18.9	1.1	100.0(90)
专科医院	57.9	42.1	0.0	100.0(19)
社区医疗机构	43.2	50.5	6.3	100.0(671)
诊所	55.2	41.7	3.0	100.0(496)

在中医的选择方面,就全国来讲,有超过五成的被访者表示会选择中医治疗,1/3左右的被访者明确表示不会,还有13%左右的被访者表示无所谓。各地区之间,中医选择情况差异显著。甘肃地区,表示会选择中医进行治疗的被访者的比例最高,高达75%左右,河南地区的比例为最低,不到五成。上海地区明确表示不会选择中医进行治疗的被访者的比例最高,而甘肃地区明确表示不会接受中医治疗的被访者的比例最低。见表14-6。

表14-6 中医选择的基本描述 （单位:%）

地区	会	不会	无所谓	合计
全国	51.3	34.0	14.7	100.0(6820)
辽宁	52.8	37.8	9.4	100.0(392)
上海	51.9	37.9	10.2	100.0(826)
河南	44.6	37.4	18.1	100.0(1900)
广东	58.3	26.1	15.6	100.0(1282)
甘肃	76.1	19.5	4.4	100.0(1276)

第二节 患病处理行为和就医选择的相关因素

本节将从性别、教育程度、城乡户籍三个方面探讨不同群体在患病处理行为和就医选择方面的差异。

一、性别

全国数据显示,两性在患病处理行为方面存在显著差异:女性立刻去医院看病的比例要高于男性。两性在患病处理行为方面的这种显著差异也同样存在于除上海和河南以外的其他三个地区。在上海和河南地区,两性的患病处理行为的差异并不显著。见表14-7。

在就医选择方面,从全国数据来看,两性的差异并不显著。分地区来看,两性就医选择的差异仅在上海一地显著:男性选择综合大医院作为就医地点的比例要远高于女性,而女性选择社区医疗机构作为就医地点的比例要远高于男性。见表14-8。

第十四章 患病处理行为、就医选择及医疗费用

表 14-7 性别与患病处理行为 （单位：%）

	立刻去医院看病	自己找药或自己处理	不采取任何措施等病慢慢好	其他	合计
全国					
男	30.2	60.1	2.2	7.6	100.0(10430)
女	33.0	60.3	2.1	4.6	100.0(11125)
辽宁					
男	12.9	80.8	1.5	4.8	100.0(1486)
女	12.3	84.2	0.8	2.7	100.0(1638)
上海					
男	27.0	64.3	1.4	7.3	100.0(1427)
女	29.5	63.3	1.7	5.6	100.0(1497)
河南					
男	50.6	41.0	1.3	7.0	100.0(1720)
女	55.2	37.7	1.2	5.9	100.0(1876)
广东					
男	40.1	53.8	1.8	4.3	100.0(1494)
女	43.9	52.6	1.2	2.4	100.0(1561)
甘肃					
男	33.5	61.2	1.1	4.2	100.0(1799)
女	35.8	60.7	0.5	3.0	100.0(1881)

表 14-8 性别与就医选择 （单位：%）

	综合大医院	专科医院	社区医疗机构	诊所	合计
全国					
男	11.5	1.2	60.9	25.1	100.0(3150)
女	10.5	1.3	62.1	23.1	100.0(3674)
辽宁					
男	8.3	1.6	66.1	21.4	100.0(192)
女	7.0	3.5	64.2	19.8	100.0(201)
上海					
男	34.3	3.1	61.6	1.1	100.0(385)
女	28.2	5.2	66.1	1.2	100.0(440)

(续表)

	综合大医院	专科医院	社区医疗机构	诊所	合计
河南					
男	4.6	1.1	60.6	34.2	100.0(871)
女	4.8	1.0	59.2	34.4	100.0(1034)
广东					
男	14.4	1.5	53.4	29.9	100.0(599)
女	14.8	1.5	54.0	31.2	100.0(683)
甘肃					
男	7.1	2.0	52.6	41.2	100.0(603)
女	7.0	1.0	52.6	42.9	100.0(673)

在全国以及除辽宁以外的四个地区,两性在中医选择方面不存在显著的差异。见14-9。

表14-9 性别与中医选择　　　　　　　　　　（单位:%）

	会	不会	无所谓	合计
全国				
男	51.0	33.5	15.5	100.0(3146)
女	51.5	34.5	13.9	100.0(3672)
辽宁				
男	51.0	35.4	13.5	100.0(192)
女	54.5	40.0	5.5	100.0(200)
上海				
男	49.9	40.0	10.1	100.0(385)
女	53.7	36.1	10.2	100.0(441)
河南				
男	45.2	35.4	19.3	100.0(869)
女	44.0	39.0	17.0	100.0(1031)
广东				
男	59.4	25.8	14.9	100.0(598)
女	57.4	26.4	16.3	100.0(683)
甘肃				
男	76.8	17.9	5.3	100.0(603)
女	75.5	21.0	3.6	100.0(673)

二、教育程度

在患病处理行为上,不论是全国还是五个地区,不同教育程度的群体之间存在显著差异。从全国来看,初中及以下教育水平被访者选择立刻去医院看病的比例要远高于大专及以上教育水平被访者,这种情况也普遍存在于五个地区。同时,全国数据显示,教育程度越高,被访者表示自己找药或自己处理的比例就越高。见14-10。

表14-10 教育程度与患病处理行为 (单位:%)

	立刻去医院看病	自己找药或自己处理	其他	不采取任何措施等病慢慢好	合计
全国					
文盲/半文盲	36.4	52.4	4.0	7.1	100.0(6423)
小学	34.1	58.2	1.6	6.1	100.0(4561)
初中	32.0	61.4	1.2	5.4	100.0(6301)
普高、中专及职高	22.7	70.4	1.6	5.3	100.0(2842)
大专及以上	18.9	75.3	0.6	5.2	100.0(1432)
辽宁					
文盲/半文盲	14.8	82.3	1.1	1.8	100.0(549)
小学	17.2	78.4	1.4	3.0	100.0(777)
初中	11.3	83.5	0.8	4.4	100.0(1121)
普高、中专及职高	7.0	86.2	1.9	4.8	100.0(413)
大专及以上	8.3	85.6	0.8	5.3	100.0(264)
上海					
文盲/半文盲	43.4	48.2	2.5	6.0	100.0(521)
小学	34.1	58.4	2.2	5.3	100.0(361)
初中	26.8	64.6	1.8	6.8	100.0(902)
普高、中专及职高	21.9	70.6	0.9	6.6	100.0(653)
大专及以上	18.3	74.4	0.4	6.9	100.0(480)
河南					
文盲/半文盲	61.2	29.6	1.9	7.3	100.0(984)
小学	58.3	34.4	1.4	5.8	100.0(761)
初中	51.3	41.5	1.0	6.2	100.0(1120)
普高、中专及职高	39.7	52.8	1.0	6.5	100.0(489)
大专及以上	37.6	56.2	0.0	6.2	100.0(242)

（续表）

	立刻去医院看病	自己找药或自己处理	其他	不采取任何措施等病慢慢好	合计
广东					
文盲/半文盲	49.7	45.4	1.4	3.4	100.0(907)
小学	42.5	52.8	1.3	3.3	100.0(691)
初中	40.7	54.4	1.9	3.0	100.0(831)
普高、中专及职高	35.7	60.4	0.9	3.0	100.0(437)
大专及以上	24.2	69.5	1.6	4.7	100.0(190)
甘肃					
文盲/半文盲	39.2	56.8	1.0	3.0	100.0(1689)
小学	35.0	60.9	0.5	3.6	100.0(662)
初中	31.9	63.4	0.6	4.0	100.0(770)
普高、中专及职高	28.3	66.2	0.8	4.8	100.0(396)
大专及以上	14.7	80.4	0.6	4.3	100.0(163)

从全国来看，各教育程度人群在就医选择方面存在显著差异。教育程度越高，选择综合大医院进行就医的比例越高。分地区来看，五个地区各教育程度被访者在就医选择方面均存在显著差异，差异的大致情况和全国类似，即教育程度越高，选择综合大医院的比例越高。见表14-11。

表14-11 教育程度与就医选择　　　　　　　　　　（单位：%）

	综合大医院	专科医院	社区医疗机构	诊所	合计
全国					
文盲/半文盲	9.3	0.7	66.1	24.0	100.0(2337)
小学	8.6	0.7	64.1	26.6	100.0(1555)
初中	10.2	1.2	59.7	28.9	100.0(2017)
普高、中专及职高	15.2	3.3	54.3	27.3	100.0(645)
大专及以上	34.3	4.4	38.7	22.5	100.0(271)
辽宁					
文盲/半文盲	4.9	1.2	67.9	25.9	100.0(81)
小学	1.5	0.7	76.1	21.6	100.0(134)
初中	11.0	2.4	61.4	25.2	100.0(127)
普高、中专及职高	13.8	6.9	34.5	44.8	100.0(29)
大专及以上	27.3	13.6	50.0	9.1	100.0(22)

(续表)

	综合大医院	专科医院	社区医疗机构	诊所	合计
上海					
文盲/半文盲	15.0	1.3	83.2	0.4	100.0(226)
小学	17.1	4.1	78.0	0.8	100.0(123)
初中	34.3	4.1	59.9	1.7	100.0(242)
普高、中专及职高	45.8	6.3	47.9	0.0	100.0(142)
大专及以上	59.1	9.1	31.8	0.0	100.0(88)
河南					
文盲/半文盲	2.3	0.3	64.6	32.8	100.0(601)
小学	3.4	0.7	60.1	35.8	100.0(444)
初中	3.3	1.0	61.2	34.4	100.0(575)
普高、中专及职高	12.9	1.5	47.9	37.6	100.0(194)
大专及以上	18.7	6.6	44.0	30.8	100.0(91)
广东					
文盲/半文盲	10.4	0.7	58.7	30.2	100.0(450)
小学	13.3	1.4	56.1	29.3	100.0(294)
初中	19.0	0.6	49.9	30.6	100.0(337)
普高、中专及职高	13.5	4.5	51.3	30.8	100.0(156)
大专及以上	37.0	6.5	26.1	30.4	100.0(46)
甘肃					
文盲/半文盲	3.5	0.8	56.3	39.4	100.0(662)
小学	5.6	1.3	55.2	37.9	100.0(232)
初中	11.4	1.6	46.7	40.2	100.0(246)
普高、中专及职高	17.0	5.4	43.8	33.9	100.0(112)
大专及以上	29.2	4.2	25.0	41.7	100.0(24)

对中医的选择,从全国来看,不同教育程度被访者存在显著的差异,教育程度越高的人群选择中医的比例越高。分地区来看,仅有上海和河南地区各教育程度被访者在中医选择方面差异显著。见表14-12。

表 14-12　教育程度与中医选择　　　　　　　　（单位:%）

	会	不会	无所谓	合计
全国				
文盲/半文盲	49.4	33.9	16.7	100.0(2333)
小学	51.6	35.0	13.4	100.0(1553)
初中	50.1	34.7	15.3	100.0(2017)
普高、中专及职高	55.3	33.5	11.2	100.0(645)
大专及以上	64.2	26.9	8.9	100.0(271)
辽宁				
文盲/半文盲	51.9	44.4	3.7	100.0(81)
小学	46.6	39.9	13.5	100.0(133)
初中	55.9	34.6	9.4	100.0(127)
普高、中专及职高	51.7	37.9	10.3	100.0(29)
大专及以上	77.3	18.2	4.5	100.0(22)
上海				
文盲/半文盲	56.6	29.6	13.7	100.0(226)
小学	43.1	48.8	8.1	100.0(123)
初中	55.0	36.8	8.3	100.0(242)
普高、中专及职高	46.2	44.8	9.1	100.0(143)
大专及以上	54.5	34.1	11.4	100.0(88)
河南				
文盲/半文盲	45.3	34.9	19.8	100.0(596)
小学	41.0	41.7	17.3	100.0(444)
初中	42.8	37.7	19.5	100.0(575)
普高、中专及职高	46.9	38.1	14.9	100.0(194)
大专及以上	63.7	28.6	7.7	100.0(91)
广东				
文盲/半文盲	55.0	25.4	19.6	100.0(449)
小学	59.0	26.3	14.7	100.0(293)
初中	60.9	26.6	12.4	100.0(338)
普高、中专及职高	60.3	27.6	12.2	100.0(156)
大专及以上	58.7	23.9	17.4	100.0(46)

(续表)

	会	不会	无所谓	合计
甘肃				
文盲/半文盲	74.2	20.2	5.6	100.0(662)
小学	81.9	15.9	2.2	100.0(232)
初中	76.4	21.1	2.4	100.0(246)
普高、中专及职高	75.9	17.9	6.3	100.0(112)
大专及以上	70.8	25.0	4.2	100.0(24)

三、城乡户籍

数据显示，从全国来看，不同户籍者在患病处理行为方面差异显著。农业户籍被访者中立刻去医院就医的比例要高于非农业户籍者。而非农业户籍被访者中自己找药或自己处理的比例要高于农业户籍者。分地区来看，五个地区不同户籍的患病处理行为存在显著差异，且差异情况与全国类似。见表14-13。

表14-13 户籍与患病处理行为　　　　　　（单位:%）

	立刻去医院看病	自己找药或自己处理	不采取任何措施等病慢慢好	其他	合计
全国					
农业户籍	37.0	54.0	2.5	6.6	100.0(15474)
非农业户籍	18.1	75.9	1.3	4.7	100.0(6087)
辽宁					
农业户籍	16.1	79.9	1.1	2.9	100.0(1935)
非农业户籍	6.9	86.9	1.3	5.0	100.0(1189)
上海					
农业户籍	32.7	58.9	1.0	7.4	100.0(863)
非农业户籍	26.4	65.8	1.7	6.0	100.0(2060)
河南					
农业户籍	61.0	30.8	1.5	6.8	100.0(2647)
非农业户籍	30.8	63.0	0.7	5.5	100.0(949)

（续表）

	立刻去医院看病	自己找药或自己处理	不采取任何措施等病慢慢好	其他	合计
广东					
农业户籍	47.2	48.0	1.5	3.4	100.0(2131)
非农业户籍	30.3	65.2	1.4	3.1	100.0(925)
甘肃					
农业户籍	37.2	58.4	0.9	3.5	100.0(3174)
非农业户籍	18.8	76.7	0.4	4.2	100.0(506)

我们进一步按是否参加农村合作医疗来区分农业户籍，参加农村合作医疗的被访者立即去医院看病的比例显著高于未参加合作医疗的被访者。见表14-14。

表14-14 是否参加农村合作医疗与患病处理行为　　　（单位:%）

	立刻去医院看病	自己找药或自己处理	不采取任何措施等病慢慢好	其他	总计
全国					
未参加	23.5	69.7	1.6	5.3	100.0(9018)
参加	37.6	53.4	2.6	6.5	100.0(12543)
辽宁					
未参加	8.0	86.5	1.0	4.5	100.0(1525)
参加	16.9	78.8	1.3	3.0	100.0(1599)
上海					
未参加	26.6	65.5	1.5	6.4	100.0(2553)
参加	39.6	51.8	1.9	6.7	100.0(371)
河南					
未参加	38.6	54.6	0.9	5.8	100.0(1281)
参加	61.0	30.8	1.5	6.8	100.0(2315)
广东					
未参加	36.3	58.8	1.3	3.7	100.0(1472)
参加	47.4	48.0	1.6	3.0	100.0(1584)
甘肃					
未参加	28.2	66.4	0.7	4.7	100.0(1045)
参加	37.2	58.8	0.8	3.2	100.0(2635)

在就医选择方面,从全国来看,两种户籍类型之间存在显著差异。非农业户籍的群体选择综合大医院进行就医的比例远高于农业户籍者。农业户籍者选择社区医疗机构的比例要高于非农业户籍者。分地区来看,户籍类型在就医选择方面的差异在五个地区均显著,且情况与全国类似。见表14-15。

表 14-15　户籍与就医选择　　　　　　　　　　　（单位:%）

	综合大医院	专科医院	社区医疗机构	诊所	合计
全国					
农业户籍	7.8	0.9	65.1	26.3	100.0(5724)
非农业户籍	27.4	3.1	43.3	26.2	100.0(1102)
辽宁					
农业户籍	2.6	1.9	69.8	25.7	100.0(311)
非农业户籍	26.8	4.9	47.6	20.7	100.0(82)
上海					
农业户籍	18.8	3.9	75.5	1.8	100.0(282)
非农业户籍	37.4	4.4	58.0	0.2	100.0(543)
河南					
农业户籍	2.0	0.4	65.0	32.5	100.0(1613)
非农业户籍	19.5	4.8	31.2	44.5	100.0(292)
广东					
农业户籍	9.0	0.7	61.1	29.2	100.0(1003)
非农业户籍	35.0	4.3	27.1	33.6	100.0(280)
甘肃					
农业户籍	6.0	1.3	54.1	38.6	100.0(1181)
非农业户籍	20.0	4.2	33.7	42.1	100.0(95)

从全国来看,两种户籍类型之间在中医选择方面存在显著差异,非农业户籍的被访者选择中医的比例显著高于农业户籍的被访者。分地区来看,仅仅在上海地区农业户籍被访者选择中医的比例高于非农业户籍被访者,但同时,农业户籍被访者明确表示不会选择中医的比例也高于非农业户籍的被访者。见表14-16。

表 14-16　户籍与中医选择　　　　　　　　　　　　（单位:%）

	会	不会	无所谓	合计
全国				
农业户籍	49.9	34.5	15.7	100.0(5719)
非农业户籍	58.6	31.8	9.6	100.0(1101)
辽宁				
农业户籍	51.6	39.0	9.4	100.0(310)
非农业户籍	57.3	32.9	9.8	100.0(82)
上海				
农业户籍	53.9	30.5	15.6	100.0(282)
非农业户籍	50.9	41.7	7.4	100.0(544)
河南				
农业户籍	44.0	37.1	18.9	100.0(1608)
非农业户籍	47.9	38.7	13.4	100.0(292)
广东				
农业户籍	57.0	26.2	16.8	100.0(1002)
非农业户籍	62.9	25.7	11.4	100.0(280)
甘肃				
农业户籍	75.7	19.7	4.6	100.0(1181)
非农业户籍	81.1	16.8	2.1	100.0(95)

第三节　医疗费用

一、住院费用

本次调查询问了被访者有关住院及相关费用的情况。首先,我们统计了过去一年内被访者住院的情况。不论是全国还是五个子地区,九成以上的被访者表示在过去一年内没有住过院。各地区住院率方面存在显著差异,甘肃地区被访者的住院率最高(9.1%),而广东地区被访者的住院率最低(5.9%)。

进一步,我们分析了在过去一年内有过住院经历的被访者的住院期间的与医疗相关的开销状况。全国来看,住院者的住院总费用的均值大致为8655元左右,医疗总费用的均值为6669元,住宿吃饭的总费用的均值大致为569元。分地区来看,住院总费用方面,上海地区的均值最高,河南地区的均值最低;医疗总费用方面,上海地区的均值最高,河南地区的均值最低;住宿吃饭看护费用方面,上海地区均值最高,河南地区均值最低。在所统计的三种住院相关的花销方面,辽宁和上海地区的中位数要高于其他几个地区。

表14-17 住院相关费用 (单位:元)

省份	中位数	均值	标准差	最大值	样本量
住院总费用					
全国	3235	8655	5452	268900	1684
辽宁	6000	9793	4591	110000	233
上海	7000	14684	7351	205400	226
河南	3000	5278	2758	70000	319
广东	4000	10926	5845	161000	179
甘肃	3500	6715	4483	173000	336
医疗总费用					
全国	2500	6669	14042	150000	1684
辽宁	5000	8321	13031	100000	233
上海	4000	9205	14969	120500	226
河南	2200	4145	6981	68000	319
广东	2700	8175	18119	152000	179
甘肃	2500	5140	9465	98000	336
住宿吃饭看护费用					
全国	250	569	250	31000	1684
辽宁	400	430	400	10000	233
上海	370	731	370	18000	226
河南	150	255	150	8000	319
广东	200	400	200	10000	179
甘肃	300	359	300	8000	336

在住院费用支付时,全国和五个地区均显示,本人及其配偶是费用的主要承担者。各地区之间主要支付者的情况存在显著差异,上海地区子女或其他

家属为主要支付者的比例最低,河南地区最高。见表14-18。

表14-18　住院费用的主要支付者　　　　　　　　　（单位:%）

	本人	配偶或夫妻一起	子女	其他亲属	合计
全国	35.9	35.8	19.7	8.6	100.0(1572)
辽宁	42.7	33.6	17.5	6.2	100.0(211)
上海	51.2	32.9	11.7	4.2	100.0(213)
河南	29.9	35.6	25.5	9.1	100.0(298)
广东	31.5	35.2	18.5	14.8	100.0(162)
甘肃	27.1	40.6	20.6	11.6	100.0(310)

全国来看,被访者中有超过五成的被访者表示住院费用严重或轻微超过自己的支付能力。除上海以外的四个地区,也均有超过五成的被访者表示住院费用严重或轻微超过自己的支付能力。上海地区,仅有不到四成左右的被访者表示住院费用严重或轻微超过自己的支付能力。

表14-19　住院费用的支付能力评价　　　　　　　　（单位:%）

地区	严重超过	轻微超过	尚能支付	能够支付	只占个人支付能力的一小部分	合计
全国	32.9	19.7	20.0	23.0	4.5	100.0(1567)
辽宁	34.6	19.9	15.6	25.1	4.7	100.0(211)
上海	28.5	11.7	26.2	24.3	9.3	100.0(214)
河南	32.6	20.5	21.5	21.5	4.0	100.0(298)
广东	36.9	21.9	16.9	16.9	7.5	100.0(160)
甘肃	35.5	22.9	19.4	18.4	3.9	100.0(310)

二、医疗福利及保险的提供

在非农业户籍者的样本中,从全国来看,仅有1/4左右的居民享受到调查所统计的四种医疗保险。分地区来看,四种医疗保险的享受程度在地区之间存在显著差异:上海地区被访者在享受四种医疗福利方面的比例均高于其他四个地区。见表14-20。

表 14-20 非农业户籍者获得医疗福利的情况　　　　　　（单位:%）

地区	公费医疗	城镇职工医疗保险	城镇居民医疗保险	补充医疗保险	样本量
全国	4.8	10.4	6.2	1.2	32104
辽宁	7.9	19.4	3.3	1.4	3090
上海	7.8	20.9	31.5	3.4	1753
河南	3.8	10.4	4.3	0.8	3614
广东	3.2	10.0	10.1	1.2	2947
甘肃	2.1	5.6	2.4	0.6	3654

在农业户籍被访者中,全国参加农村合作医疗的比例超过一半。分地区来看,各地区之间参加农村合作医疗的比例存在显著差异。辽宁地区参加的比例最高,上海地区参加的比例最低。见表 14-21。

表 14-21 农业户籍者参加合作医疗的情况　　　　　　（单位:%）

地区	未参加合作医疗	参加合作医疗	合计
全国	22.5	77.5	100.0(15481)
辽宁	19.6	80.4	100.0(1936)
上海	68.3	31.8	100.0(863)
河南	15.2	84.8	100.0(2651)
广东	28.6	71.4	100.0(2133)
甘肃	18.5	81.5	100.0(3177)

本 章 提 要

• 从全国来看,超过半数的被访者表示在患病时会首先采取自己找药或自己处理的方式来应对。在选择不立即去医院看病的被访者中,有五成以上的被访者表示不去医院看病的原因是觉得没有必要看病。分地区来看,五个地区之间不立即就医的原因存在显著差异。甘肃地区表示医疗费用太贵而不立即就医的被访者的比例高于其他几个地区,而上海地区表示医疗费用太贵而不立即就医的被访者的比例在五个地区为最低。两性在患病处理行为方面存在显著差异:女性立刻去医院看病的比例要高于男性。

- 从全国来看，在选择立即上医院看病的样本中，被访者对医疗机构的选择主要集中在社区医疗机构，超过六成。对就医地点医疗条件的满意程度方面，就全国而言，对综合大医院的满意程度最高，而对于诊所的满意程度最低。在医疗水平方面，对于专科医院医疗水平评价为"好"的比例要高于其他几种类型的医疗机构。

- 就全国而言，有超过五成的被访者表示会选择中医治疗。各地区之间，中医选择情况差异显著。甘肃地区，表示会选择中医进行治疗的被访者的比例最高，高达75%左右。上海地区明确表示不会选择中医进行治疗的被访者的比例最高。

- 在患病处理行为方面，初中及以下教育水平被访者选择立刻去医院看病的比例要远高于大专及以上教育水平被访者选择立刻去医院看病的比例。教育程度越高，选择综合大医院就医的比例越高。教育程度越高的人群选择中医的比例也越高。

- 农业户籍被访者中有病立刻去医院就医的比例要高于非农业户籍者。而非农业户籍被访者中自己找药或自己处理的比例要高于农业户籍者。从全国来看，两种户籍被访者之间在中医选择方面存在显著差异，非农业户籍的被访者选择中医的比例显著高于农业户籍的被访者。

- 住院总费用、医疗总费用、住宿吃饭看护费用方面，都是上海地区的均值最高，河南地区的均值最低。在住院费用支付方面，全国和五个地区均显示，本人及其配偶是费用的主要承担者。从全国来看，被访者中有超过五成的被访者表示住院费用严重或轻微超过自己的支付能力。除上海以外的四个地区，也均有超过五成的被访者表示住院费用严重或轻微超过自己的支付能力。上海地区，仅有不到四成左右的被访者表示住院费用严重或轻微超过自己的支付能力。

第十五章 饮食习惯、生活方式与健康

第一节 饮食与健康

一、食品的食用情况

就全国数据而言,六成以上的成人被访者以大米为主食,另分别有 30% 和 7% 左右的被访者以面食和杂粮为主食。各地区居民的主食偏好不同:辽宁、上海、广东三地居民以大米为主食的比例极高。相比之下,河南与甘肃的面食食用比例很高,而大米的食用比例很低。见表 15-1。

表 15-1　成人主食种类分布　　　　　　　（单位:%）

地区	大米	面食	杂粮	其他	合计
全国	60.3	32.6	6.5	0.6	100.0(21566)
辽宁	75.2	10.4	13.9	0.5	100.0(3124)
上海	95.9	3.2	0.8	0.1	100.0(2924)
河南	10.2	87.6	1.7	0.5	100.0(3598)
广东	99.4	0.4	0.0	0.1	100.0(3059)
甘肃	3.9	94.9	1.0	0.2	100.0(3680)

本次调查询问了被访者在过去三个月内对于各类食物每周平均食用的次数,调查中的各类食物包括:肉类、水产品、蔬果、奶制品、豆制品、蛋类、腌制食品、膨化食品等。就几个地区而言,上海和广东地区的肉类食用频率要高于其他地区,而辽宁和广东的新鲜蔬果的食用频率要高于其他地区。见表 15-2。

表 15-2　成人各种食物食用频率情况　　　　　　　　（单位：次数）

	肉类	鱼等水产品	新鲜蔬果	奶制品	豆制品	蛋类	腌制食品	膨化食品
全国								
均值	4.7	2.7	10.8	4.1	3.3	3.9	5.5	2.3
样本量	18339	11571	20473	6172	13109	16493	9880	5036
辽宁								
均值	4.3	1.8	12.2	4.5	3.3	3.9	6.2	2.1
样本量	2502	1960	3048	957	2177	2543	1601	620
上海								
均值	5.0	3.4	10.8	5.3	3.6	4.2	3.3	2.1
样本量	2746	2681	2855	1729	2543	2611	1746	909
河南								
均值	2.7	1.5	8.9	3.6	3.4	4.3	3.4	1.8
样本量	2608	1028	3389	1059	2233	3111	1154	1009
广东								
均值	8.7	5.6	12.6	3.7	2.6	3.0	4.0	2.4
样本量	2991	2537	3004	731	1656	2323	1400	576
甘肃								
均值	3.4	1.9	8.8	4.8	3.2	4.1	5.4	2.7
样本量	2133	565	3278	823	1218	2303	801	814

二、饮食与健康

统计不同健康自评人群每周食用各种食品的平均次数后发现，在各类食品的食用上，不同健康状况人群的周食用频率均存在显著差异。囿于篇幅，仅对其中食用肉类和腌制食品的差异进行讨论。健康自评较好者平均每周食肉次数显著高于健康自评为一般和不健康者。见表15-3。健康自评为不健康者每周食用腌制类食品的平均次数明显高于健康和一般健康者。见表15-4。需要注意的是，我们并不能据此便推断其中的因果关系。

表 15-3　食用肉类与健康自评　　　　　（单位：次数）

地区	健康	一般	不健康	样本量
全国	5.0	4.7	4.0	18338
辽宁	4.6	4.3	3.2	2502
上海	5.4	5.0	4.1	2746
河南	2.9	2.6	2.0	2608
广东	9.4	8.5	7.1	2991
甘肃	3.5	3.4	3.2	2133

表 15-4　食用腌制食品与健康自评　　　（单位：次数）

地区	健康	一般	不健康	样本量
全国	5.1	5.4	6.7	9880
辽宁	6.3	6.1	6.3	1601
上海	3.1	3.4	3.6	1746
河南	3.3	3.3	4.0	1153
广东	3.7	3.8	5.8	1400
甘肃	5.2	5.1	6.5	801

第二节　生活方式与健康

在接下来的内容中，我们将从吸烟、饮酒、午休和体育锻炼四个方面来探讨生活方式与健康的关系。

一、吸烟与健康

本次调查不仅询问了被访者最近一个月吸烟的情况，还对吸烟被访者每日吸烟量进行了调查。被访者按照吸烟情况分为四类：不吸烟者、每日吸烟量在半包以内者、每日吸烟量在半包至一包者、每日吸烟量在一包及以上者。从表 15-5 可以看到，七成左右的被访者最近一个月无吸烟记录，在吸烟者中，日吸烟量在半包至一包的比例较高，日吸烟量在一包以上者很少。五个地区的吸烟情况差异显著。

表 15-5　最近一个月吸烟状况　　　　　　　　　　　　（单位:%）

地区	不吸烟	半包以内	半包至一包	一包以上	合计
全国	70.3	5.0	19.3	5.4	100.0(21572)
辽宁	65.2	5.0	22.5	7.3	100.0(3125)
上海	73.7	4.4	16.7	5.1	100.0(2925)
河南	71.0	6.3	18.4	4.4	100.0(3602)
广东	72.3	4.2	15.8	7.7	100.0(3061)
甘肃	68.7	6.8	19.7	4.8	100.0(3683)

以全国来看,吸烟者和吸烟量较多者,相对于不吸烟和少量吸烟者,健康自评基本无差异甚至更好。当然,这并不说明吸烟有利于健康。分地区来看,各吸烟程度被访者组间的健康自评情况差异并不显著。见表15-6。

表 15-6　吸烟与健康自评　　　　　　　　　　　　（单位:%）

	健康	一般	不健康	合计
全国				
不吸烟	46.5	36.4	17.1	100.0(15167)
半包以内	47.2	34.7	18.1	100.0(1080)
半包至一包	52.0	35.1	12.9	100.0(4156)
一包以上	45.1	36.7	18.2	100.0(1162)
辽宁				
不吸烟	46.5	36.4	17.1	100.0(2037)
半包以内	47.2	34.7	18.1	100.0(155)
半包至一包	52.0	35.1	12.9	100.0(704)
一包以上	45.1	36.7	18.2	100.0(229)
上海				
不吸烟	46.5	36.4	17.1	100.0(2156)
半包以内	47.2	34.7	18.1	100.0(130)
半包至一包	52.0	35.1	12.9	100.0(488)
一包以上	45.1	36.7	18.2	100.0(150)
河南				
不吸烟	46.5	36.4	17.1	100.0(2552)
半包以内	47.2	34.7	18.1	100.0(227)
半包至一包	52.0	35.1	12.9	100.0(661)
一包以上	45.1	36.7	18.2	100.0(157)

（续表）

	健康	一般	不健康	合计
广东				
不吸烟	46.5	36.4	17.1	100.0(2211)
半包以内	47.2	34.7	18.1	100.0(129)
半包至一包	52.0	35.1	12.9	100.0(485)
一包以上	45.1	36.7	18.2	100.0(235)
甘肃				
不吸烟	46.5	36.4	17.1	100.0(2529)
半包以内	47.2	34.7	18.1	100.0(250)
半包至一包	52.0	35.1	12.9	100.0(725)
一包以上	45.1	36.7	18.2	100.0(177)

二、饮酒与健康

在本次调查中，要求被访者回答在最近一个月是否每周饮酒三次以上。我们将饮酒三次以上的情况定义为"经常饮酒"，否则为"不经常饮酒"。就全国而言，有将近20%的被访者最近一个月经常饮酒。五个地区的饮酒比例差异显著，辽宁地区经常饮酒比例最高，其次是上海，甘肃地区经常饮酒的比例最少。在饮酒的类型上，各地区也不尽相同：在辽宁和河南地区饮用烈性酒的比例较高；上海和广东饮用葡萄酒、黄酒的比例较高；而在甘肃，饮用啤酒的比例较高。见表15-7。

表15-7 经常饮酒的比例及饮酒种类　　　　　　　　　　（单位：%）

地区	经常饮酒比例	饮酒类型			
		烈性酒	葡萄酒、黄酒	啤酒	人数
全国	17.1(21565)	46.3	16.4	37.3	4318
辽宁	17.3(3124)	55.3	1.6	43.1	635
上海	17.1(2924)	17.4	56.5	26.1	579
河南	12.5(3598)	60.0	3.0	36.9	528
广东	9.8(3059)	25.2	40.0	34.8	330
甘肃	7.3(3679)	46.8	1.9	51.3	314

与吸烟者的健康自评情况类似,经常饮酒者的健康自评好于不经常饮酒者,见表 15-8。与吸烟类似,我们也不能仅仅据此而进行因果关系的推断。

表 15-8 饮酒与健康自评 （单位:%）

	健康	一般	不健康	合计
全国				
不经常饮酒	46.2	36.3	17.5	100.0(17876)
经常饮酒	53.6	35.1	11.3	100.0(3688)
辽宁				
不经常饮酒	41.6	42.0	16.3	100.0(2583)
经常饮酒	50.6	39.0	10.4	100.0(541)
上海				
不经常饮酒	41.2	43.6	15.2	100.0(2424)
经常饮酒	47.6	43.2	9.2	100.0(500)
河南				
不经常饮酒	46.7	34.4	18.9	100.0(3147)
经常饮酒	56.4	32.4	11.1	100.0(450)
广东				
不经常饮酒	45.8	39.1	15.0	100.0(2760)
经常饮酒	51.2	36.8	12.0	100.0(299)
甘肃				
不经常饮酒	49.6	27.8	22.5	100.0(3412)
经常饮酒	64.8	21.7	13.5	100.0(267)

三、午休与健康

根据被访者是否有午休的习惯及其所回答的午休时长,午休的情况可以分成四种:不午休、每日午休 1 个小时以内、每日午休 1—2 个小时、每日午休 2 个小时及以上。五个地区的午休习惯有显著差异。见表 15-9。

第十五章 饮食习惯、生活方式与健康

表 15-9 午休的基本情况描述 （单位:%）

地区	不午休	不足一个小时	1—2个小时	2个小时以上	合计
全国	49.7	9.4	26.3	14.5	100.0(21572)
辽宁	52.7	12.9	23.7	10.6	100.0(3125)
上海	68.7	8.9	14.8	7.7	100.0(2925)
河南	47.8	10.3	28.0	13.8	100.0(3602)
广东	44.8	11.9	32.7	10.6	100.0(3061)
甘肃	46.9	11.6	26.7	14.7	100.0(3683)

我们进一步分析了午休与健康自评之间的关系。就全国而看,不同午休状况的被访者健康自评情况存在显著差异。分地区来看,除甘肃地区之外,其余地区不同午休状况的被访者在健康自评方面差异显著。见表 15-10。

表 15-10 午休与健康自评 （单位:%）

	健康	一般	不健康	合计
全国				
不午休	47.6	36.5	15.9	100.0(10723)
不足1个小时	46.4	39.9	13.7	100.0(2038)
1—2个小时	47.1	35.8	17.1	100.0(5677)
2小时以上	48.6	32.6	18.8	100.0(3127)
辽宁				
不午休	45.7	41.4	12.9	100.0(1648)
不足1个小时	38.0	46.7	15.4	100.0(403)
1—2个小时	39.2	42.0	18.7	100.0(742)
2小时以上	46.1	34.3	19.6	100.0(332)
上海				
不午休	46.0	41.7	12.3	100.0(2008)
不足1个小时	40.8	48.5	10.7	100.0(260)
1—2个小时	31.9	49.4	18.7	100.0(433)
2小时以上	30.9	42.6	26.5	100.0(223)
河南				
不午休	47.0	34.3	18.6	100.0(1722)
不足1个小时	47.7	39.1	13.2	100.0(371)
1—2个小时	48.8	35.2	15.9	100.0(1010)
2小时以上	49.6	27.5	22.9	100.0(494)

(续表)

	健康	一般	不健康	合计
广东				
不午休	46.6	39.3	14.2	100.0(1370)
不足1个小时	45.8	44.9	9.3	100.0(365)
1—2个小时	46.2	37.2	16.7	100.0(1001)
2小时以上	46.6	36.1	17.3	100.0(324)
甘肃				
不午休	52.1	25.8	22.1	100.0(1729)
不足1个小时	46.6	30.3	23.1	100.0(429)
1—2个小时	50.9	28.9	20.2	100.0(983)
2小时以上	49.3	27.4	23.3	100.0(540)

四、体育锻炼与健康

在本次调查中，要求被访者对有关体育锻炼频率的问题作答：几乎每天，每周多次，几周一次，一个月几次，或几个月一次。在分析中，我们进一步将"几乎每天锻炼"以及"每周多次锻炼"定义为"经常锻炼"，"几周一次锻炼"、"一个月几次锻炼"以及"几个月一次锻炼"为"不锻炼"。就总体来看，大致有九成的被访者经常从事体育锻炼。分地区来看，各地区之间从事体育锻炼的比例差异情况并不显著，与其他四个地区相比较，上海地区从事体育锻炼的比例最低。见表15-11。

表15-11　分地区参与体育锻炼的情况　　　　　　　　（单位:%）

地区	不锻炼	经常锻炼	合计
全国	10.7	89.3	100.0(3888)
辽宁	8.4	91.6	100.0(748)
上海	9.7	90.3	100.0(914)
河南	10.6	89.4	100.0(663)
广东	15.2	84.8	100.0(633)
甘肃	10.0	90.0	100.0(449)

进一步分析体育锻炼与健康自评，从全国来看，锻炼与不锻炼的被访者在健康自评方面存在显著差异：不锻炼的被访者健康自评为"健康"和"一般"的

比例要高于经常锻炼的被访者。但是分地区来看,不同锻炼情况的被访者在健康自评方面的差异并不显著。需要注意的是即使存在显著差异,并不能为因果关系的推断提供充分的基础。见表15-12。

表15-12　体育锻炼与健康自评　　　　　　　　　　（单位:%）

	健康	一般	不健康	合计
全国				
不锻炼	51.6	40.7	7.7	100.0(415)
经常锻炼	48.2	38.4	13.4	100.0(3472)
辽宁				
不锻炼	42.9	44.4	12.7	100.0(63)
经常锻炼	42.8	46.4	10.8	100.0(685)
上海				
不锻炼	49.4	41.6	9.0	100.0(89)
经常锻炼	43.0	44.9	12.1	100.0(824)
河南				
不锻炼	60.0	31.4	8.6	100.0(70)
经常锻炼	48.3	34.0	17.7	100.0(592)
广东				
不锻炼	59.4	32.3	8.3	100.0(96)
经常锻炼	54.6	35.8	9.7	100.0(537)
甘肃				
不锻炼	53.3	35.6	11.1	100.0(45)
经常锻炼	56.9	30.2	12.9	100.0(404)

本 章 提 要

● 本次调查询问了被访者日常的饮食习惯。就全国而言,六成以上的成人被访者以大米为主食。就几个地区而言,上海和广东地区的肉类食用频率要高于其他地区,而辽宁和广东的新鲜蔬果的食用频率要高于其他地区。

● 数据显示,在各类食品的食用上,不同健康状况人群的周食用频率均存在显著差异。健康自评较好者平均每周食肉次数显著高于健康自评为一般和不健康者。健康自评为不健康者每周食用腌制类食品的次数明显高于自评健康和一般者。

- 数据显示,七成左右的被访者最近一个月无吸烟记录,在吸烟者中,日吸烟量在半包至一包的比例较高。从全国数据来看,吸烟者和吸烟量较多者,相比于不吸烟和少量吸烟者,健康自评基本无差异甚至更好。但这并不说明吸烟有利于健康。
- 数据显示,就全国而言,有将近20%的被访者最近一个月经常饮酒。经常饮酒者的健康自评好于不经常饮酒者,但不能据此而进行因果关系的推断。
- 数据显示,就全国来看,大致有九成的被访者经常从事体育锻炼。锻炼与不锻炼的被访者在健康自评方面存在显著差异:不锻炼的被访者健康自评为健康和一般的比例要高于经常锻炼的被访者,但存在的显著差异并不能为因果关系的推断提供充分的基础。

第十六章　特殊人群的健康

第一节　少儿群体健康

一、少儿群体健康基本状况

本次调查对 0—15 周岁（含 15 周岁）的少年儿童使用单独的少儿问卷。少儿问卷主要由家长代为填答，但是对于 10—15 周岁的少儿，问卷专门设计了自填答的部分。对少儿群体健康状况的描述基于家长的填答和少儿自填答两部分的信息。

从表 16-1 少儿样本的基本描述来看，全国少儿群体样本量为 5847，男孩数量显著高于女孩，性别比为 113，平均年龄为 7.6 岁，城镇户籍比例为 20.2%。各地少儿受访者的性别比和年龄均值与全国总体大致相同，而在城镇户籍比例上显示出较大的差异性。上海少儿受访者的城镇户籍比例达到 74.3%，而甘肃少儿受访者的城镇户籍比例只有 8.8%。

表 16-1　少儿样本基本描述

地区	性别比	年龄均值（岁）	城镇户籍	样本数
全国	113	7.6	20.2	5847
辽宁	104	8.1	30.6	529
上海	103	6.8	74.3	205
河南	119	7.2	18.4	1239
广东	116	8.1	22.2	1112
甘肃	110	8.1	8.8	1208

问卷中向照顾孩子最多的成年家长询问了少儿的患病与就医情况(表16-2)。从全国总体来看,有将近70%的少儿过去一个月未曾患病;有53.4%的少儿过去一年曾因病就诊。比较各地少儿的情况,我们发现辽宁地区的少儿这两项指标的比例最低,只有21.3%的少儿过去一月患病,40.8%的少儿过去一年因病就诊,均大幅低于全国的水平。河南少儿过去一月患病的比例最高,为37.5%,高于全国水平约7个百分点;上海少儿过去一年因病就诊的比例最高,68.3%的少儿有此经历。

表16-2 少儿患病与就医情况 （单位:%）

地区	过去一月患病	过去一年因病就诊	合计
全国	30.4	53.4	100.0(5822)
辽宁	21.2	40.8	100.0(529)
上海	30.6	69.6	100.0(333)
河南	37.5	68.3	100.0(230)
广东	35.1	57.2	100.0(105)
甘肃	31.3	42.1	100.0(209)

表16-3反映了10—15岁少儿健康自评的状况。从全国总体来看,73.9%的10—15岁受访少儿自评健康状况良好,22.1%的少儿自评健康状况为"一般",只有3.0%的少儿认为自己"不健康"。从各地的状况来看,甘肃10—15岁少儿自评为"健康"的比例最高,为80.9%,上海10—15岁少儿自评为"健康"的比例最低,为71.3%,低于全国水平2.6个百分点。自评为"不健康"的少儿比例最低的省份为辽宁,而甘肃地区自评为"不健康"的10—15岁少儿比例最高,为3.5%。其他地区的比例与全国水平相差不大。

表16-3 10—15岁少儿健康自评状况 （单位:%）

地区	健康	一般	不健康	合计
全国	73.9	23.1	3.0	100.0(2228)
辽宁	74.2	24.0	1.7	100.0(229)
上海	71.3	26.7	2.0	100.0(101)
河南	73.1	23.6	3.3	100.0(428)
广东	72.7	25.2	2.1	100.0(484)
甘肃	80.6	15.9	3.5	100.0(511)

图 16-1 反映了 10—15 岁少儿精神健康状况得分。从全国总体来看,10—15 岁受访少儿精神健康状况得分平均为 90.4。从各地的状况来看,辽宁与河南 10—15 岁少儿精神健康状况得分最高,均为 91.3 分,而甘肃 10—15 岁少儿的得分最低,只有 87.9 分。

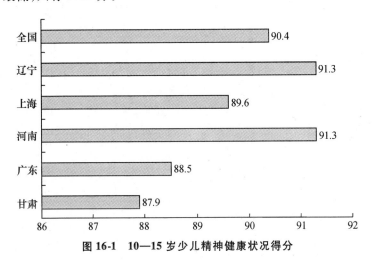

图 16-1　10—15 岁少儿精神健康状况得分

二、性别与少儿健康

从分性别的少儿患病与就医状况来看,女孩的情况略好于男孩,男孩在过去一月患病比例和过去一年因病就诊比例两项指标上都高于女孩,但是在过去一年因病就诊比例这一指标上差异不显著。各地的情况与全国大体一致,但是上海男孩和女孩在过去一月患病比例上差异不显著。见表 16-4。

表 16-4　分性别的少儿患病与就医情况　　　　　（单位:%）

	过去一月患病	过去一年因病就诊	合计
全国			
男	31.4	53.6	100.0(3091)
女	29.1	53.2	100.0(2731)
辽宁			
男	21.5	42.4	100.0(270)
女	20.8	39.1	100.0(259)

	过去一月患病	过去一年因病就诊	合计
上海			
男	30.2	72.3	100.0(169)
女	31.1	66.9	100.0(164)
河南			
男	38.0	69.7	100.0(666)
女	36.9	66.6	100.0(564)
广东			
男	37.9	59.2	100.0(594)
女	31.9	54.9	100.0(511)
甘肃			
男	32.8	42.4	100.0(632)
女	29.7	41.6	100.0(576)

分性别的10—15岁少儿健康自评显示,10—15岁男孩的健康自评状况好于女孩,自评为"健康"的男孩比例为76.0%,而女孩相应比例为71.7%,低了4.3个百分点。自评为"不健康"的女孩比例也略高于男孩。上海的情况较为特殊,自评为"健康"的男孩比例为66.0%,显著低于自评为"健康"的女孩比例77.1%,但是自评为"不健康"的女孩比例仍然高于男孩。各地的情况与总体趋势基本一致。见表16-5。

表16-5 分性别的10—15岁少儿健康自评　　　　　　（单位:%）

	健康	一般	不健康	合计
全国				
男	76.0	21.1	2.8	100.0(1135)
女	71.7	25.1	3.2	100.0(1093)
辽宁				
男	79.5	19.7	0.9	100.0(117)
女	68.8	28.6	2.7	100.0(112)
上海				
男	66.0	34.0	0.0	100.0(53)
女	77.1	18.8	4.2	100.0(48)

(续表)

	健康	一般	不健康	合计
河南				
男	74.3	23.5	2.2	100.0(226)
女	71.8	23.8	4.5	100.0(202)
广东				
男	77.2	20.0	2.8	100.0(250)
女	67.9	30.8	1.3	100.0(234)
甘肃				
男	80.6	15.3	4.1	100.0(242)
女	80.7	16.4	3.0	100.0(269)

分性别的10—15岁少儿精神健康状况得分显示全国总体10—15岁男孩的精神健康状况与女孩无显著差别。从各地区的情况看，辽宁与河南女孩的精神健康状况得分高于男孩。上海与广东男孩与女孩之间无明显差异，甘肃10—15岁男孩的精神健康状况得分好于女孩。见图16-2。

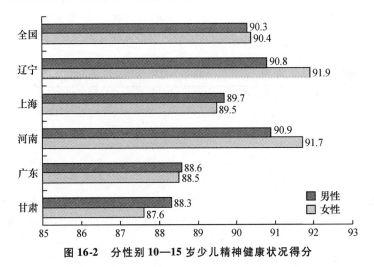

图16-2 分性别10—15岁少儿精神健康状况得分

三、年龄与少儿健康

从分年龄组的少儿患病与就医状况中我们可以看出，随着年龄的增加，过去一月患病的比例和过去一月因病就诊的比例均有显著的下降。13—15岁的少儿过去一月患病比例仅为 17.6%，较 0—3 岁年龄组下降了将近 30 个百分点，13—15 岁少儿过去一年因病就诊的比例为 38.0%，较 0—3 岁年龄组也下降了将近 30 个百分点。见表 16-6。

表 16-6　分年龄组的少儿患病与就医情况　　　　　　　（单位:%）

年龄组	过去一月患病	过去一年因病就诊	合计
0—3 岁	47.0	67.1	100.0(1357)
4—6 岁	38.8	60.9	100.0(1118)
7—12 岁	21.5	48.6	100.0(2109)
13—16 岁	17.6	38.0	100.0(1081)

四、户籍与少儿健康

从分户籍的少儿患病与就医情况中，可以看出，在过去一月患病比例这一指标上，农业户籍的少儿高于非农户籍的少儿，而在过去一年因病就诊这一指标上农业户籍的少儿反而低于非农户籍的少儿。从各地区的情况看，辽宁、上海与广东在过去一月患病比例这一指标上非农户籍儿童高于农业户籍儿童，其他趋势与全国一致。见表 16-7。

表 16-7　分户籍的少儿患病与就医情况　　　　　　　（单位:%）

	过去一月患病	过去一年因病就诊	合计
全国			
农业户籍	30.0	52.2	100.0(4497)
非农业户籍	28.7	57.6	100.0(1143)
辽宁			
农业户籍	20.8	35.6	100.0(360)
非农业户籍	22.0	52.2	100.0(159)
上海			
农业户籍	27.7	60.0	100.0(83)
非农业户籍	31.2	73.7	100.0(240)
河南			
农业户籍	37.3	68.5	100.0(959)
非农业户籍	34.2	69.6	100.0(219)

(续表)

	过去一月患病	过去一年因病就诊	合计
广东			
农业户籍	34.4	55.3	100.0(812)
非农业户籍	35.6	65.3	100.0(233)
甘肃			
农业户籍	31.9	41.7	100.0(1041)
非农业户籍	18.8	49.0	100.0(101)

从分户籍少儿健康自评的情况看,农业户籍10—15岁少儿健康自评状况略好于非农户籍少儿。各地情况较为复杂,有些与总体趋势保持一致,如广东;有些差异并不显著,如辽宁和上海;有些与总体趋势相反,非农户籍的10—15岁少儿健康自评状况好于农业户籍少儿,如甘肃。见表16-8。

表16-8　分户籍的10—15岁少儿健康自评　　　　　　　　(单位:%)

	健康	一般	不健康	合计
全国				
农业户籍	74.8	22.1	3.1	100.0(1735)
非农业户籍	71.5	25.6	2.9	100.0(480)
辽宁				
农业户籍	74.0	24.0	1.9	100.0(154)
非农业户籍	74.0	24.7	1.4	100.0(73)
上海				
农业户籍	71.0	29.0	0.0	100.0(31)
非农业户籍	72.1	25.0	2.9	100.0(68)
河南				
农业户籍	73.0	24.3	2.7	100.0(337)
非农业户籍	73.3	21.1	5.6	100.0(90)
广东				
农业户籍	74.0	23.8	2.2	100.0(366)
非农业户籍	68.7	29.6	1.7	100.0(115)
甘肃				
农业户籍	80.2	16.2	3.6	100.0(475)
非农业户籍	86.2	10.3	3.4	100.0(29)

分户籍状况的10—15岁少儿精神健康状况得分显示,全国非农户籍少儿的精神健康状况与农业户籍的少儿无显著差别。从各地区的情况看,辽宁、上海与甘肃非农户籍孩子的精神健康状况得分低于农业户籍孩子。河南与广东10—15岁非农户籍孩子的精神健康状况得分高于农业户籍的孩子。见图16-3。

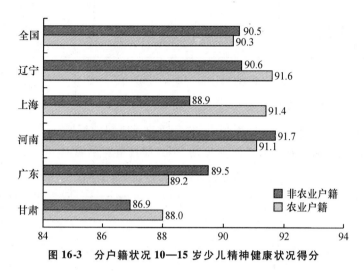

图16-3　分户籍状况10—15岁少儿精神健康状况得分

五、少儿患病处理方式

患病处理方式对于健康有着重要影响。从家长填答的少儿患小病的处理方式上看,选择"立即就医"的比例达到了68.8%,即超过2/3的家长选择立即就医;自己找药或采用民间疗法的比例为29.6%,居第二位;选择"不采取任何措施"和"其他"的家长比例均十分有限,分别为0.3%和1.2%。从各地的情况看,河南与广东的家长选择"立即就医"的比例最高,分别为85.8%和82.6%,辽宁的家长选择"立即就医"的比例最低,仅为51.0%,其选择"自己找药或采取民间疗法"的比例也最高,为46.9%。见表16-9。

表 16-9　少儿患小病时的处理方式　　　　　（单位:%）

地区	立刻去医院看病	自己找药或自己处理	不采取任何措施等病慢慢好	其他	合计
全国	68.8	29.6	0.3	1.2	100.0(5843)
辽宁	51.0	46.9	0.2	1.9	100.0(529)
上海	71.5	25.2	1.2	2.1	100.0(205)
河南	85.8	13.4	0.0	0.8	100.0(1239)
广东	82.6	16.4	0.2	0.9	100.0(1111)
甘肃	69.5	29.2	0.3	1.0	100.0(1209)

六、锻炼情况

锻炼作为一种健康促进的行为对于少儿健康有着重要的作用。此次调查采集了10—15岁少儿参加锻炼的情况。从全国总体的情况看,31.6%的10—15周岁少儿每天锻炼,31.5%的10—15岁少儿每周锻炼,每月锻炼的10—15岁少儿有13.2%,而从不锻炼的10—15岁少儿的比例为23.7%,即不到1/4的10—15岁少儿从不锻炼。见表16-10。

表 16-10　10—15岁儿童参加锻炼情况　　　　　（单位:%）

地区	每天锻炼	每周锻炼	每月锻炼	从不锻炼	合计
全国	31.6	31.5	13.2	23.7	100.0(2227)
辽宁	27.9	38.9	14.4	18.8	100.0(229)
上海	33.7	41.6	8.9	15.8	100.0(101)
河南	30.3	34.0	13.8	21.9	100.0(429)
广东	21.1	38.6	14.5	25.8	100.0(484)
甘肃	48.3	27.6	7.2	16.8	100.0(511)

七、主要照顾者

从表16-11我们可以看到,父母是少儿日常生活的主要照料者,所占比例为67.3%,祖父母与外祖父母作为主要照料者的比例为26.8%,由其他机构或者个人主要照料的少儿比例为5.9%。同时,随着年龄的提升,父母作为主要照顾者的比例逐步提高,而祖父母外祖父母作为主要照顾者的比例逐步下降。0—3岁的儿童最近一月日常生活的主要照料者有32.9%为祖父母外祖父母,而 13—15 岁少儿这一比例下降为 14.3%。

表 16-11　分年龄段的最近一月少儿日常生活主要照料者　　（单位:%）

年龄段	祖父母外祖父母	父母	其他机构或个人	合计
0—3 岁	32.9	65.8	1.4	100.0(1406)
4—6 岁	36.2	59.5	4.3	100.0(1179)
7—12 岁	24.3	70.9	5.0	100.0(2155)
13—16 岁	14.3	70.8	14.9	100.0(1104)
总体	26.8	67.3	5.9	100.0(5844)

八、医疗保险

我们分析了家长为少儿投保医疗保险的情况。在 5821 个样本中,58.8% 的少儿拥有社会医疗保险。同时家长为 18.7% 的少儿在过去一年投保了商业医疗保险,平均花费 960.4 元。从各地的情况来看,上海少儿拥有社会医疗保险比例最高,72.7% 的少儿拥有社会医疗保险,甘肃少儿拥有社会医疗保险比例最低,只有 48.5% 的少儿拥有,低于全国水平 10.3 个百分点。从为少儿投保商业医疗保险的情况看,上海的比例仍然最高,30.8% 的少儿过去一年得到家长的商业医疗保险投入,平均花费也最高,为 2526.2 元。其次是辽宁,投保比例为 20.8%,平均花费为 2420.4 元。广东与甘肃的少儿投保商业医疗保险的比例次之,分别为 15.8% 与 15.1%。河南少儿投保商业医疗保险的比例最低,为 12.4%。投保平均花费甘肃少儿最低,仅为 495.2 元。见表 16-12。

表 16-12　少儿投保医疗保险情况　　（单位:%）

地区	拥有社会医疗保险比例	投保商业医疗保险			合计
		比例	均值(元)	标准差	
全国	58.8	18.7	960.4	3807.6	100.0(5821)
辽宁	50.2	20.8	2420.4	10662.8	100.0(528)
上海	72.7	30.8	2526.2	4653.2	100.0(333)
河南	58.4	12.4	1305.1	8162.8	100.0(1237)
广东	61.1	15.8	1284.7	3903.8	100.0(1112)
甘肃	48.5	15.1	495.2	1023.4	100.0(1207)

注:此处均值指已投保商业医疗保险少儿的平均花费。

第二节 老龄群体健康

我们将成人样本60岁以上的受访者抽出作为老龄群体,并对其健康状况进行了描述与分析。表16-13展示了全国与各地老龄群体样本的基本状况。从表中我们可以看出,全国老龄群体样本男性多于女性,河南、广东与甘肃和全国情况相同,而辽宁与上海的老年女性样本多于男性样本。全国样本老龄群体年龄均值在68.4岁,各地情况与全国样本差异不大。全国样本有配偶者比例为74.6%,各地老龄群体有配偶者比例与全国差异不大,上海最高,达到81.4%,广东最低,为72.8%。

表16-13 老年人样本基本描述 （单位:%）

地区	性别比	年龄均值（岁）	有配偶者	城镇户籍	合计
全国	108	68.4	74.6	32.2	100.0(2067)
辽宁	88.5	69.2	77.7	43.7	100.0(703)
上海	99.3	69.3	81.4	71.6	100.0(815)
河南	101.5	68.7	77.7	23.5	100.0(811)
广东	107.3	69.3	72.8	33.4	100.0(626)
甘肃	124.2	67.7	73.8	12.8	100.0(638)

一、患病状况

从全国的情况来看,34.5%的老人过去二周曾感到不适,24.3%的老人过去半年曾患病,有13.0%的老人过去一年内曾因病住院。从各地情况看,甘肃老人过去二周不适率最高,为42.8%,上海老人这方面最良好,只有7.3%。河南老人过去半年患病率最高,为32.9%,辽宁与广东老人过去半年患病率最低,为22.2%。过去一年因病住院的老人比例,河南达到了17.5%,广东老人只有10.1个百分点。见表16-14。

表 16-14　老年人患病率与因病住院比例　　　　　（单位:%）

地区	过去二周不适	过去半年患病	过去一年因病住院	合计
全国	34.5	24.2	13.0	100.0(2067)
辽宁	36.7	22.2	15.6	100.0(703)
上海	27.3	25.4	14.7	100.0(622)
河南	37.2	32.9	17.5	100.0(811)
广东	38.7	22.2	10.1	100.0(626)
甘肃	42.8	24.8	12.7	100.0(638)

二、健康自评状况

从全国的情况来看,68.1%的老人健康自评状况为"健康",10.5%的老人健康自评状况为"一般",有21.4%的老人认为自己的健康状况为"不健康"。从各地情况看,辽宁和上海老年人的健康自评状况较好:辽宁有75.1%的老人认为自己"健康",只有18.6%的老年人认为自己"不健康";上海有74.5%的老人认为自己"健康",认为自己"不健康"的老年人比例仅为14.5%。甘肃老年人健康自评状况相对较差,有61.1%的老人自评"健康",自评"不健康"的老人比例达到26.8%。河南与广东情况与全国水平差异不大。见表16-15。

表 16-15　老年人健康自评状况　　　　　　　　　（单位:%）

地区	健康	一般	不健康	合计
全国	68.1	10.5	21.4	100.0(2067)
辽宁	75.1	6.3	18.6	100.0(703)
上海	74.5	11.0	14.5	100.0(844)
河南	64.9	10.2	24.9	100.0(811)
广东	70.0	13.3	16.8	100.0(626)
甘肃	61.1	12.1	26.8	100.0(638)

在日常生活自理能力评价上,要求被访者就户外活动、烹调、购物、清洁卫生等七项日常自理活动的受限程度进行填答。在总样本中,有81.8%的老年人未受到限制,有6.4%的老人在其中一项上受到限制,有11.8%的老人在多项活动上受到限制。从各地的情况看,辽宁地区老年人日常生活自理能力无

限制比例最高,为83.5%,甘肃地区老年人日常生活自理能力无限制比例最低,为66.3%,低于全国总体水平15.5个百分点。见表16-16。

表16-16 老年人日常生活自理能力(IADL)受限制状况   (单位:%)

地区	无限制	一项限制	多项限制	合计
全国	81.8	6.4	11.8	100.0(2067)
辽宁	83.5	7.1	9.4	100.0(703)
上海	80.6	6.0	13.4	100.0(844)
河南	82.7	7.0	10.3	100.0(809)
广东	77.4	13.0	9.6	100.0(625)
甘肃	66.3	14.6	19.1	100.0(638)

三、精神健康

全国老年人精神健康状况得分平均为88.0分(总分为100分,得分越高表示精神健康状况越好)。从各地情况看,上海老年人精神健康状况得分最高,平均为93.8分,高于全国平均水平5.8分。辽宁与广东老年人精神健康状况得分与全国平均水平差不多,分别为88.5分与88.1分。河南和甘肃的老年人在这一指标上的得分低于全国平均水平,分别为85.4分与83.6分。见图16-4。

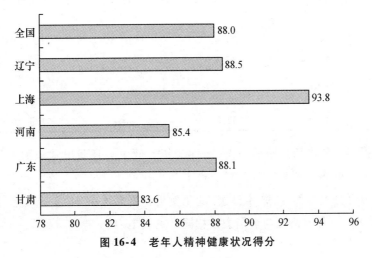

图16-4 老年人精神健康状况得分

四、性别与老年健康

根据老龄样本所反映的情况,男性老年人健康状况总体好于女性老年人。在过去二周不适率和过去半年患病率两项指标上,老年男性均显著低于老年女性,而在过去一年因病住院比例上,两性间没有显著差异。各地情况与全国大致相同。见表16-17。

表16-17　分性别的老年人患病率与因病住院比例　（单位:%）

	过去二周不适	过去半年患病	过去一年因病住院	合计
全国				
男	30.5	22.5	13.3	100.0(1072)
女	38.8	26.1	12.6	100.0(995)
辽宁				
男	28.8	20.4	14.8	100.0(330)
女	43.7	23.9	16.4	100.0(373)
上海				
男	23.3	22.4	14.8	100.0(420)
女	31.1	28.4	14.6	100.0(424)
河南				
男	31.1	30.1	15.9	100.0(409)
女	43.5	35.8	19.2	100.0(402)
广东				
男	36.7	20.4	10.5	100.0(324)
女	40.7	24.3	9.6	100.0(302)
甘肃				
男	37.4	28.0	11.3	100.0(353)
女	49.5	32.0	14.4	100.0(285)

根据老龄样本所反映的情况,男性老年人健康自评状况从全国看好于女性老年人。健康自评为"健康"的男性老年人比例为72.1%,较女性老年人高出8.2个百分点。而自评"不健康"的比例男性老年人为18.2%,女性老年人则为24.8%。各地情况与全国大致相同。见表16-18。

表 16-18 分性别的老年人健康自评 （单位:%）

	健康	一般	不健康	合计
全国				
男	72.1	9.7	18.2	100.0(1072)
女	63.9	11.3	24.8	100.0(995)
辽宁				
男	81.5	3.9	14.5	100.0(330)
女	69.4	8.3	22.3	100.0(373)
上海				
男	78.8	9.8	11.4	100.0(420)
女	70.3	12.3	17.5	100.0(424)
河南				
男	69.9	7.8	22.2	100.0(409)
女	59.7	12.7	27.6	100.0(402)
广东				
男	73.5	12.3	14.2	100.0(324)
女	66.2	14.2	19.5	100.0(302)
甘肃				
男	66.6	11.9	21.5	100.0(353)
女	54.4	12.3	33.3	100.0(285)

根据老龄样本所反映的情况,男性老年人日常生活自理能力受限情况从全国看也好于女性老年人。日常生活自理能力无限制的男性老年人比例为86.0%,女性老年人为73.4%,男性老年人较女性老年人高出12.6个百分点。而日常生活自理能力受到多项限制的男性老年人为8.9%,女性老年人为14.9%,男性老年人比女性老年人低6个百分点。各地情况与总体大致相同。见表16-19。

表 16-19 分性别的老年人日常生活自理能力(IADL)受限情况 （单位:%）

	无限制	一项限制	多项限制	合计
全国				
男	86.0	5.1	8.9	100.0(1072)
女	73.4	7.8	14.9	100.0(995)

（续表）

	无限制	一项限制	多项限制	合计
辽宁				
男	88.8	3.9	7.3	100.0（330）
女	78.8	9.9	11.3	100.0（373）
上海				
男	87.6	3.6	8.8	100.0（420）
女	73.6	8.5	17.9	100.0（424）
河南				
男	84.6	7.4	8.1	100.0（408）
女	80.8	6.7	12.5	100.0（401）
广东				
男	84.0	9.3	6.8	100.0（324）
女	70.4	16.9	12.6	100.0（301）
甘肃				
男	73.4	12.2	14.4	100.0（353）
女	57.5	17.5	24.9	100.0（285）

根据老龄样本所反映的情况，从全国看，男性老年人的精神健康状况得分高出女性老年人9个百分点，明显好于女性老年人。各地情况与全国大致相同，其中上海老年人的性别差异最小，河南老年人性别差异最大。见图16-5。

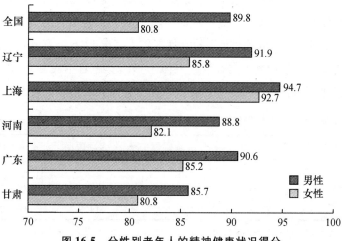

图16-5 分性别老年人的精神健康状况得分

五、年龄与老年健康

老年人的健康状况随着年龄的增长,总体上呈衰退趋势,但也呈现出一定的选择效应。从分年龄组的老年人患病率与因病住院比例看,70—79岁老年人与60—69岁老年人,在过去二周不适率、过去半年患病率和过去一年因病住院比例上均有显著的提高。而80岁以上年龄组老年人这三个指标的表现却显著好于70—79岁年龄组的老年人,结合我国当前人均预期寿命分析,这也体现了一定的选择效应。见表16-20。

表16-20　分年龄组的老年人患病率与因病住院比例　　　　（单位:%）

年龄组	过去二周不适	过去半年患病	过去一年因病住院	合计
60—69岁	34.4	22.0	10.7	100.0(1268)
70—79岁	35.5	29.5	16.8	100.0(627)
80岁以上	31.8	21.2	15.9	100.0(172)
总体	34.5	24.2	13.0	100.0(2067)

从分年龄组的老年人健康自评状况来看,60—69岁老年人的健康自评状况显著好于70—79岁老年人,而70—79岁老年人和80岁以上老年人相比,健康自评状况略差。见表16-21。

表16-21　分年龄组的老年人健康自评　　　　（单位:%）

年龄组	健康	一般	不健康	合计
60—69岁	70.4	10.8	18.7	100.0(1268)
70—79岁	64.0	9.8	26.2	100.0(627)
80岁以上	66.3	10.6	23.1	100.0(172)
总体	68.1	10.5	21.4	100.0(2067)

老年人的日常生活自理能力随着年龄的增长,衰退趋势较为明显。从分年龄组的日常生活自理能力受限状况来看,60—69岁老年人的状况显著好于70—79岁老年人,而80岁以上老年人和70—79岁老年人相比,日常生活自理能力大幅衰退。日常生活自理能力多项受限的老年人比例从13.4%猛增为41.8%。见表16-22。

表 16-22　分年龄组的老年人日常生活自理能力（IADL）受限状况

（单位:%）

年龄组	无限制	一项限制	多项限制	合计
60—69 岁	88.1	5.0	6.9	100.0(1268)
70—79 岁	78.7	7.9	13.4	100.0(627)
80 岁以上	47.3	11.0	41.8	100.0(172)
总体	81.8	6.4	11.8	100.0(2067)

老年人的精神健康状况随着年龄的增长，衰退趋势较为明显。从分年龄组的精神健康状况得分来看，60—69 岁老年人的状况显著好于 70—79 岁老年人，而 80 岁以上老年人和 70—79 岁老年人相比，精神健康状况得分也呈现明显衰退。各地老年人精神健康状况得分随年龄组的变化情况较为复杂，与总体不太相同。其中辽宁与河南 80 岁以上老年人精神健康状况与其他年龄段老年人相比明显表现更好。见图 16-6。

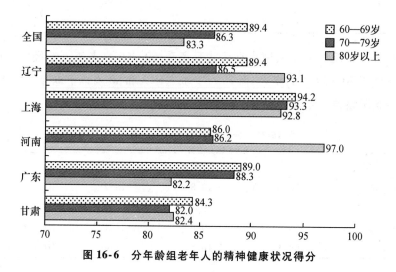

图 16-6　分年龄组老年人的精神健康状况得分

六、有无配偶与老年健康

从全国总体情况看，有配偶老人过去二周不适率低于无配偶老人，但是在过去半年患病率和过去一年因病住院比例上有配偶老人则高于无配偶老人，各地情况与总体大致相同，略有差异。见表 16-23。

表 16-23　有无配偶状况的老年人患病率与因病住院比例　　（单位:%）

	过去二周不适	过去半年患病	过去一年因病住院	合计
全国				
无配偶	35.4	22.9	11.8	100.0(525)
有配偶	34.2	24.7	13.4	100.0(1542)
辽宁				
无配偶	40.1	19.7	19.1	100.0(151)
有配偶	35.7	22.9	14.7	100.0(546)
上海				
无配偶	31.8	28.0	13.4	100.0(157)
有配偶	26.2	24.8	15.0	100.0(687)
河南				
无配偶	35.4	32.6	16.0	100.0(181)
有配偶	37.8	33.0	18.0	100.0(630)
广东				
无配偶	43.5	21.3	10.0	100.0(170)
有配偶	36.8	22.6	10.1	100.0(456)
甘肃				
无配偶	46.1	27.1	9.0	100.0(167)
有配偶	41.6	30.8	14.0	100.0(471)

从老年人健康自评上看,就全国而言,有配偶的老年人健康自评略好于无配偶老年人。从各地情况看,广东的差异最为明显,有配偶老年人健康自评为"健康"的比例较无配偶老人高出 12.9 个百分点。而河南不同婚姻状况老年人的健康自评差异不显著。见表 16-24。

表 16-24　有无配偶状况的老年人健康自评　　（单位:%）

	健康	一般	不健康	合计
全国				
无配偶	65.9	12.0	22.1	100.0(525)
有配偶	68.9	10.0	21.1	100.0(1542)
辽宁				
无配偶	72.6	5.7	21.7	100.0(151)
有配偶	75.8	6.4	17.8	100.0(546)

(续表)

	健康	一般	不健康	合计
上海				
无配偶	70.1	11.5	18.5	100.0(157)
有配偶	75.5	10.9	13.5	100.0(687)
河南				
无配偶	66.3	9.9	23.8	100.0(181)
有配偶	64.4	10.3	25.2	100.0(630)
广东				
无配偶	60.6	20.6	18.8	100.0(170)
有配偶	73.5	10.5	16.0	100.0(456)
甘肃				
无配偶	54.5	15.6	29.9	100.0(167)
有配偶	63.5	10.8	25.7	100.0(471)

从老年人日常生活自理能力(IADL)受限状况上看,全国数据显示,有伴侣的老年人日常生活自理能力(IADL)明显好于无配偶老年人。从各地情况看,广东的差异最为明显,有配偶老年人日常生活自理能力(IADL)不受限的比例较无配偶老人高出25个百分点。其次是辽宁、河南和上海,甘肃在这方面的差异最小,但仍然很显著。见表16-25。

表16-25 有无配偶状况的老年人日常生活自理能力(IADL)受限状况

(单位:%)

	无限制	一项限制	多项限制	合计
全国				
无配偶	68.0	9.6	22.4	100.0(525)
有配偶	86.5	5.3	8.2	100.0(1542)
辽宁				
无配偶	65.6	12.1	22.3	100.0(157)
有配偶	88.6	5.7	5.7	100.0(546)
上海				
无配偶	65.6	8.9	25.5	100.0(157)
有配偶	84.0	5.4	10.6	100.0(687)

（续表）

	无限制	一项限制	多项限制	合计
河南				
无配偶	68.9	9.4	21.7	100.0(180)
有配偶	86.6	6.4	7.0	100.0(629)
广东				
无配偶	59.2	20.1	20.7	100.0(169)
有配偶	84.2	10.3	5.5	100.0(456)
甘肃				
无配偶	56.9	18.0	25.1	100.0(167)
有配偶	69.9	13.4	17.0	100.0(471)

从老年人精神健康状况得分上看，全国数据表明，有配偶的老年人精神健康状况得分明显好于无配偶老年人。各地情况与总体保持一致。见图16-7。

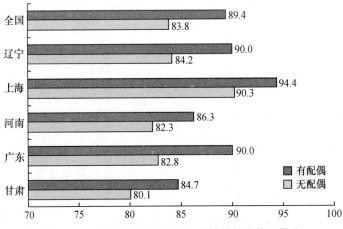

图16-7　有无配偶状况和老年人精神健康状况得分

七、城乡户籍与老龄健康

从全国总体情况看，非农业户籍的老人过去二周不适率与农业户籍老人无显著差别，但是在过去半年患病率和过去一年因病住院比例上，非农业户籍的老人高于农业户籍的老人。各地情况与总体大致相同，略有差异。辽宁、河南和广东非农业户籍的老年人过去二周不适的比例显著低于农业户籍的老年人。见表16-26。

表16-26 分户籍的老年人患病率与因病住院比例 （单位:%）

	过去二周不适	过去半年患病	过去一年因病住院	合计
全国				
农业户籍	34.8	21.7	11.7	100.0(1392)
非农业户籍	34.5	29.4	15.9	100.0(661)
辽宁				
农业户籍	41.8	19.0	13.2	100.0(395)
非农业户籍	30.3	26.4	18.9	100.0(307)
上海				
农业户籍	26.2	19.2	15.8	100.0(240)
非农业户籍	27.7	27.9	14.3	100.0(603)
河南				
农业户籍	40.1	32.1	16.6	100.0(616)
非农业户籍	28.0	34.9	21.3	100.0(189)
广东				
农业户籍	41.8	21.7	8.9	100.0(416)
非农业户籍	32.1	23.4	12.4	100.0(209)
甘肃				
农业户籍	43.0	28.5	12.4	100.0(556)
非农业户籍	41.5	39.0	14.8	100.0(82)

在老年人健康自评上，非农业户籍的老年人健康自评显著好于农业户籍老年人。从各地情况看，甘肃的差异最为明显，非农业户籍的老年人健康自评为"健康"的比例较农业户籍的老人高出27.8个百分点。其次是广东、河南和上海，辽宁在这方面的差异最小，但仍然十分显著。见表16-27。

表16-27 分户籍的老年人健康自评 （单位:%）

	健康	一般	不健康	合计
全国				
农业户籍	65.9	11.0	23.1	100.0(1392)
非农业户籍	72.7	9.5	17.8	100.0(661)

(续表)

	健康	一般	不健康	合计
辽宁				
农业户籍	69.9	6.8	23.3	100.0(395)
非农业户籍	82.1	5.2	12.7	100.0(307)
上海				
农业户籍	64.2	15.8	20.0	100.0(240)
非农业户籍	78.6	9.1	12.3	100.0(603)
河南				
农业户籍	61.4	10.2	28.4	100.0(616)
非农业户籍	75.7	10.6	13.8	100.0(189)
广东				
农业户籍	64.2	15.6	20.2	100.0(416)
非农业户籍	81.8	8.6	9.6	100.0(209)
甘肃				
农业户籍	57.6	13.5	29.0	100(556)
非农业户籍	85.4	2.4	12.2	100(82)

从老年人日常生活自理能力受限状况上看,非农户籍的老年人日常生活自理能力明显好于农业户籍的老年人。从各地情况看,甘肃的差异最为明显,非农户籍的老年人日常生活自理能力不受限的比例较农业户籍老人高出21.9个百分点。其次是广东、辽宁和河南,上海在这方面的差异最小。见表16-28。

表16-28 分户籍的老年人日常生活自理能力(IADL)受限情况 (单位:%)

	无限制	一项限制	多项限制	合计
全国				
农业户籍	79.1	7.3	13.6	100.0(1392)
非农业户籍	87.6	4.4	7.9	100.0(661)
辽宁				
农业户籍	79.5	9.1	11.4	100.0(395)
非农业户籍	88.6	4.6	6.8	100.0(307)
上海				
农业户籍	80.8	4.2	15.0	100.0(240)
非农业户籍	80.4	6.8	12.8	100.0(603)

（续表）

	无限制	一项限制	多项限制	合计
河南				
农业户籍	81.6	7.5	10.9	100.0(614)
非农业户籍	86.8	4.8	8.5	100.0(189)
广东				
农业户籍	73.5	16.1	10.4	100.0(415)
非农业户籍	85.6	6.7	7.7	100.0(209)
甘肃				
农业户籍	63.5	15.8	20.7	100.0(556)
非农业户籍	85.4	6.1	8.5	100.0(82)

从老年人精神健康状况得分上看，全国非农户籍的老年人精神健康状况得分明显高于农业户籍的老年人。从各地情况看，广东老年人在这方面的差异最大，非农户籍老年人精神健康状况得分高于农业户籍老年人10.6分。上海在这方面差异最小，非农户籍老年人精神健康状况得分高于农业户籍老年人3.8分。见图16-8。

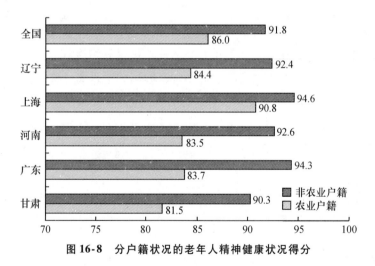

图16-8　分户籍状况的老年人精神健康状况得分

八、老龄群体的患病处理方式

从全国数据看，老年人患小病选择"立即就医"的比例达到了33.9%；自己找药或采用民间疗法的比例为58.9%，居第二位；选择"不采取任何措施"

和"其他"的老年人比例均十分有限,分别为 5.4% 和 1.8%。从各地的情况看,河南与广东的老年人选择"立即就医"的比例最高,分别为 58.4% 和 47.1%,辽宁的老年人选择"立即就医"的比例最低,仅为 12.4%,其选择"自己找药或采取民间疗法"的比例也最高,为 81.7%。见表 16-29。

表 16-29　患小病时的处理方式　　　　　　　　　　（单位:%）

地区	立即就医	自己找药或采用民间疗法	不采取任何措施	其他	合计
全国	33.9	58.9	5.4	1.8	100.0(2067)
辽宁	12.4	81.7	4.6	1.4	100.0(703)
上海	45.3	48.8	4.9	1.1	100.0(845)
河南	58.0	35.6	5.1	1.6	100.0(809)
广东	47.0	48.9	3.0	1.0	100.0(625)
甘肃	34.8	60.8	2.8	1.6	100.0(638)

九、老龄群体的照料

从全国的情况看,44.6% 的老人不适或生病时均由配偶来照料,43.5% 的老年人由子女、孙子女及其配偶照料,由其他人照料的比例为 5.7%,还有 6.2% 的老年人在不适或生病时无人照料。从分地区的情况来看,上海老年人由配偶照料的比例最高,为 52.9%,而甘肃老年人选择由配偶照料的比例最低,为 40.8%。同时上海老年人由子女、孙子女及其配偶照料的比例也最低,为 39.3%。最值得关注的是无人照料的老年人比例,这方面广东老年人的比例最高,达到了 7.6%,而辽宁和上海比例最低,只有 3.0% 的老年人不适或生病时无人照料。见表 16-30。

表 16-30　不适或生病时由谁照料　　　　　　　　　（单位:%）

地区	配偶	子女、孙子女及其配偶	其他	无人照料	合计
全国	44.6	43.5	5.7	6.2	100.0(2067)
辽宁	42.5	49.9	3.0	3.0	100.0(702)
上海	52.9	39.3	4.9	3.0	100.0(842)
河南	46.5	45.2	3.6	4.7	100.0(810)
广东	46.5	39.5	6.5	7.6	100.0(620)
甘肃	40.8	49.2	4.2	5.8	100.0(638)

十、情感支持

我们选择"有心事向谁倾诉"来代表老年人获得的情感支持。从全国的情况看,46.0%的老人向配偶来倾诉,19.8%的老年人向子女、孙子女及其配偶倾诉心声,向其他人倾诉的比例为14.3%,还有19.9%的老年人无人倾诉。从分地区的情况来看,上海老年人选择向配偶倾诉的比例最高,为55.5%,而甘肃老年人选择向配偶倾诉的比例最低,为38.2%。同时上海老年人选择向子女、孙子女及其配偶倾诉的比例也最低,为17.2%。最值得关注的是无人倾诉的老年人比例,这方面甘肃老年人的比例最高,达到了24.1%,而辽宁和广东比例最低,分别只有16.1%和16.4%的老年人有心事无人倾诉。见表16-31。

表16-31 有心事向谁倾诉 (单位:%)

地区	配偶	子女、孙子女及其配偶	其他	无人	总计
全国	46.0	19.8	14.3	19.9	100.0(2067)
辽宁	46.2	25.9	11.8	16.1	100.0(702)
上海	55.5	17.2	10.5	16.8	100.0(841)
河南	49.6	18.6	12.5	19.3	100.0(810)
广东	44.7	22.0	16.9	16.4	100.0(620)
甘肃	38.2	25.6	12.1	24.1	100.0(638)

本章提要

- 从少儿患病与就医情况看,全国少儿过去一月患病率约为三成,有超过半数的少儿过去一年曾因病就诊。女孩的身体状况略好于男孩。全国数据显示,接近3/4的10—15岁受访少儿自评健康状况良好。少儿精神健康状况得分平均为90.4。随着年龄的增加,少儿群体过去一月患病的比例和过去一月因病就诊的比例均有显著的下降。农业户籍少儿过去一月患病率高于非农户籍的少儿,而过去一年因病就诊率低于非农户籍的少儿。

- 超过2/3的家长在少儿患小病时选择"立即就医";选择"不采取任何

措施"和"其他"的家长比例均十分有限。

- 10—15周岁少儿中超过三成的人每天锻炼,超过三成的人每周锻炼,不到1/4的人基本不锻炼。

- 数据显示,父母是少儿日常生活的主要照料者,随着年龄的提升,父母作为主要照顾者的比例逐步提高,而祖父母外祖父母作为主要照顾者的比例逐步下降。

- 超过半数的少儿拥有社会医疗保险。18.7%的少儿在过去一年被家长投保了商业医疗保险,平均花费960.4元。上海少儿拥有社会医疗保险比例最高,甘肃少儿拥有社会医疗保险比例最低。

- 数据显示,34.5%的老年人过去二周曾感到不适,24.3%的老年人过去半年曾患病,有13.0%的老年人过去一年内曾因病住院。超过2/3的老年人健康自评状况为"健康",约1/5的老年人认为自己的健康状况为"不健康"。有81.8%的老年人日常生活自理能力未受到限制,有6.4%的老年人在其中一项上受到限制,有11.8%的老年人在多项活动上受到限制。男性老年人健康状况总体好于女性老年人。有配偶老年人的健康状况好于无配偶老年人。非农业户籍的老年人的健康状况好于农业户籍老年人。

- 44.6%的老年人不适或生病时均由配偶来照料,43.5%的老年人由子女、孙子女及其配偶照料,有6.2%的老年人在不适或生病时无人照料。46.0%的老年人向配偶倾诉心事,19.8%的老年人向子女、孙子女及其配偶倾诉心声,有19.9%的老年人无人倾诉。

# 第五部分 日常生活与社会交往

第十七章　时间利用与闲暇活动

日常生活时间的分配和利用,是了解个体生活的一个非常重要的方面。本调查从两个方面对居民的日常生活时间进行了考察,包括居民在工作日和周末的时间安排和主要的闲暇活动。我们将居民一天的时间安排划分为个人生活活动、个人工作、学习培训、娱乐休闲与社会交往、交通和其他活动时间。对于闲暇活动的考察,主要集中于居民看电视、阅读、健身或参加体育锻炼、旅游、打牌、打麻将、玩游戏、外出就餐、做家务、参加宗教活动等。

第一节　日常时间分配概况

一、工作日和周末时间分配

1. 工作日时间安排

表 17-1 显示,本次调查中,在职人群及学生工作日平均每天用在个人生活活动 12.0 小时,工作学习 7.7 小时,娱乐休闲和社会交往 3.0 小时,除生活时间外,在职人群及学生的时间分配以工作学习为主。上海、广东与河南、甘肃相比,居民的工作学习、娱乐交往时间更长,个人生活时间更短。其中上海居民在工作学习、娱乐交往和交通时间上最长,生活时间最短。河南居民工作学习时间最短。甘肃居民的娱乐交往和交通时间在五省中最短,更多的时间用于个人生活活动。

表 17-1　在职人群及学生工作日时间分配均值　　　　（单位:小时）

地区	生活时间	工作学习	娱乐交往	交通时间	其他	人数
全国	12.0	7.7	3.0	0.5	0.8	11793
辽宁	11.6	7.8	3.2	0.5	0.9	1592
上海	11.0	8.6	3.5	0.8	0.6	1540
河南	12.8	6.7	2.9	0.5	1.1	1849
广东	11.5	8.3	3.2	0.5	0.6	1830
甘肃	13.0	7.6	2.3	0.4	0.8	2129

退休和无业人员平均每天的个人生活和娱乐休闲时间远高于在职人群和学生。除去个人生活活动,退休和无业人员的时间分配以娱乐休闲为主,平均每天4.3小时,工作学习仅2.0小时。其中上海地区的退休和无业人群娱乐交往时间最长,达5.3小时,辽宁次之,甘肃地区最短,仅3.1小时。见表17-2。

表 17-2　退休及无业人员工作日时间分配均值　　　　（单位:小时）

地区	生活时间	工作学习	娱乐交往	交通时间	其他	人数
全国	14.3	2.0	4.3	0.4	2.5	9779
辽宁	13.5	1.7	5.0	0.3	3.1	1533
上海	13.5	0.7	5.3	0.4	3.8	1385
河南	14.6	2.3	4.3	0.4	2.1	1753
广东	14.1	1.8	4.8	0.4	2.3	1231
甘肃	15.4	2.7	3.1	0.4	2.2	1554

2. 周末时间安排

在周末,在职人群和学生用于个人生活活动的时间有显著增加,时间安排以娱乐交往为主。其中上海地区在职人群和学生周末娱乐交往时间最长,工作学习时间最短,两项指标都与全国平均水平相差很大。辽宁在职人群和学生周末学习时间最长。见表17-3。

表17-3　在职人员及学生周末时间分配均值　　　　（单位：小时）

地区	生活时间	工作学习	娱乐交往	交通时间	其他	人数
全国	13.1	4.2	4.6	0.4	1.5	11793
辽宁	12.6	4.4	4.6	0.4	1.7	1592
上海	12.8	2.2	6.1	0.4	2.2	1540
河南	13.7	3.4	4.3	0.4	1.9	1849
广东	12.9	3.9	5.1	0.5	1.4	1830
甘肃	14.2	4.3	3.5	0.4	1.5	2129

从时间安排的结构看，退休及无业人员的时间安排与工作日没有显著差异，依然是以个人生活活动和娱乐交往为主，生活时间占到62%，娱乐交往时间为20%。上海地区退休和无业人群娱乐交往时间最长，工作学习时间最短。甘肃地区娱乐交往时间最短，工作学习时间最长。见表17-4。

表17-4　退休及无业人员周末时间分配均值　　　　（单位：小时）

地区	生活时间	工作学习	娱乐交往	交通时间	其他	人数
全国	14.6	1.4	4.6	0.3	2.6	9779
辽宁	13.6	1.3	5.2	0.2	3.1	1533
上海	13.9	0.2	5.5	0.3	3.6	1385
河南	14.8	1.6	4.6	0.4	2.2	1753
广东	14.8	1.1	5	0.3	2.2	1231
甘肃	15.7	2.1	3.4	0.4	2.2	1554

二、不同性别、年龄人群在基本时间安排上的差异

1. 不同性别人群的时间安排

如表17-5的数据显示，不同性别的在职人群和学生在时间安排上存在较显著的差异。从总体上看，在交通时间和其他活动时间上，男女在时间安排上没有差别，而在其他几项的安排上存在一定程度的不同。在工作学习和娱乐交往时间上，工作日男性用于工作学习、娱乐交往的时间分别比女性多0.8、0.5小时，周末分别多0.7、0.8小时。在生活时间上正好相反，工作日和周末女性比男性分别多1.6、1.9小时。

表 17-5　不同性别的在职人群和学生时间安排分布表　　（单位：小时）

			生活时间	工作学习	娱乐交往	交通时间	其他
全国	工作日	男	11.3	8.1	3.2	0.6	0.9
		女	12.9	7.3	2.7	0.5	0.8
	周末	男	12.3	4.5	4.9	0.5	0.7
		女	14.2	3.8	4.1	0.4	1.4
辽宁	工作日	男	10.8	8.3	3.3	0.6	1.0
		女	12.7	7.1	3.0	0.4	0.9
	周末	男	11.7	4.8	4.9	0.4	1.7
		女	13.8	3.7	4.2	0.3	1.7
上海	工作日	男	10.6	8.8	3.7	0.8	0.6
		女	11.6	8.3	3.2	0.8	0.6
	周末	男	12.2	2.3	6.4	0.4	2.3
		女	13.6	2.1	5.6	0.4	2.1
河南	工作日	男	11.5	7.6	3.1	0.5	1.2
		女	14.2	5.8	2.6	0.4	1.0
	周末	男	12.5	3.9	4.8	0.4	2.0
		女	15.1	2.8	3.7	0.3	1.8
广东	工作日	男	10.9	8.4	3.6	0.5	0.6
		女	12.3	8.0	2.8	0.4	0.5
	周末	男	12.2	4.1	5.5	0.5	1.4
		女	13.9	3.6	4.6	0.4	1.3
甘肃	工作日	男	12.3	8.1	2.6	0.4	0.8
		女	13.8	7.1	2.0	0.4	0.8
	周末	男	13.5	4.5	3.9	0.4	1.5
		女	15.0	4.1	3.0	0.4	1.4

分地区的数据显示，河南在职人群和学生在时间安排上的两性差异最大。在工作学习时间上，工作日男性比女性多 1.8 小时，周末多 1.1 小时，在个人生活时间上，女性比男性多 2.5 小时以上，在娱乐交往时间上，工作日男性比女性多 0.5 小时，周末多 1.1 小时。上海地区性别差异最小。

退休及无业人员的时间安排也存在明显的性别差异。男性用于工作学习的时间高于女性。在个人生活活动上，女性花费的时间则明显高于男性。在娱乐交往和交通时间安排上,男性略高于女性。见表17-6。

表17-6 不同性别的退休及无业人员时间安排分布表　　（单位:小时）

			生活时间	工作学习	娱乐交往	交通时间	其他
全国	工作日	男	12.8	2.9	4.7	0.4	2.7
		女	15.3	1.4	4.1	0.3	2.4
	周末	男	13.1	2.1	5.1	0.4	2.8
		女	15.5	1.0	4.3	0.3	2.4
辽宁	工作日	男	12.0	2.9	5.3	0.4	2.9
		女	14.4	1.0	4.7	0.2	3.2
	周末	男	12.3	2.1	5.7	0.3	3.2
		女	14.5	0.8	4.9	0.2	3.1
上海	工作日	男	12.3	0.9	5.9	0.4	4.0
		女	14.2	0.5	4.8	0.3	3.6
	周末	男	12.8	0.3	6.2	0.4	4.0
		女	14.6	0.2	5.1	0.3	3.4
河南	工作日	男	12.9	3.3	4.7	0.4	2.2
		女	15.8	1.5	4.0	0.3	2.0
	周末	男	13.3	2.4	5.1	0.4	2.3
		女	16.0	1.0	4.2	0.3	2.2
广东	工作日	男	12.6	2.3	5.6	0.4	2.6
		女	15.1	1.6	4.3	0.3	2.1
	周末	男	13.6	1.3	5.8	0.4	2.4
		女	15.6	1.0	4.5	0.3	2.0
甘肃	工作日	男	14.4	3.4	3.3	0.5	2.4
		女	16.2	2.2	2.9	0.4	2.1
	周末	男	14.7	2.4	3.7	0.5	2.5
		女	16.5	1.8	3.1	0.4	2.0

数据显示,河南退休及无业人群在个人生活活动和工作学习时间安排上的性别差异最大,上海退休及无业人群在工作学习时间安排上的性别差异最小。广东地区退休及无业人群在娱乐交往时间上的性别差异最大。

2. 不同年龄人群的时间安排差异

对在职和学生群体来说,各年龄组人群对于各项内容的时间安排存在着明显差别。工作日用于工作学习和娱乐交往的时间随年龄的升高而递减,用于个人生活活动的时间随年龄的升高依次增加。1980年代及以后出生的人群工作日工作学习时间最长,平均每天8.3小时,1950年代以前出生的人群平均每天工作学习6.2小时。1980年代及以后出生的人群工作日用于娱乐交往的时间为3.4小时,比1950年代以前出生的人群多0.7小时。

周末时间的安排上,1980年以后出生的人群用于工作学习的时间明显减少,而用于个人生活活动和娱乐交往的时间则明显增多。见表17-7。

表17-7　不同年龄段在职和学生群体时间安排分布表　　（单位:小时）

		生活时间	工作学习	娱乐交往	交通时间	其他
1980年代及以后	工作日	11.3	8.3	3.4	0.5	0.6
	周末	12.9	3.5	5.7	0.4	1.3
1970年代	工作日	12.1	7.9	2.9	0.5	0.7
	周末	13.3	4.2	4.4	0.4	1.5
1960年代	工作日	12.0	7.7	2.9	0.5	0.9
	周末	12.9	4.5	4.3	0.5	1.6
1950年代	工作日	12.5	7.2	2.8	0.5	0.9
	周末	13.3	4.6	3.9	0.4	1.5
1950年代以前	工作日	13.1	6.2	2.7	0.4	1.4
	周末	13.7	4.2	3.5	0.4	2.1

1980年代及以后 $N=3090$,1970年代 $N=2757$,1960年代 $N=3085$,1950年代 $N=2011$,1950年代以前 $N=850$。

对于退休和无业人员来说,不同年龄组在时间分配上存在一定差异,相对于在职人群和学生,各年龄组的差异相对较小。对于退休和无业人员,除1980年代及以后出生的人群,工作学习时间随年龄升高而降低,娱乐交往时间随年龄升高而增加。见表17-8。

表17-8　不同年龄段退休和无业人员时间安排分布表　　（单位:小时）

		生活时间	工作学习	娱乐交往	交通时间	其他
1980年代及以后	工作日	14.8	2.4	4.8	0.3	1.5
	周末	15.1	1.4	5.2	0.3	1.7

(续表)

		生活时间	工作学习	娱乐交往	交通时间	其他
1970 年代	工作日	14.6	3.1	3.5	0.4	2.0
	周末	14.9	2.3	3.9	0.4	2.1
1960 年代	工作日	14.0	3.1	3.7	0.4	2.4
	周末	14.3	2.3	4.0	0.4	2.6
1950 年代	工作日	14.6	1.9	4.2	0.3	2.5
	周末	14.8	1.4	4.5	0.3	2.5
1950 年代以前	工作日	13.9	0.9	4.9	0.3	3.3
	周末	14.1	0.7	5.1	0.3	3.2

1980 年代及以后 $N=1404$，1970 年代 $N=1409$，1960 年代 $N=1721$，1950 年代 $N=2108$，1950 年代以前 $N=3137$。

第二节 个人生活活动时间分配

在对上述大类时间安排进行描述以后，我们将对各类活动内部的时间安排进行描述和初步分析。在本节中，我们将进一步考察个人生活活动时间的安排。个人生活活动具体包括睡觉休息、用餐活动、个人卫生活动、家务劳动和照顾家人五项。

一、个人生活活动时间分配总体情况

数据显示，全国居民工作日平均睡眠时间为 8.1 小时，占个人生活活动时间的 62%，用餐时间 1.4 小时，家务劳动 1.6 小时，照顾家人 1.0 小时，个人卫生活动时间 0.9 小时，全天用于个人生活活动 13.0 小时，占到了全天时间的 54%。周末各项个人生活活动时间都有所增加，占到全天时间的 58%。在睡眠时间上，中西部省份明显高于东部省市，甘肃居民工作日睡眠时间最长，达 8.4 小时，上海居民工作日睡眠时间最短，平均 7.7 小时。广东居民工作日和周末睡眠时间差距最大，达 0.7 小时。用餐时间也表现出相同的地区差异，中西部省份高于东部省市。广东居民用于家务劳动的时间最短，甘肃最长。见表 17-9。

表 17-9　个人生活活动时间分配总体情况　　　（单位：小时）

		生活时间小计	睡眠	用餐	卫生活动	家务劳动	照顾家人
全国	工作日	13.0	8.1	1.4	0.9	1.6	1.0
	周末	13.8	8.4	1.4	0.9	1.8	1.1
辽宁	工作日	12.5	7.8	1.3	0.9	1.6	0.9
	周末	13.1	8.0	1.4	1.0	1.8	1.0
上海	工作日	12.2	7.7	1.3	0.9	1.6	0.7
	周末	13.3	8.3	1.3	1.0	1.9	0.8
河南	工作日	13.6	8.3	1.7	0.8	1.6	1.2
	周末	14.3	8.5	1.7	0.9	1.8	1.3
广东	工作日	12.6	7.9	1.3	0.9	1.5	1.0
	周末	13.7	8.6	1.4	0.9	1.7	1.2
甘肃	工作日	14.0	8.4	1.8	0.9	2.0	1.0
	周末	14.9	8.8	1.8	0.9	2.2	1.1

全国 $N=21572$，辽宁 $N=3125$，上海 $N=2925$，河南 $N=3602$，广东 $N=3061$，甘肃 $N=3683$。

图 17-1 和图 17-2 的数据显示，女性用于各项个人生活活动的时间都高于男性。男女两性在睡眠、用餐和个人卫生活动上的时间分配没有明显差异，但在家务劳动和照顾家人上，女性的时间分配明显高于男性。数据显示，家务劳动和照顾家人的责任主要由女性承担，女性平均每天用于家务劳动和照顾家人的时间在 3.5 小时以上，比男性多出一倍以上。

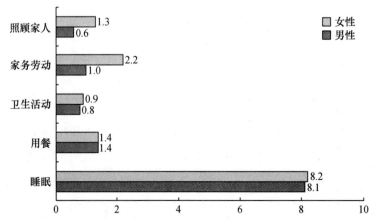

图 17-1　不同性别居民工作日个人生活活动时间安排分布表（单位：小时）

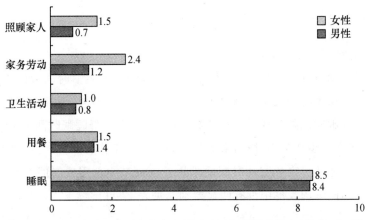

图 17-2 不同性别居民周末个人生活活动时间安排分布表（单位：小时）

不同代际人群在个人生活活动时间的安排上也存在较大的差异。1950年代以前出生的人群工作日睡眠时间最长；周末，1980年代及以后出生的人群的睡眠时间最长。用餐时间和家务劳动时间随年龄升高而增加。见表17-10。

表 17-10　不同年龄段个人生活活动时间安排分布表　　（单位：小时）

		生活时间小计	睡眠	用餐	卫生活动	家务劳动	照顾家人
1980年代及以后	工作日	12.4	8.2	1.3	0.9	0.9	1.1
	周末	13.6	8.8	1.3	0.9	1.2	1.3
1970年代	工作日	13.0	8.1	1.4	0.9	1.5	1.1
	周末	13.9	8.4	1.4	0.9	1.8	1.3
1960年代	工作日	12.7	8.0	1.4	0.8	1.7	0.7
	周末	13.4	8.3	1.4	0.9	2.0	0.8
1950年代	工作日	13.6	8.0	1.5	0.9	2.0	1.1
	周末	14.0	8.2	1.5	0.9	2.2	1.2
1950年代以前	工作日	13.8	8.4	1.5	0.9	2.0	0.9
	周末	14.0	8.5	1.5	1.0	2.1	0.9

1980年代及以后 $N=4494$，1970年代 $N=4166$，1960年代 $N=4806$，1950年代 $N=4119$，1950年代以前 $N=3987$。

二、不同人群的个人生活活动时间安排

1. 不同受教育程度人群

数据显示,不同受教育程度人群在工作日和周末生活时间分配上存在差别。总体上居民的个人生活活动时间随学历升高而递减。在睡眠时间上,居民工作日睡眠时间随学历升高而递减,大专及以上人群睡眠时间为7.7小时,比文盲/半文盲少0.7小时;周末睡眠时间相较于工作日,都有显著增加,大专及以上人群尤甚。家务劳动时间随学历升高而减少。用餐时间、个人卫生活动时间在不同学历人群中没有明显差别。见表17-11。

表17-11 不同受教育程度人群个人生活活动时间分配情况 （单位:小时）

		生活时间小计	睡眠	用餐	卫生活动	家务劳动	照顾家人
文盲/半文盲	工作日	14.0	8.4	1.5	0.9	2.2	1.0
	周末	14.4	8.5	1.5	0.9	2.3	1.1
小学	工作日	13.2	8.2	1.4	0.9	1.7	1.0
	周末	13.8	8.4	1.4	0.9	1.9	1.1
初中	工作日	12.7	8.1	1.4	0.9	1.4	1.0
	周末	13.5	8.4	1.4	0.9	1.6	1.1
普高、中专及职高	工作日	12.2	7.8	1.4	0.9	1.2	0.8
	周末	13.2	8.3	1.4	0.9	1.5	1.0
大专及以上	工作日	11.7	7.7	1.4	0.9	0.9	0.8
	周末	13.3	8.4	1.4	1.0	1.3	1.2

文盲/半文盲 $N=6427$,小学 $N=4564$,初中 $N=6303$,普高、中专及职高 $N=2843$,大专及以上 $N=1433$。

2. 不同职业人群

表17-12显示的是各个职业类型的人群在个人生活活动上的时间安排。其中,工作日农林牧渔水利业生产人员平均每天用于个人生活活动的时间最多,工作日与周末分别为13.1、13.7小时,专业技术人员与负责人工作日用于个人生活活动的时间相对较少,约11个小时。各职业间个人生活时间的差异主要来自于睡眠时间和家务劳动时间。工作日农林牧渔水利业生产人员睡眠时间最长,达8.3小时,单位负责人工作日睡眠时间最短,仅7.6小时。周末

各职业人群间睡眠时间差别不大。家务劳动时间上,农林牧渔水利业生产人员最长。其他各职业类型在生活时间安排上的差别不大。

表 17-12 不同职业人群个人生活活动时间分配情况　　　(单位:小时)

		生活时间小计	睡眠	用餐	卫生活动	家务劳动	照顾家人
负责人	工作日	11.1	7.6	1.4	0.8	0.8	0.5
	周末	12.3	8.1	1.4	0.9	1.1	0.9
专业及技术人员	工作日	11.2	7.7	1.3	0.8	0.8	0.5
	周末	12.9	8.4	1.4	0.9	1.3	0.9
办事及有关人员	工作日	11.5	7.7	1.3	0.9	0.9	0.6
	周末	13.4	8.5	1.4	1.0	1.5	1.0
服务人员	工作日	11.5	7.8	1.3	0.8	1.0	0.6
	周末	12.8	8.3	1.3	0.9	1.4	0.9
农林牧渔水利业生产人员	工作日	13.1	8.3	1.5	0.8	1.7	0.8
	周末	13.7	8.5	1.5	0.9	1.9	0.9
生产运输设备操作人员及有关人员	工作日	11.1	7.8	1.3	0.8	0.8	0.4
	周末	12.5	8.4	1.3	0.8	1.2	0.7
其他	工作日	11.4	7.7	1.3	0.8	0.9	0.6
	周末	12.9	8.4	1.4	0.9	1.4	0.9

负责人 $N=577$,专业及技术人员 $N=1240$,办事及有关人员 $N=771$,服务人员 $N=1478$,农林牧渔水利业生产人员 $N=4933$,生产运输设备操作人员及有关人员 $N=919$,其他 $=266$。

3. 城乡居民个人生活时间比较

数据显示,城乡居民个人生活时间安排存在差异。农业户籍居民的个人生活活动时间高于城市。睡眠时间和家务劳动时间安排的差别是城乡差异的主要来源。工作日农业户籍居民的睡眠时间比非农户籍居民高 0.8 小时,周末这一差距略有缩小。农村居民平均每天用于家务劳动的时间比非农户籍居民高 0.2 小时。其他各项无明显差异。见表 17-13。

表17-13　城乡居民个人生活活动时间分配均值　　　（单位：小时）

		生活时间小计	睡眠	用餐	卫生活动	家务劳动	照顾家人
工作日							
	农业户籍	13.3	8.3	1.5	0.9	1.7	1.0
	非农户籍	12.5	7.8	1.4	0.9	1.5	1.0
周末							
	农业户籍	13.9	8.6	1.5	0.9	1.9	1.1
	非农户籍	13.3	8.2	1.4	1.0	1.7	1.1

农业户籍 $N=15481$，非农户籍 $N=6091$。

第三节　工作学习时间分配

一、工作学习时间分配总体状况

1. 不同就业状态人群的工作学习时间分配情况

表17-14所示为不同就业人群的工作学习时间分配具体情况。在职人群工作日用于工作的时间为7.6小时，学习时间0小时。学生平均每天用于学习的时间为8.4小时。家务劳动或无业在家的人群，平均每天工作时间2.4小时，无业在找工作的人群，平均每天工作3.7小时，离退休人群和身体不适合工作的人群，平均每天工作时间为1小时。数据显示，不同就业状态的人群在工作学习时间上的分配有显著差异。学生工作日的时间分配以学习为主，无业或退休人群的工作时间远低于在职人群，因此本节对居民日常生活中工作学习时间的考察将仅限于在职人群工作日的工作学习时间。

表17-14　不同就业状态人群工作日工作学习时间分配情况　　（单位：小时）

	工作时间小计	第一职业	兼职	学习时间小计	正规教育	课外作业	业余培训	人数
工作	7.6	7.4	0.1	0.0	0.0	0.0	0.0	10701
上学	0.6	0.5	0.1	8.4	6.6	1.7	0.2	1092
家务劳动或无业	2.4	2.3	0.1	0.0	0.0	0.0	0.0	3318
无业在找工作	3.7	3.5	0.3	0.1	0.0	0.0	0.0	1761
离退休	1.0	0.9	0.1	0.0	0.0	0.0	0.0	4016
身体不适合工作	1.0	1.0	0.1	0.0	0.0	0.0	0.0	684

2. 不同地区在职人群工作日时间分配

在职人群平均每天的工作时间中,第一职业 7.6 小时,第二职业 0.1 小时。分地区的数据显示,上海在职人群工作日工作时间最长,达 8.5 小时。河南在职人群工作时间最短,平均每天工作 6.4 小时。辽宁、广东两地在职人群兼职时间最长,为 0.2 小时。见表 17-15。

表 17-15　分地区在职人群工作日时间分配情况　　　　　（单位:小时）

	全国	辽宁	上海	河南	广东	甘肃
工作时间小计	7.6	7.6	8.5	6.4	8.1	7.2
第一职业	7.4	7.5	8.4	6.3	7.9	7.1
兼职	0.1	0.2	0.1	0.1	0.2	0.1
生活时间	12.2	11.8	11.1	13.0	11.7	13.4
娱乐交往	3.0	3.2	3.4	2.9	3.2	2.2
交通时间	0.5	0.5	0.8	0.5	0.5	0.4
其他	0.8	1.0	0.6	1.1	0.6	0.8

3. 不同特征的在职人群工作日工作学习时间安排的差异

数据显示,在受教育程度为大专以下的人群中,第一职业工作时间随学历的升高而增加,高中文化程度的在职人群工作时间最长,平均每天 7.9 小时,比文盲/半文盲工作时间多 1.2 小时,大专及以上工作时间为 7.8 小时。小学、初中文化的人群兼职时间最长,为 0.2 小时。总体上看,高中文化程度的人群工作日工作时间最长。见表 17-16。

表 17-16　不同受教育程度在职人群工作日工作学习时间分配均值

（单位:小时）

	文盲/半文盲	小学	初中	普高、中专及职高	大专及以上
工作时间小计	6.8	7.6	7.9	8.0	7.9
第一职业	6.7	7.4	7.7	7.9	7.8
兼职	0.1	0.2	0.2	0.1	0.1
生活时间	13.2	12.2	11.9	11.5	11.3
娱乐交往	2.3	2.8	3	3.7	4.2
交通时间	0.5	0.5	0.5	0.6	0.7
其他	1.2	0.9	0.8	0.6	0.4

不同职业在职人群的工作日工作学习时间分配也存在显著差异。生产运输设备操作人员及有关人员的工作时间最长,达 9.0 小时,农林牧渔水利业生产人员工作时间最短,为 6.7 小时。除农林牧渔水利业生产人员外,所有职业的工作日工作时间都超过 8 小时。第一职业之外,农林牧渔水利业生产人员从事兼职的时间最长,这可能与我国大量的农民工就业形态有关。见表17-17。

表 17-17　不同职业在职人群工作日工作学习时间分配情况　（单位:小时）

	负责人	专业及技术人员	办事及相关人员	服务人员	农林牧渔水利业生产人员	生产运输设备操作人员及有关人员	其他
工作时间小计	8.4	8.4	8.2	8.4	6.7	9.0	8.5
第一职业	8.3	8.4	8.1	8.3	6.6	8.9	8.4
兼职	0.1	0.1	0.1	0.1	0.2	0.0	0.1
生活时间	11.1	11.2	11.5	11.5	13.1	11.1	11.4
娱乐交往	3.9	3.5	3.6	3.1	2.6	2.9	2.9
交通时间	0.6	0.7	0.7	0.5	0.5	0.6	0.6
其他	0.4	0.5	0.5	0.6	1.0	0.6	0.7

在这里,我们试图对具有农业户籍并且从事农业工作的人和具有非农户籍并有工作的人群的工作学习时间来进行比较,作为了解我国城乡差异的一个侧面。这样,我们排除了具有农业户籍但不从事农业工作的人,也排除了具有非农户籍但没有工作的人群。

图 17-3 显示的是非农户籍中的在职人群与农村务农人群在工作学习时间安排上的差别。总体上看,城市居民的工作时间显著高于农村务农人群。农村务农人群工作日工作时间为 6.7 小时,城市居民为 8.2 小时,后者体现了典型的 8 小时工作制的特点。农业户籍居民从事兼职的时间明显高于非农户籍居民。

分地区的数据显示,在从事农业工作的人群中,广东农民工作时间最长,为 7.5 小时,上海农民工作时间最短,仅 5.2 小时。在从事非农工作的人群中,上海居民工作时间最长,为 8.5 小时,河南居民工作时间最短,为 7.6 小时。

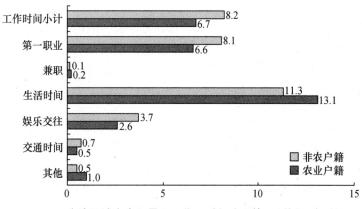

图 17-3 分地区城乡在职居民工作日时间分配情况（单位：小时）

第四节 工作外时间的活动状况

一、闲暇活动概况

本次调查涉及了八项工作外活动项目，设置了五个频繁度等级，表 17-18 列出了居民从事各项活动频率由低到高排列比例的总体情况。数据显示，看电视与做家务是居民工作外从事最多的活动，阅读、健身或体育锻炼、打牌、打麻将、玩游戏和外出就餐等活动也占了一定比例，闲暇时旅游或参加宗教活动的比重很少。下面具体分析各项活动的从事状况。

表 17-18 工作外时间从事各项活动的频率分布表 （单位：%）

地区	从不	偶尔	每月数次	每周数次	几乎每天	合计
看电视	14.3	0.7	2.9	9.6	72.6	100.0(21572)
阅读	73.0	0.7	2.6	7.4	16.2	100.0(21572)
健身或体育锻炼	82.0	0.4	1.5	4.2	11.9	100.0(21572)
旅游	95.7	4.0	0.3	0.1	0.0	100.0(21572)
打牌、打麻将、玩游戏	77.7	3.4	8.0	7.6	3.3	100.0(21572)
外出就餐	80.2	5.8	8.7	4.2	1.1	100.0(21572)
做家务	26.4	0.7	3.1	6.8	63.0	100.0(21572)
参加宗教活动	98.0	0.4	0.6	0.4	0.6	100.0(21572)

1. 看电视：成为最主要的闲暇活动

在本次调查中，85.7%的成人选择看电视作为闲暇活动，是所有闲暇活动中比例最高的一项。表17-19显示，看电视活动的频率分布非常集中，72.6%的被调查者几乎每天都看电视。全国居民工作日平均每天看电视1.7小时，周末2.0小时，是所有闲暇活动中用时最长的活动，占到闲暇时间的47%以上。可见，看电视是居民闲暇活动的最主要方式。

分地区的数据显示，上海居民看电视的频率最高，甘肃最低。从不看电视的人群所占比例，全国为14.3%，甘肃为25.4%，上海仅8.3%。几乎每天看电视的人群，上海在80%以上，甘肃为59.7%。在看电视的时间上，辽宁最高，工作日为2.1小时，周末为2.4小时，分别高出甘肃0.9、0.8小时。

表17-19　看电视频率分布　　　　　　　　　　（单位:%）

地区	从不	偶尔	每月数次	每周数次	几乎每天	合计
全国	14.3	0.7	2.9	9.6	72.6	100.0(21572)
辽宁	10.9	0.4	2.0	9.0	77.8	100.0(3125)
上海	8.3	0.4	1.3	7.7	82.2	100.0(2925)
河南	16.8	0.9	3.7	11.4	67.1	100.0(3602)
广东	10.2	0.6	2.1	9.4	77.7	100.0(3061)
甘肃	25.4	0.9	3.1	10.9	59.7	100.0(3683)

2. 阅读：七成以上居民从不阅读，阅读频率地区差异大

表17-20显示，全国居民中，73%的居民从不阅读，几乎每天阅读的居民比重为16.2%。上海居民的阅读频率最高，四成以上的居民从事阅读，32%的居

表17-20　阅读频率分布表　　　　　　　　　　（单位:%）

地区	从不	偶尔	每月数次	每周数次	几乎每天	合计
全国	73.0	0.7	2.6	7.4	16.2	100.0(21572)
辽宁	72.0	0.6	2.0	8.2	17.3	100.0(3125)
上海	56.5	0.6	2.1	8.8	32.0	100.0(2925)
河南	73.7	0.7	3.2	8.1	14.2	100.0(3602)
广东	69.7	0.5	2.8	9.0	18.0	100.0(3061)
甘肃	78.8	0.6	1.7	6.5	12.4	100.0(3683)

民几乎每天都阅读,远高于全国平均水平。几乎每天都阅读的居民中,甘肃比重最低,仅 12.4%。阅读频率的地区分布差异较大。

3. 健身锻炼:居民锻炼比重仅两成,上海居民锻炼频率最高

本次调查中,82%的人从不健身或进行体育锻炼,仅 11.9%的人群会每天抽时间锻炼身体。健身锻炼频率在地区上也存在差异,上海居民锻炼频率最高,但仍有近七成的居民从不锻炼身体。甘肃居民锻炼频率最低,87.8%的人从不锻炼,几乎每天锻炼的人群仅占 8.1%。见表 17-21。

表 17-21 健身锻炼频率分布表 （单位:%）

地区	从不	偶尔	每月数次	每周数次	几乎每天	合计
全国	82.0	0.4	1.5	4.2	11.9	100.0(21572)
辽宁	76.1	0.4	1.6	4.7	17.2	100.0(3125)
上海	68.8	1.0	2.0	7.7	20.5	100.0(2925)
河南	81.6	0.5	1.4	4.0	12.5	100.0(3602)
广东	79.3	0.6	2.5	6.1	11.4	100.0(3061)
甘肃	87.8	0.4	0.8	2.9	8.1	100.0(3683)

锻炼时间上,全国居民平均每天锻炼时间 0.3 小时。上海居民平均锻炼时间高居各省之首,工作日为 0.4 小时,周末为 0.5 小时,甘肃居民锻炼时间最短,平均每天比上海低 0.2 小时。

4. 旅游:居民旅游比重不到 5%,上海居民旅游频率最高

调查数据显示,全国居民中,从未旅游的人群高达 95.7%,时常外出旅游(每月数次以上)的人群很少,仅占总体的 0.4%,4%的人群偶尔出去旅游。旅游的频繁程度在各省市存在差别,从不旅游的人群,上海最低,为 86.2%,其他各地这一比重都在 90%以上,甘肃从不旅游的人群最高,为 97.1%。

5. 打牌、打麻将、玩游戏

全国居民中,77.7%的人从不玩游戏、打牌、打麻将。在玩游戏、打牌的人群中,14.8%的人几乎每天都玩,平均每天玩游戏的时间工作日约 0.4 小时,周末为 0.6 小时。玩游戏的时间与频率上,三地没有明显差异。

6. 外出就餐:八成居民从不外出就餐,上海居民外出就餐比例最高

数据显示,总体上,80.2%的居民从不外出就餐,几乎每天外出就餐的居

民占 1.1%。上海居民外出就餐的频率远高于其他地区,近四成的居民会外出就餐。甘肃居民外出就餐的比重最低,仅 0.6 的居民几乎每天外出就餐。见表 17-22。

表 17-22 外出就餐频率分布表　　　　　　　　（单位:%）

地区	从不	偶尔	每月数次	每周数次	几乎每天	合计
全国	80.2	5.8	8.7	4.2	1.1	100.0(21572)
辽宁	80.6	6.4	7.6	4.6	0.8	100.0(3125)
上海	63.6	14.0	14.7	6.5	1.3	100.0(2925)
河南	80.8	5.2	8.2	4.5	1.2	100.0(3602)
广东	82.8	5.5	7.9	2.8	0.9	100.0(3061)
甘肃	89.0	3.7	4.8	2.0	0.6	100.0(3683)

7. 做家务:超六成的居民每天做家务,甘肃居民做家务频率最高

全国居民中,几乎每天都要做家务的人群占 63%,约 1/4 的人从不做家务。其中,甘肃从不做家务的人群比例最低,为 20.8%,辽宁最高,为 31.6%。在做家务的频率分布上,甘肃和上海两省较高,几乎每天做家务的人群所占比例分别为 72.2%、65.7%。见表 17-23。

表 17-23 做家务频率分布表　　　　　　　　（单位:%）

地区	从不	偶尔	每月数次	每周数次	几乎每天	合计
全国	26.4	0.7	3.1	6.8	63.0	100.0(21572)
辽宁	31.6	0.4	1.8	6.8	59.5	100.0(3125)
上海	24.0	0.5	2.4	7.4	65.7	100.0(2925)
河南	28.3	0.9	4.0	7.4	59.5	100.0(3602)
广东	25.3	0.9	3.8	8.4	61.6	100.0(3061)
甘肃	20.8	0.5	1.5	4.9	72.2	100.0(3683)

8. 参加宗教活动

本次调查中,绝大多数居民闲暇时都不参加宗教活动。仅有 2% 的居民闲暇时会参加宗教活动,几乎每天都参加的居民有 0.6%,占参加宗教活动的 30%。其中甘肃地区居民参加宗教活动的频率高于其他地区,约 96.3% 的居民参加宗教活动,几乎每天都参加的比例为 2.6%。

二、具有不同社会特征人群的工作外活动

1. 看电视:看电视时间随年龄升高而增加,大专及以上人群看电视时间最短

图 17-4 给出的是居民平均每天看电视的时间与代际的关系。数据表明,不同代际的人在工作日看电视的时间存在着显著差别,周末则不具有显著差别。工作日,居民看电视的时间随代际升高而递增。1950 年代前出生的人群工作日平均每天看电视的时间为 1.9 小时,比 1980 年代后出生的人群多出 0.5 小时。周末看电视的时间则不存在这种代际差别,平均每天看电视的时间都在 2 小时以上。

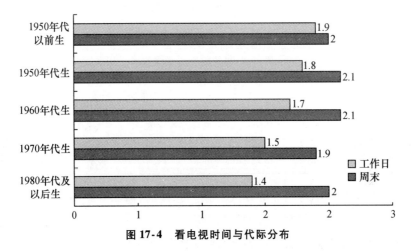

图 17-4 看电视时间与代际分布

由图 17-5 可以看出,大专以上学历的人群看电视时间最短,工作日为 1.3 小时,周末为 1.8 小时。中等学历的人群看电视时间最长。

2. 阅读:阅读频率与受教育程度、户籍身份有关

表 17-24 的数据显示,居民从不阅读的频率随学历升高而递减,几乎每天阅读的频率随学历升高而递增,阅读频率的分布与受教育水平有明显的相关关系。文盲/半文盲人群中从不阅读的比重高达 96.5%,大专及以上的人群中这一比重降低到 26.5%。几乎每天阅读的人群在文盲/半文盲人群中占 1.9%,在大专以上的人口中占到了 55%。

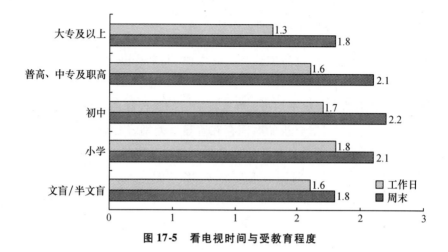

图 17-5 看电视时间与受教育程度

表 17-24 阅读频率和受教育程度 （单位:%）

	从不	偶尔	每月数次	每周数次	几乎每天	合计
文盲/半文盲	96.5	0.3	0.4	1.0	1.9	100.0(6427)
小学	82.7	0.9	2.5	5.9	8.0	100.0(4564)
初中	66.0	0.9	3.8	9.9	19.5	100.0(6303)
普高、中专及职高	43.7	1.1	5.0	15.0	35.2	100.0(2843)
大专及以上	26.5	0.6	2.2	15.7	55.0	100.0(1433)

阅读频率与户籍有明显的相关关系。总体而言,农业户籍的居民从不阅读的比例要远远高于非农户籍的居民,而非农业户籍的居民几乎每天阅读的人群比例也要显著高于农业户籍的人群比例。如图 17-6 所示。

3. 健身锻炼:青年与老年锻炼频率和锻炼时间最高,单位负责人锻炼最积极

表 17-25 给出的是不同代际的人群进行健身锻炼的频率分布。数据显示,1950 年代以前出生的人群锻炼频率最高,每天锻炼的比重为 21.1%,除 1980 年代及以后的人群外,这一比例随年龄的降低而减少。从不锻炼的人群中,1950 年代以前出生和 1980 年代及以后出生的人群的比重最低,约为 77%。1950 年代到 1970 年代出生的中年人群锻炼的频率最低。

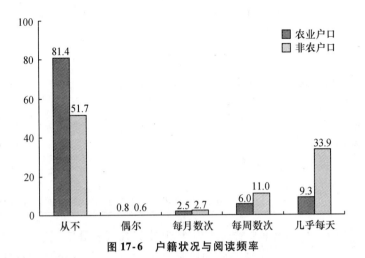

图 17-6　户籍状况与阅读频率

表 17-25　健身锻炼频率的代际分布表　　　　　　　　　　（单位：%）

	从不	偶尔	每月数次	每周数次	几乎每天	合计
1980 年代及以后生	76.7	0.9	3.3	8.8	10.3	100.0(4494)
1970 年代生	86.7	0.5	2.0	4.6	6.2	100.0(4166)
1960 年代生	86.8	0.2	1.1	2.9	9.0	100.0(4806)
1950 年代生	82.4	0.2	0.8	2.5	14.1	100.0(4119)
1950 年代以前生	76.8	0.1	0.3	1.7	21.1	100.0(3987)

在健身锻炼时间上，1950 年代以前出生的人群锻炼时间最长，平均每天 0.5 小时，1970 年代出生的人群锻炼时间最短，工作日为 0.1 小时，周末 0.2 小时。

从职业类别与健身锻炼的关系看，各职业类别中，国家机关、企事业单位负责人锻炼更为积极，几乎每天锻炼的比例达 16.6%，农林牧渔水利业生产人员这一比重最低，仅为 2.7%。从不锻炼的人群中，国家机关、企事业单位负责人的比重最低，为 65.5%，这一人群的比例在农林牧渔水利业生产人员中最高，达 95.8%。见表 17-26。

表 17-26　不同职业类别的健身锻炼分布　　　　　　　　（单位:%）

	从不	偶尔	每月数次	每周数次	几乎每天	合计
负责人	65.5	1.9	4.9	11.1	16.6	100.0(577)
专业人员与技术人员	70.8	0.7	4.1	9.4	15.0	100.0(1240)
办事人员和有关人员	67.6	1.3	4.4	11.7	15.0	100.0(771)
服务人员	81.7	0.5	2.2	4.9	10.7	100.0(1478)
农林牧渔水利业生产人员	95.8	0.1	0.4	0.9	2.7	100.0(4933)
生产运输设备操作人员及有关人员	86.7	1.1	2.1	4.8	5.3	100.0(919)
其他	87.2	0.0	1.9	7.1	3.8	100.0(266)

4. 做家务:女性频率显著高于男性,甘肃男性表现最佳

第二节对于个人生活活动时间安排的考察发现,家务劳动时间无论是在工作日还是周末,女性比男性做家务的时间都要多出 1 小时以上。表 17-27 的数据显示,在做家务的频率上,无论是总体还是分地区的样本中,女性都要显著地高于男性。几乎每天做家务的比重,女性为 79.9%,男性为 45.1%。女性中 14.1% 的人从不做家务,男性从不做家务的比重则有 39.4%。

分地区的数据显示,甘肃男性做家务的比重要显著高于其他地区。甘肃男性中从不做家务的比重为 28.4%,比最高的河南低 10 个百分点,比上海也要低近 3 个百分点。甘肃男性中 61.9% 的人群几乎每天都做家务,比河南男性高 20 个百分点以上。

女性做家务的频率在地区分布上没有明显差异。前面给出的表 17-23 的数据显示,总体上做家务的频率分布在地区上并无差异,这是由于做家务频率的性别差异在地区分布上不同所导致。上海和甘肃两省在做家务频率上的两性差异最小,几乎每天做家务的比重中,男性比女性低 20 个百分点左右,广东地区的这一差异最大,达 37.7%。

表 17-27　不同性别从事家务劳动的频率分布　　　（单位:%）

地区	从不	偶尔	每月数次	每周数次	几乎每天	合计
男性						
全国	39.4	1.0	4.6	9.8	45.1	100.0(10434)
辽宁	47.4	0.6	2.8	9.2	40.0	100.0(1486)
上海	31.2	0.7	3.1	10.4	54.7	100.0(1428)
河南	42.9	1.5	5.9	9.8	40.0	100.0(1722)
广东	38.7	1.3	5.8	11.8	42.3	100.0(1498)
甘肃	28.4	0.8	2.1	6.8	61.9	100.0(1800)
女性						
全国	14.1	0.4	1.7	3.9	79.9	100.0(11132)
辽宁	17.2	0.1	0.9	4.7	77.1	100.0(1639)
上海	17.2	0.3	1.7	4.5	76.3	100.0(1497)
河南	14.9	0.4	2.2	5.2	77.3	100.0(1880)
广东	12.5	0.5	1.9	5.1	80.0	100.0(1562)
甘肃	13.4	0.3	1.0	3.1	82.1	100.0(1883)

本 章 提 要

• 在本章中,我们对居民在个人生活、工作学习、娱乐休闲与社会交往、交通和其他活动等方面的时间分配进行了详细的描述,并对居民的闲暇活动状况进行了考察。上海是各省市中工作日工作学习时间最长,周末工作学习时间最少,闲暇时间最长的一个城市。河南居民用于工作学习和娱乐交往的时间最短,个人生活活动时间最长。

• 不同社会特征的人群在时间安排上存在差异。无论是工作日还是周末,男性用于工作、学习的时间及娱乐交往时间都高于女性;个人生活时间中家务劳动和照顾家人的时间女性显著高于男性,其中上海地区在家务劳动时间上的两性差异最小。在受教育程度不同的人群中,存在着工作、学习时间随着学历提高而增加的趋势;高学历人群,日常时间更多地分配于工作、学习及娱乐交往,低学历人群,用于工作、学习的时间更少,用于个人生活活动的时间更多。分职业来看,专业技术人员用于工作学习的时间最多,农林牧渔水利业生产人员用于工作学习的时间最少。城乡户籍身份在时间安排上的差异也很显著:非农户籍人群用于工作、学习及娱乐交往的时间更高,用于个人生活活动的时间更少。

- 本章中,对居民在日常生活之外从事的八项闲暇活动进行了考察。总体上来看,居民的闲暇模式比较简单,居民的闲暇时间普遍用于看电视与做家务,阅读、健身或体育锻炼等活动也占了一定比例,而旅游、外出就餐、打牌、打麻将、玩游戏与参加宗教活动的频率不高。受教育程度高的人阅读与健身频率较高。城市居民闲暇时间阅读频率显著高于农村户籍居民。在做家务上,女性做家务的频率显著高于男性,而甘肃男性表现最佳,做家务频率最高。

第十八章 社会交往

第一节 日常交往基本情况

一、节日期间交往的情况

数据显示,春节期间,全国平均每家拜访的朋友是 3.5 家,其中辽宁 2.8 家,上海 1.6 家,河南 2.3 家,广东 4 家,甘肃 4.2 家。与此同时,全国平均每家在春节期间拜访的亲戚是 5.5 家,其中辽宁 4 家,上海 2.9 家,河南 5 家,广东 5.3 家,甘肃 8.7 家。见图 18-1。

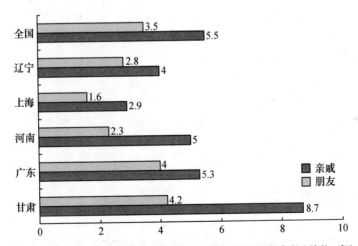

图 18-1 每个家庭在春节期间接待的亲戚和朋友的家庭数(单位:家)
全国 $N = 9525$;辽宁 $N = 1465$;上海 $N = 1298$;河南 $N = 1480$;广东 $N = 1375$;甘肃 $N = 1524$。

可以看出,甘肃地区居民在节日期间不管是拜访亲戚还是拜访朋友的数量都是五个地区中最多的,而上海居民则是最少的。尤其是甘肃居民在春节期间所拜访的亲戚的数量,远远高于其他省市。

二、非节期间交往的情况

数据显示,五个地区在日常邻里交往上存在显著的差异。在调查涉及的三项交往行为上,"与邻居娱乐"的频率,广东和上海的居民显著高于其他地区的居民,其次是辽宁和河南居民,而甘肃居民远低于其他地区的居民。"与邻居赠礼"的频率,上海居民显著高于其他居民,其他几个地区相差无几。"与邻居互助"的频率,上海居民也远远高于其他地区的居民,其次是甘肃地区,广东地区排在第三位,二者高于河南和辽宁。"与邻居聊天"的频率上,河南居民的频率最高,其次是广东居民,之后是上海居民,甘肃的居民较低,最低的是辽宁的居民。见表18-1。

表18-1 不同家庭与邻居日常交往状况　　　　　　　　　（单位:%)

地区	几乎每天	每周数次	每月数次	每月一次	从不	合计
全国						
上月娱乐频率	1.8	3.4	7.3	4.4	83.1	100.0
上月赠礼频率	0.3	2.0	6.8	4.1	86.9	100.0
上月互助频率	1.3	5.4	14.5	6.5	72.4	100.0
上月聊天频率	46.1	13.8	6.8	1.9	31.5	100.0
辽宁						
上月娱乐频率	0.8	1.7	4.1	3.3	90.1	100.0
上月赠礼频率	0.1	1.7	4.7	3.5	90.0	100.0
上月互助频率	0.5	3.2	10.3	5.9	80.6	100.0
上月聊天频率	29.7	15.3	6.0	0.9	48.1	100.0
上海						
上月娱乐频率	2.1	2.2	3.9	3.1	88.8	100.0
上月赠礼频率	0.6	0.8	5.8	3.9	88.8	100.0
上月互助频率	3.1	2.7	8.2	6.7	79.3	100.0
上月聊天频率	41.6	19.0	9.3	1.5	28.6	100.0

(续表)

地区	几乎每天	每周两三次	每月两三次	每月一次	没有	合计
河南						
上月娱乐频率	1.7	2.5	4.9	2.3	88.6	100.0
上月赠礼频率	0.2	1.3	4.5	3.1	90.8	100.0
上月互助频率	1.5	5.8	13.9	5.3	73.5	100.0
上月聊天频率	49.0	13.5	5.3	2.2	30.0	100.0
广东						
上月娱乐频率	2.1	2.5	5.0	4.0	86.4	100.0
上月赠礼频率	0.1	1.7	6.0	4.7	87.4	100.0
上月互助频率	1.0	2.2	9.9	6.6	80.3	100.0
上月聊天频率	48.8	15.9	10.0	2.2	23.0	100.0
甘肃						
上月娱乐频率	0.3	1.3	5.0	4.4	89.0	100.0
上月赠礼频率	0.3	1.4	6.7	4.0	87.6	100.0
上月互助频率	2.1	8.1	20.2	8.7	60.9	100.0
上月聊天频率	36.7	16.5	8.0	3.1	35.6	100.0

全国 $N = 9597$；辽宁 $N = 1477$；上海 $N = 1307$；河南 $N = 1484$；广东 $N = 1389$；甘肃 $N = 1531$。

第二节　日常交往中媒体的使用

一、手机的使用

1. 手机基本使用情况

数据显示，手机是人们社会交往的主要工具之一。在被调查者中，全国平均有68.4%的人使用手机。其中上海居民使用手机的频率最高，为76.8%(2158人)，甘肃居民使用手机的频率最低，为65.7%，其他三地的手机使用率差距不大，分别为辽宁67.9%、河南70.3%、广东69%。见图18-2。

本次的调查还涉及了居民平均每个月的手机费用。数据显示，虽然上海的手机使用率是最高的，但话费最高的却是广东地区，为67.1元/月；虽然甘肃的手机使用率最低，但却不是话费最低的地区。河南地区居民的话费最低，

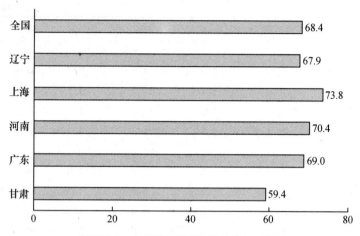

图 18-2　各地的手机使用率(单位:%)

全国 $N=21566$；辽宁 $N=3125$；上海 $N=2925$；河南 $N=3599$；广东 $N=3060$；甘肃 $N=3682$。

平均为 42 元/月,低于甘肃地区的 44.6 元/月。见图 18-3。

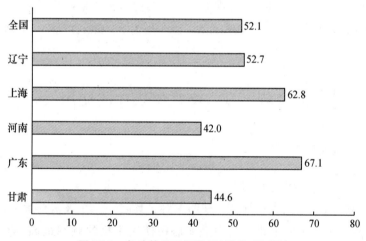

图 18-3　各地的月手机费用(单位:元/月)

全国 $N=13469$；辽宁 $N=1963$；上海 $N=2014$；河南 $N=2200$；广东 $N=1907$；甘肃 $N=1973$。

2. 性别与手机使用

调查数据显示,在五个地区,手机使用率都是男性高于女性。其中以广东地区的差异最为明显(21.1%),辽宁地区的差异最不明显(15.4%)。上海男性的手机使用率是最高的,为82.3%,其次为河南男性,为80.0%,最低的是甘肃男性,其使用率为69.3%。女性中,也是上海女性的手机使用率最高(65.7%),其次为河南女性(61.6%),手机使用率最低的是甘肃女性,为49.8%。见表18-2。

表18-2 不同性别的手机使用率 (单位:%)

	全国	辽宁	上海	河南	广东	甘肃
男性	76.8	76.0	82.3	80.0	79.8	69.3
	(10433)	(1486)	(1428)	(1720)	(1498)	(1800)
女性	60.4	60.6	65.7	61.6	58.7	49.8
	(11127)	(1639)	(1497)	(1879)	(1561)	(1882)

注:括号中为人数。

话费的情况与手机使用率的情况有些不同,广东男性手机用户的月费用是最高的,为74.9元,而河南男性的月手机费用却是最低的,为47.8元,低于甘肃男性的月用手机费用(48.9元)。女性中,广东女性的月手机费用也是最高(55.8元)的,而河南女性的月手机费用也是最低(34.1元)的。见表18-3。

表18-3 不同性别的月手机费用 (单位:元)

	全国	辽宁	上海	河南	广东	甘肃
男性	58.7	58.8	70.5	47.8	74.9	48.9
	(64.6)	(72.6)	(90.7)	(48.6)	(76.8)	(61.5)
女性	43.6	45.2	53.1	34.1	55.8	38.5
	(41.2)	(38.8)	(48.2)	(34.5)	(55.4)	(31.0)

注:括号中为标准差。

3. 年龄与手机使用

手机使用率存在着明显的年龄差异,39岁以下的居民,其手机使用率要高于其他年龄段的居民。39岁以上的居民,其手机使用率随着年龄的增长而递减。除此之外,辽宁和上海地区,30岁以下的居民,手机使用率要高于30—39岁的居民,而河南和甘肃地区,30岁以下的居民,手机使用率则低于30—39岁的居民。在广东居民中,这两个年龄段的手机使用率相差无几。见表18-4。

表18-4 不同年龄组的手机使用率 (单位:%)

	全国	辽宁	上海	河南	广东	甘肃
30岁以下	86.8	94.9	97.7	86.3	91.3	77.0
	(4194)	(507)	(561)	(710)	(665)	(809)
30—39岁	87.8	91.6	95.1	91.7	91.2	77.5
	(3901)	(502)	(390)	(601)	(500)	(675)
40—49岁	77.9	79.3	88.0	78.6	75.6	65.5
	(5037)	(710)	(465)	(865)	(721)	(941)
50—59岁	58.3	58.7	74.5	60.7	57.5	45.8
	(4101)	(703)	(664)	(611)	(548)	(618)
60—69岁	38.3	37.6	52.1	46.8	39.1	26.7
	(2652)	(391)	(489)	(500)	(371)	(431)
70岁以上	20.6	18.6	22.5	26.9	17.3	12.5
	(1681)	(312)	(356)	(312)	(255)	(208)

在月手机话费上,也存在着相同的情况,39岁以下的居民,其月手机话费要高于其他年龄段的居民。39岁以上的居民,其月手机话费随着年龄的增长而递减。但值得注意的是,甘肃地区出现例外:该省70岁以上的居民,月手机话费为36.7元,高于60—69岁的居民(34.7元)。对于39岁以下的居民,辽宁和甘肃地区30岁以下居民的月手机话费高于30—39岁居民的月手机话费,其余地区30岁以下居民的话费都低于30—39岁居民,其中广东地区的差距最大。见表18-5。

表18-5 不同年龄组的月手机费 (单位:元)

	全国	辽宁	上海	河南	广东	甘肃
30岁以下	59.2	60.4	74.5	45.2	68.2	52.8
	(54.2)	(59.7)	(67.1)	(39.1)	(57.2)	(54.0)
30—39岁	58.4	55.6	80.6	47.8	79.1	47
	(62.1)	(52.5)	(69.8)	(52.2)	(79.9)	(59.7)

(续表)

	全国	辽宁	上海	河南	广东	甘肃
40—49 岁	51.1	53.4	68.9	44.1	69.9	42.1
	(63.2)	(73.8)	(118.1)	(50.5)	(86.2)	(53.1)
50—59 岁	42.5	45.3	45.4	34.2	53.3	34.7
	(41.0)	(54.2)	(46.3)	(28.7)	(46.5)	(23.2)
60—69 岁	34.4	40.1	39.7	27.9	47	32.9
	(30.2)	(43.8)	(35.9)	(19.4)	(34.3)	(26.8)
70 岁以上	34.2	34.4	24.6	25.8	46.2	36.7
	(33.9)	(17.3)	(18.8)	(18.4)	(31.1)	(23.3)

4. 教育与手机使用

表 18-6 显示,从总体情况看,不同教育程度的居民手机普及程度也相差很大,基本格局是,教育程度越高,手机使用率越高。文盲/半文盲的居民手机使用率只有 36.4%,而初中以上教育程度的居民手机使用率均超过 50%,其中大专及以上学历的居民,其使用率达到 96.6%。月手机费的情况也是如此,教育程度越高,月手机费越高。见表 18-7。

表 18-6　教育程度与手机使用率　　　　　　　　　　（单位:%）

	全国	辽宁	上海	河南	广东	甘肃
文盲/半文盲	36.4	31.0	30.1	40.2	39.8	38.0
	(6425)	(550)	(521)	(986)	(908)	(1689)
小学	69.5	56.8	65.5	71.4	68.3	65.5
	(4563)	(777)	(361)	(762)	(692)	(664)
初中	84.0	80.9	80.3	81.5	84.1	80.1
	(6302)	(1121)	(903)	(1120)	(832)	(770)
普高、中专及职高	90.0	86.1	88.8	91.0	90.2	84.6
	(2842)	(413)	(653)	(489)	(437)	(396)
大专及以上	96.6	93.9	95.0	97.1	96.9	96.9
	(1432)	(264)	(480)	(242)	(191)	(163)

表 18-7　教育程度与月手机费　　　　　　　　　　　（单位：元）

	全国均值	辽宁均值	上海均值	河南均值	广东均值	甘肃均值
文盲/半文盲	37.7	38.0	32.4	27.5	49.6	33.5
	(37.0)	(32.4)	(34.0)	(20.9)	(46.0)	(27.0)
小学	42.5	47.1	50.5	34.8	56.6	37.6
	(39.8)	(69.8)	(45.7)	(31.0)	(48.9)	(28.0)
初中	50.7	49.5	53.1	38.6	69.3	45.9
	(53.7)	(53.4)	(55.0)	(38.7)	(83.3)	(44.8)
普高、中专及职高	57.6	55.6	65.1	50.5	71.0	50.0
	(57.1)	(56.8)	(92.8)	(60.0)	(63.0)	(65.2)
大专及以上	82.6	75.3	86.2	64.9	100.0	84.8
	(90.1)	(74.0)	(89.5)	(54.9)	(86.4)	(104.8)

从分地区的情况看，数据显示，河南地区大专以上学历的居民，其手机使用率是最高的，为97.1%，其次为广东和甘肃大专以上学历的居民（96.9%）。大专以上学历的居民中，辽宁地区的手机使用率是最低的（93.9%）。此外，手机使用率最低的是上海地区的文盲/半文盲居民（30.1%），明显低于辽宁（31.0%）、甘肃（38.0%）、广东（39.8%）和河南（40.2%）等地文盲/半文盲居民的手机使用率。

月手机话费略有不同，广东地区大专以上学历的居民，其月手机费是最高的（100元），位居第二的是上海大专以上学历的居民，其月手机费为86.2元。月手机话费最低的是河南的文盲/半文盲居民，为27.5元。见表18-7。

5. 职业与手机使用

数据显示，不同职业之间的手机使用率和月手机话费存在着很大的差异。在各种职业类型中，农林牧渔水利业生产人员的手机使用率是最低的。但不同地区，其手机使用率最高的职业不大相同：辽宁和河南两地，都是专业人员与技术人员的手机使用率最高，而上海、广东、甘肃等地，负责人的手机使用率则要高过专业人员与技术人员，成为手机使用率最高的职业。见表18-8。

表 18-8　职业与手机使用率　　　　　　　　（单位：%）

	全国	辽宁	上海	河南	广东	甘肃
负责人	95.5	95.2	99.1	97.0	98.8	100.0
	(577)	(63)	(106)	(67)	(85)	(41)
专业与技术人员	97.2	97.9	98.8	98.2	95.9	95.1
	(1240)	(190)	(253)	(163)	(170)	(143)
办事人员和有关人员	97.8	96.2	97.6	98.4	97.4	97.7
	(771)	(79)	(255)	(126)	(151)	(44)
服务人员	91.1	92.1	88.5	90.3	84.2	95.3
	(1478)	(229)	(426)	(268)	(240)	(128)
农林牧渔水利业生产人员	58.4	60.8	52.3	64.2	58.8	54.8
	(4933)	(627)	(65)	(858)	(604)	(1352)
生产运输设备操作人员及有关人员	91.5	90.6	87.1	94.2	89.1	91.3
	(919)	(127)	(140)	(103)	(184)	(46)
其他	84.6	90.0	85.7	92.0	76.0	100.0
	(266)	(90)	(70)	(25)	(50)	(6)

在月手机费方面,农林牧渔水利业生产人员的月手机费仍然是最低的。并且在所有地区,负责人月手机费都是最高的。见表18-9。

表 18-9　职业与月手机费　　　　　　　　（单位：元）

	全国均值	辽宁均值	上海均值	河南均值	广东均值	甘肃均值
负责人	117.6	136.7	139.1	89.5	167.7	85.8
	(98.7)	(157.0)	(140.0)	(90.3)	(134.6)	(70.8)
专业人员与技术人员	66.2	57.5	69.1	56.7	85.2	67.0
	(59.2)	(45.9)	(53.3)	(50.6)	(65.4)	(71.0)
办事人员和有关人员	67.0	69.4	73.7	67.1	73.5	58.5
	(55.3)	(67.7)	(73.2)	(63.2)	(42.5)	(42.8)
服务人员	64.6	66.4	65.6	51.4	73.7	63.6
	(60.7)	(88.8)	(104.8)	(53.8)	(62.9)	(50.2)
农林牧渔水利业生产人员	37.3	37.7	44.5	30.9	49.7	32.8
	(34.1)	(33.0)	(63.8)	(23.04)	(46.3)	(21.0)

(续表)

	全国均值	辽宁均值	上海均值	河南均值	广东均值	甘肃均值
生产运输设备操作人员及有关人员	53.9 (48.2)	50.3 (59.3)	54.1 (40.8)	51.6 (58.2)	70.0 (67.6)	61.8 (63.6)
其他（无业和军人）	71.3 (87.0)	64.7 (53.7)	72.0 (68.8)	52.8 (62.8)	96.0 (165.2)	48.3 (29.3)

6. 户籍与手机使用

表18-10和表18-11显示，从总体情况上看，在手机使用率上，非农业户籍居民的手机使用率（80.8%）明显高于农业户籍居民（63.5%）。在月手机费用上也是如此，非农业户籍居民的月手机费（58.2元）明显高于农业户籍居民的月手机费（48.0元）。

表18-10　不同户籍的手机使用率　　　　（单位：%）

	全国	辽宁	上海	河南	广东	甘肃
农业户籍	63.5 (15476)	61.4 (1936)	70.2 (863)	65.9 (2649)	65.1 (2133)	55.6 (3176)
非农户籍	80.8 (6090)	78.4 (1189)	75.3 (2061)	82.7 (950)	78.1 (927)	82.8 (506)

表18-11　不同户籍的月手机费　　　　（单位：元）

	全国均值	辽宁均值	上海均值	河南均值	广东均值	甘肃均值
农业户籍	48.0 (48.8)	47.7 (57.3)	61.2 (58.4)	37.9 (38.1)	61.2 (59.9)	40.3 (42.3)
非农业户籍	58.2 (67.0)	58.1 (62.9)	62.3 (80.7)	48.4 (52.4)	77.1 (83.6)	60.7 (75.2)

从分地区的情况看，上海地区非农业户籍居民与农业户籍居民的手机使用率差别是最小的，而甘肃地区非农业户籍居民与农业户籍居民的手机使用率差别是最大的。此外，从月手机费来看，上海非农业户籍居民与农业户籍居民的月手机费差也是最小的（1.1元），而甘肃地区非农业户籍居民与农业户籍居民的月手机费差仍然是最大的（20.4元）。

二、网络的使用

1. 网络的基本使用情况

数据显示,不论总体还是分地区,网络使用率都要低于前述的手机使用率,说明网络的普及较手机的普及程度低。从总体看,接近两成的居民(18.2%)使用网络作为联系手段。上海居民的网络使用率最高,为33%,其次是广东居民(23.1%)和辽宁居民(19.1%),河南居民位居第四(16.2%),网络使用率最低的是甘肃居民(11.6%)。见图18-4。

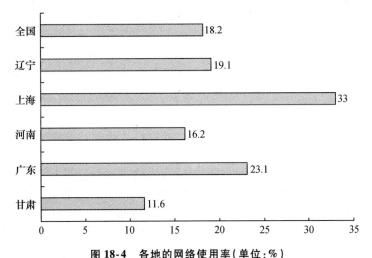

图 18-4 各地的网络使用率(单位:%)

全国 N = 21566;辽宁 N = 3125;上海 N = 2924;河南 N = 3599;广东 N = 3060;甘肃 N = 3682。

从上网者平均每天上网时间来看,上海居民平均每天花在上网的时间也是最多的(2.9小时),其次是广东居民(2.3小时),甘肃居民平均每天花在上网的时间则最少(1.6小时)。见图18-5。

表18-12显示,从各地网络沟通工具的使用情况来看,QQ的使用率是最高的,在各地网民的生活中都占据主要地位,而MSN是最少的,各地都约有一半的人使用Email。其中,河南网民中QQ使用率是最高的(88.8%),QQ使用率最低的是上海地区,为76.1%。但是MSN的使用情况却大为不同,上海地区网民使用MSN的情况要远远高于其他几个地区,约有1/3的上海网民都使

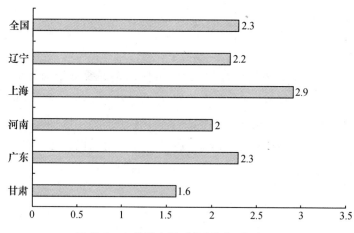

图 18-5 各地的上网时间（单位：小时/天）

全国 $N = 3905$；辽宁 $N = 594$；上海 $N = 959$；河南 $N = 581$；广东 $N = 704$；甘肃 $N = 426$。

用 MSN（33.5%）。Email 的使用情况，各地较为相似，其中上海的使用率偏高。

表 18-12 不同地区的网络沟通工具使用情况 （单位：%）

	全国使用率	辽宁使用率	上海使用率	河南使用率	广东使用率	甘肃使用率
QQ	86.4	84.9	76.1	88.8	86.1	87.1
MSN	8.3	8.9	33.5	4.6	8.9	4.5
Email	50.3	44.9	62.9	45.4	54.1	45.8

全国 $N = 3921$；辽宁 $N = 592$；上海 $N = 965$；河南 $N = 582$；广东 $N = 707$；甘肃 $N = 426$。

从三种沟通工具的使用频率来看，QQ 的使用频率在各地都是最高的，平均为 4.6 次/周，其在各地的使用频率都较为相似，辽宁和上海地区使用 QQ 的频率略高于其他地区；MSN 和 Email 的使用频率比较接近，其中上海使用 MSN 和 Email 的频率高于其他地区，而河南使用三种沟通工具的频率都低于其他地区。见表 18-13。

表 18-13　不同地区的网络沟通工具使用频率　　　（单位：次/周）

	全国均值	辽宁均值	上海均值	河南均值	广东均值	甘肃均值
QQ	4.6	5.0	5.0	4.2	5.1	4.0
	(2.5)	(2.5)	(2.4)	(2.6)	(2.4)	(2.6)
MSN	2.6	2.3	3.9	2.0	2.7	1.8
	(2.6)	(2.2)	(2.7)	(2.2)	(2.6)	(2.2)
Email	2.6	2.6	3.8	2.3	2.9	2.3
	(2.4)	(2.4)	(2.6)	(2.3)	(2.5)	(2.3)

QQ 和 MSN 不仅是沟通的重要工具，也是建立网络社区的重要基础。沟通工具上显示的好友数量往往反映社会网络的情况。表 18-14 数据显示，QQ上的好友数量要明显多于 MSN 上的好友数量，其中以辽宁网民的 QQ 好友数量最多，为 110.4 个，上海网民的 QQ 好友数量最少（73.4 个）。MSN 的情况则有所不同，上海网民 MSN 上的好友数量最多（39.7 个），辽宁网民的 MSN 上好友数量最少（19.8 个）。

表 18-14　不同地区的网络沟通好友数量　　　（单位：个）

	全国均值	辽宁均值	上海均值	河南均值	广东均值	甘肃均值
QQ	104.7	110.4	73.4	77.0	109.5	91.7
	(106.6)	(115.9)	(88.4)	(80.3)	(106.5)	(87.4)
MSN	30.2	19.8	39.7	23.3	33.0	35.2
	(47.0)	(40.1)	(57.7)	(32.3)	(46.1)	(76.2)

2. 性别与网络使用

表 18-15 显示，在五地中，电脑使用率都是男性高于女性。其中，广东男性与女性的网络使用率差异最大，而甘肃男性与女性的网络使用率差异最小。在男性中，上海男性的网络使用率是最高的，为 36.6%，其次是广东男性，为 27.0%，辽宁男性和河南男性名列第三和第四，甘肃男性的网络使用率最低（13.6%）。在女性中，上海女性的网络使用率是最高的，为 29.7%，其次是广东女性，为 19.5%，甘肃女性的网络使用率最低（9.7%）。

表 18-15　不同性别的网络使用率　　　　　　　　（单位:%）

	全国	辽宁	上海	河南	广东	甘肃
男性	20.4	21.3	36.6	18.8	27.0	13.6
	(10433)	(1486)	(1428)	(1720)	(1498)	(1800)
女性	16.1	17.1	29.7	13.7	19.5	9.7
	(1790)	(281)	(444)	(258)	(304)	(182)

从平均每天上网时间来看,五地的男性都要高于五地的女性。在男性中,上海男性平均每天上网的时间最长(2.9小时),其次是辽宁和广东男性(2.3小时),甘肃男性最少,为1.7小时。在女性中,上海女性平均每天上网的时间最长(2.9小时),其次也是辽宁女性(2.2小时),广东女性名列第三(2.1小时),甘肃女性最少,为1.5小时。见表18-16。

表 18-16　不同性别的上网时间　　　　　　　　（单位:小时/天）

	全国均值	辽宁均值	上海均值	河南均值	广东均值	甘肃均值
男性	2.1	2.3	2.9	2.1	2.3	1.7
	(2.2)	(2.1)	(2.4)	(2.3)	(2.7)	(2.1)
女性	2.0	2.2	2.9	1.9	2.1	1.5
	(2.3)	(2.2)	(2.5)	(1.9)	(2.2)	(1.7)

3. 年龄与网络使用

表18-17显示,不同年龄组之间的网络使用率存在着一定差异。出生年代越晚,其网络的使用率越高。55.4%的30岁以下的居民使用网络,23.0%的30—39岁的居民使用网络,9.3%的40—49岁的居民使用网络,而只有0.5%的70岁以上居民使用网络。分地区来看,五个地区的居民,都是年纪越轻,其网络使用率越高。

表 18-17　不同年龄组的网络使用率　　　　　　　　（单位:%）

	全国	辽宁	上海	河南	广东	甘肃
30岁以下	55.4	62.1	84.1	50.0	70.4	36.0
	(4194)	(507)	(561)	(710)	(665)	(809)

（续表）

	全国	辽宁	上海	河南	广东	甘肃
30—39 岁	23.0	27.9	59.5	21.6	28.0	9.6
	(3901)	(502)	(390)	(601)	(500)	(675)
40—49 岁	9.3	12.8	26.0	8.8	9.6	5.7
	(5037)	(710)	(465)	(865)	(721)	(941)
50—59 岁	4.1	5.5	14.6	3.1	3.8	1.9
	(4101)	(703)	(664)	(611)	(548)	(618)
60—69 岁	2.1	2.3	7.0	0.4	2.2	0.7
	(2652)	(391)	(488)	(500)	(371)	(431)
70 岁以上	0.5	1.0	2.8	0.0	0.8	0.5
	(1681)	(312)	(356)	(312)	(255)	(208)

但上网时间有所不同,上网时间最少的是 40—49 岁的居民,平均为 1.8 小时/天。见表 18-18。

表 18-18　不同年龄组的上网时间　　（单位:小时/天）

	全国均值	辽宁均值	上海均值	河南均值	广东均值	甘肃均值
30 岁以下	2.1	2.5	3.3	1.9	2.4	1.4
	(2.4)	(2.3)	(2.7)	(2.0)	(2.7)	(2.0)
30—39 岁	2.0	2.0	2.7	2.1	2.0	2.6
	(2.2)	(1.9)	(2.3)	(2.5)	(2.2)	(2.4)
40—49 岁	1.8	1.9	2.5	2.0	1.7	1.8
	(1.8)	(17)	(2.2)	(2.0)	(2.1)	(1.4)
50—59 岁	2.0	2.0	2.4	1.9	1.8	1.8
	(1.8)	(3.3)	(1.9)	(1.7)	(1.5)	(1.2)
60—69 岁	2.3	1.9	2.1	3.5	3.0	3.1
	(1.8)	(1.4)	(1.7)	(3.5)	(1.5)	(4.2)
70 岁以上	2.8	0.7	1.8	0.0	2.5	2.0
	(1.4)	(0.5)	(1.5)	(0)	(0.7)	(0.0)

4. 教育与网络使用

不同教育程度的居民网络使用程度相差很大,基本情况是,教育程度越高,网络使用率越高。如文盲/半文盲的居民网络使用率只有0.8%,而普高、中专及职高/大专及以上教育程度的居民网络使用率达到39.7%和71.5%。见表18-19。上网时间也呈现出相同的趋势,教育程度越高,上网时间越长。见18-20。

表18-19 教育程度与网络使用率 （单位:%）

	全国	辽宁	上海	河南	广东	甘肃
文盲/半文盲	0.8	0.9	0.8	0.3	1.0	0.5
	(6425)	(550)	(521)	(986)	(908)	(1689)
小学	7.1	6.7	4.2	7.7	11.1	4.5
	(4563)	(777)	(361)	(762)	(692)	(664)
初中	22.1	16.9	25.0	18.8	29.5	19.6
	(6302)	(1121)	(903)	(1120)	(832)	(770)
普高、中专及职高	39.7	43.6	49.9	33.1	49.2	31.8
	(2842)	(413)	(653)	(489)	(437)	(396)
大专及以上	71.5	64.8	81.6	60.7	84.3	68.1
	(1432)	(264)	(480)	(242)	(191)	(163)

表18-20 教育程度与上网时间 （单位:小时/天）

	全国均值	辽宁均值	上海均值	河南均值	广东均值	甘肃均值
文盲/半文盲	1.6	0.8	1.5	1.0	1.7	1.7
	(1.8)	(0.8)	(1.3)	(1.0)	(2.0)	(1.6)
小学	1.6	2.2	1.5	1.5	1.9	1.3
	(2.0)	(2.3)	(1.5)	(2.0)	(2.5)	(1.2)
初中	1.7	2.0	2.4	1.7	1.8	1.2
	(1.9)	(2.2)	(2.1)	(2.0)	(2.2)	(1.2)
普高、中专及职高	2.2	2.3	2.6	2.1	2.4	1.8
	(2.4)	(1.9)	(2.2)	(2.3)	(2.4)	(2.5)
大专及以上	2.5	2.5	3.5	2.4	3.0	2.1
	(2.5)	(2.4)	(2.8)	(2.1)	(2.9)	(2.1)

对于各地区的网络使用情况,广东居民的网络使用率要高于同等教育程度的其他地区居民,而河南居民的网络使用率一般要低于同等教育程度的其

他地区居民。在教育程度相同的情况下,上海居民每天上网的平均时间则要比其他地区居民多。

5. 职业与网络使用

表 18-21 显示,总体而言,专业人员与技术人员的网络使用率是最高的,其次是负责人,而农林牧渔水利业生产人员的网络使用率最低。

表 18-21 职业与网络使用率　　　　　　　　　(单位:%)

	全国	辽宁	上海	河南	广东	甘肃
负责人	47.3	46.0	66.0	44.8	47.1	43.9
	(577)	(63)	(106)	(67)	(85)	(41)
专业人员与技术人员	50.0	51.6	66.4	44.8	54.1	50.3
	(1240)	(190)	(253)	(163)	(170)	(143)
办事人员和有关人员	49.8	54.4	56.1	52.4	62.3	50.0
	(771)	(79)	(255)	(126)	(151)	(44)
服务人员	31.1	33.6	35.9	24.3	32.9	30.5
	(1478)	(229)	(426)	(268)	(240)	(128)
农林牧渔水利业生产人员	3.0	3.7	4.6	4.0	1.5	2.4
	(4933)	(627)	(65)	(858)	(604)	(1352)
生产运输设备操作人员及有关人员	22.4	22.8	31.4	27.2	31.5	26.1
	(919)	(127)	(140)	(103)	(184)	(46)
其他	24.4	27.8	34.3	12.0	30.0	33.3
	(266)	(90)	(70)	(25)	(50)	(6)

在每天平均上网时间方面,总体上看是办事人员和有关人员的上网时间最长,农林牧渔水利业生产人员的上网时间最短。但五地存在着一些差异。辽宁地区,专业人员与技术人员、服务人员的上网时间最长,其次为农林牧渔水利生产人员,上网时间最短的是无业者和军人;上海地区和河南地区,负责人的上网时间最长,其次是办事人员和有关人员,上网时间最短的是生产运输设备操作人员及有关人员;广东地区和甘肃地区,专业人员与技术人员的上网时间最长,其次是负责人,农林牧渔水利业生产人员的上网时间最短。见表18-22。

表 18-22　职业与上网时间　　　　　　　　　　　（单位：小时/天）

	全国均值	辽宁均值	上海均值	河南均值	广东均值	甘肃均值
负责人	2.3	1.3	3.6	2.8	2.6	2.6
	(2.5)	(1.5)	(3.0)	(3.0)	(3.0)	(2.2)
专业人员与技术人员	2.1	2.5	3.2	2.0	2.8	2.0
	(2.0)	(2.4)	(2.8)	(1.9)	(3.4)	(1.8)
办事人员和有关人员	2.6	2.3	3.5	2.6	2.5	1.8
	(2.7)	(2.1)	(2.6)	(2.8)	(2.4)	(1.18)
服务人员	2.1	2.5	2.4	2.5	1.7	1.6
	(2.3)	(2.4)	(2.0)	(2.2)	(2.1)	(1.4)
农林牧渔水利业生产人员	1.5	2.3	3.3	1.3	1.2	0.9
	(1.5)	(2.1)	(1.5)	(1.2)	(1.6)	(1.2)
生产运输设备操作人员及有关人员	1.9	1.7	2.1	2.1	1.7	2.1
	(2.0)	(1.3)	(1.7)	(2.9)	(1.3)	(2.3)
其他(无业和军人)	2.2	1.2	2.3	0.4	2.4	2.0
	(2.5)	(1.1)	(2.3)	(0.5)	(3.7)	(1.4)

6. 户籍与网络使用

数据显示,农业户籍与非农业户籍居民在网络使用率和上网时间上都存在很大差异。其中甘肃地区城乡居民在网络使用率上的差异最大,广东次之,辽宁名列第三,差异最小的是上海地区。而对于上网时间,上海的差异是最大的,甘肃次之,之后是河南,广东的差异最小。见表 18-23、表 18-24。

表 18-23　不同户籍居民的网络使用率　　　　　　（单位：%）

	全国	辽宁	上海	河南	广东	甘肃
农业户籍	12.4	12.3	23.4	11.1	17.5	7.1
	(15476)	(1936)	(863)	(2649)	(2133)	(3176)
非农户籍	32.8	30.2	37.1	30.3	36.3	39.8
	(6090)	(1189)	(2060)	(950)	(927)	(506)

表 18-24　不同户籍网民的上网时间　　　　　　　（单位：小时/天）

	全国均值	辽宁均值	上海均值	河南均值	广东均值	甘肃均值
农业户籍	1.8	1.9	2.2	1.6	2.1	1.3
	(2.3)	(2.0)	(2.2)	(1.9)	(2.7)	(2.0)
非农业户籍	2.2	2.4	3.1	2.3	2.4	2.0
	(2.2)	(2.3)	(2.5)	(2.3)	(2.3)	(1.9)

本章提要

• 从日常交往的基本情况看，甘肃地区的居民在传统佳节里与亲戚朋友的交往比较频繁，而广东、上海等地的居民在日常生活中与邻居娱乐赠礼的频率比较高。

• 数据表明，不管是手机的使用情况还是网络的使用情况，都存在着地区、性别、年龄和城乡差异。其中，上海和广东等经济发达的地区，不管在手机还是网络的使用率上，都要高于其他地区；而甘肃地区，在手机和网络的使用率上都是最低的；虽然甘肃地区的手机使用率低，但其居民月手机费却很高。

• 数据显示，QQ 和 Email 在网民日常交往中扮演着重要的角色，不仅表现为这两种沟通工具的使用率超过 50%，还表现为网民已经通过这些沟通工具建立起自己庞大的社交网络。这说明，随着互联网和信息技术的发展，人们借助新的沟通工具逐渐形成新的交往与沟通方式。同时，这些沟通方式存在地区差异，表现为不同地区的网民对同一种沟通工具的使用情况有所不同，而同一地区的网民不同沟通工具的使用情况也有所不同。

第十九章 社会支持

第一节 居民获得的社会支持

一、社会支持类别

本次调查中,对居民在借钱、子女入学、看病、自己找工作、子女找工作等方面的社会支持进行了考察。数据显示(表 19-1),居民在经济方面寻求社会支持的比例最高,33.4% 的人曾因借钱向他人求助,看病为 10.6%,自己找工作为 7.2%,子女入学为 5.8%,因子女找工作求助他人的比重最低,仅 2.6%。56.7% 的人从未因以上事项向他人求助。

表 19-1　社会支持类别　　　　　　　　　　　　（单位:%）

地区	借钱	子女入学	看病	自己找工作	子女找工作	以上都没有
全国	33.4	5.8	10.6	7.2	2.6	56.7
辽宁	28.3	4.2	12.6	6.9	2.3	59.7
上海	13.4	3.4	5.2	7.8	3.3	74.0
河南	38.8	6.1	13.3	6.1	2.1	52.6
广东	34.9	7.0	12.5	13.1	4.2	53.2
甘肃	36.1	7.1	16.5	7.4	2.6	53.9

全国 $N=21572$,辽宁 $N=3125$,上海 $N=2925$,河南 $N=3602$,广东 $N=3060$,甘肃 $N=3683$。

分地区来看,河南居民寻求社会支持的比重最高,近一半的居民曾因以上事项向他人求助,近四成的居民曾向他人借钱。上海居民寻求社会支持的比重最低,仅 26%。

在寻求社会支持时，借钱最易获得帮助，98.1%的人获得帮助。其次是看病，94.7%的人获得帮助。子女找工作获得帮助的比例最低，但也超过3/4。分地区的数据显示，广东人子女找工作求助最容易，河南人最易获得帮助，在借钱、子女入学和看病、找工作方面求助时获得帮助比例最高。上海人在找工作求助时获得社会支持的比重最低。见表19-2。

表19-2 获得帮助的比例　　　　　　　　　　　　（单位：%）

	借钱	子女入学	看病	自己找工作	子女找工作
全国	98.1	86.9	94.7	84.5	76.7
	(7211)	(1256)	(2287)	(1550)	(562)
辽宁	98.9	85.4	92.9	83.3	76.1
	(883)	(130)	(395)	(216)	(71)
上海	98.5	86.7	95.4	81.9	74
	(392)	(98)	(151)	(227)	(96)
河南	99.2	92.7	97.9	88.1	78.9
	(1398)	(219)	(480)	(218)	(76)
广东	97.7	84	95	83.5	83.5
	(1068)	(213)	(382)	(400)	(127)
甘肃	97.4	81.7	91.6	83.4	83.2
	(1329)	(263)	(608)	(271)	(95)

注：括号内为频次。

在寻求社会支持时，亲戚是最主要的求助对象，朋友次之，再次是家庭成员。在找工作时，求助朋友的比例高于其他事项，求助家庭成员的比例低于其他事项。见表19-3。

表19-3 求助对象的分布　　　　　　　　　　　　（单位：%）

	家庭成员	亲戚	朋友	同学	同事	其他	合计
借钱	11.0	59.2	23.7	3.6	1.7	0.7	100.0(7075)
子女入学	10.3	60.0	23.6	4.0	1.3	0.8	100.0(1090)
看病	10.4	58.3	20.5	7.8	2.3	0.8	100.0(2166)
自己找工作	8.5	58.7	26.8	3.7	1.6	0.6	100.0(1310)
子女找工作	15.5	54.3	23.8	4.5	1.2	0.8	100.0(431)

二、经济支持

在经济支持方面,我们考察了居民借款的途径。表19-4显示,58.2%的人都会求助于亲戚(不包括兄弟姐妹、父母、子女等家庭成员),27.7%的人求助于朋友,其次是家庭成员,为7.7%。分地区来看,广东人向家庭成员借钱的比重最高,达11.1%,向亲戚借钱的比重略低。上海人借钱时向同学求助的比重远高于其他省份。

表19-4 居民借款途径 (单位:%)

地区	家庭成员	亲戚	朋友	同学	同事	其他	合计
全国	7.7	58.2	27.7	3.8	1.7	0.9	100.0(7075)
辽宁	6.9	57.7	27.6	5.7	1.0	1.2	100.0(873)
上海	8.6	58.1	22.5	8.1	2.3	0.5	100.0(386)
河南	6.4	56.7	29.4	4.3	2.1	1.0	100.0(1387)
广东	11.1	51.2	29.9	6.2	0.9	0.7	100.0(1043)
甘肃	8.1	55.0	29.2	4.8	2.5	0.4	100.0(1295)

数据显示,男女两性借款途径存在一定差异。男性和女性向同学、同事和其他人借钱的比例没有太大差异,但是男性向朋友借钱的比例远高于女性(27.7%和19.1%),向家庭成员借钱的比例远低于女性(7.7%和14.8%)。男性更倾向于向朋友、同学、同事等借钱,女性更倾向于向家庭成员、亲戚等借钱。见图19-1。

不同年龄段居民的借款途径如表19-5所示,除1950年前出生的人群外,居民向亲戚借钱的比例随年龄升高而增加,向朋友借钱的比例随年龄升高而减少。1980年以后出生的人群,向朋友借钱成为首要选择,比例达36.2%。其他各年龄组居民更倾向于向亲戚借钱。80后人群向家庭成员借钱的比重最低,向同学借钱的比重远高于其他年龄段人群。

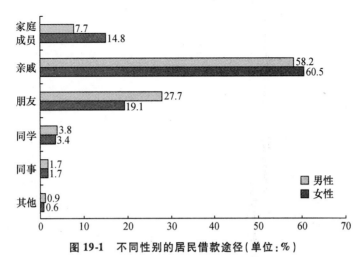

图 19-1 不同性别的居民借款途径（单位：%）

表 19-5 不同年龄的居民借款途径 （单位：%）

	家庭成员	亲戚	朋友	同学	同事	其他	合计
1980年代及以后	7.3	35.6	36.2	17.8	2.6	0.6	100.0(1194)
1970年代	11.5	59.8	25.4	1.4	1.4	0.5	100.0(1610)
1960年代	13.3	65.7	18.4	0.8	1.1	0.7	100.0(1952)
1950年代	12.3	66.4	18.6	0.4	1.5	0.8	100.0(1435)
1950年代以前	7.8	64.4	23.9	0.1	2.4	1.5	100.0(884)

三、生活支持

1. 生活支持的基本状况

我们选取居民日常生活中小麻烦解决途径和生病需要照料时的求助对象作为对生活支持的测量。

表 19-6 显示，40.1%的居民在日常生活中遇到小麻烦会首先找配偶解决，其次是朋友，占 14.3%。全国样本中，有 18.2%的居民在遇到小麻烦时无人求助。居民小麻烦解决途径的分布在地区上存在差异，上海人向配偶求助的比例最高，甘肃人向朋友求助的比例最高，河南人求助父母的比重最高。在遇到小麻烦时，甘肃最易获得帮助，无人求助的比重仅为 17.3%，河南人获得帮助的比重最低，18.9%的人无人求助。

表19-6　居民日常生活中小麻烦解决途径　　　　（单位：%）

地区	配偶	父母	子女	其他亲属	朋友	其他	无人解决	合计
全国	40.1	9.0	10.2	7.3	14.3	0.8	18.2	100.0(21487)
辽宁	39.8	9.0	12.7	6.9	13.1	1.1	17.5	100.0(3113)
上海	43.5	8.6	11.8	4.3	12.4	1.1	18.3	100.0(2915)
河南	40.2	10.9	9.9	5.5	13.4	1.1	18.9	100.0(3593)
广东	41.7	8.0	9.8	8.1	14.7	0.2	17.5	100.0(3045)
甘肃	38.8	10.5	11.3	6.1	15.7	0.4	17.3	100.0(3671)

疾病照料也是生活支持的一个重要方面。表19-7显示，全国样本中，向六成以上的被访者提供疾病照料的是他们的配偶，其次是他们的子女和父母，无人照料的比重为5.3%。各地疾病照料的途径略有不同。甘肃居民患病时由配偶照料的比重略低于其他地区，由父母和朋友照料的比重略高。辽宁居民患病时子女照料的比重最高，达21.9%。广东居民患病时无人照料的比重最高，辽宁最低。

表19-7　居民生病照料解决途径　　　　（单位：%）

地区	配偶	父母	子女	其他亲属	朋友	其他	无人解决	合计
全国	61.2	11.8	15.5	3.3	2.6	0.2	5.3	100.0(21541)
辽宁	57.8	10.8	21.9	3.6	2.0	0.3	3.6	100.0(3119)
上海	60.1	14.2	16.4	2.9	2.0	0.4	4.0	100.0(2920)
河南	61.7	11.7	15.0	2.7	2.2	0.1	6.4	100.0(3596)
广东	60.0	13.2	12.5	4.1	2.4	0.3	7.5	100.0(3046)
甘肃	56.6	14.5	16.2	3.2	3.4	0.1	5.9	100.0(3681)

2. 性别与生活支持

两性在日常生活中遇到小麻烦时的求助途径有显著差异。女性较之于男性，更倾向于求助于配偶和子女，而男性更倾向于求助于朋友。男性在遇到生活中小麻烦时无人解决的比例明显高于女性。见图19-2。

两性在需要疾病照料时寻求的途径也存在一定差异。两性疾病照料方式的差异主要在于配偶和子女，其他照料方式两性没有显著差异。男性生病时由配偶照顾的比例较高，比女性高出8个百分点。女性由子女照料的比例比男性高6个百分点。见图19-3。

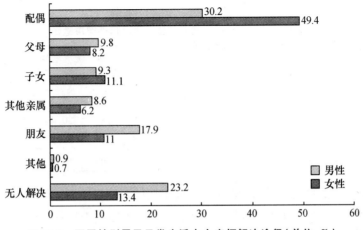

图 19-2 不同性别居民日常生活中小麻烦解决途径(单位:%)

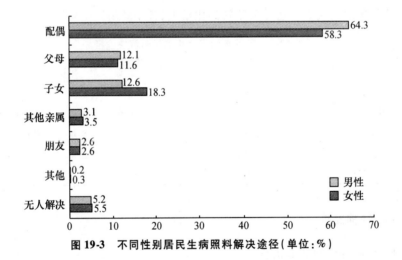

图 19-3 不同性别居民生病照料解决途径(单位:%)

3. 年龄与生活支持

不同年代出生的居民遇到小麻烦时的解决途径有着一定差异。1950 年前出生的居民更倾向于寻求子女的帮助,而 1950—1970 年代出生的居民更倾向于寻求配偶的帮助,1980 年后出生的居民更倾向于寻求父母的帮助。寻求朋友帮助的比例随年龄升高而降低,1980 年后出生的人群寻求朋友帮助的比例远高于其他年龄组的人群,达 26.1%,比 1950 年以前出生的居民高出近 20 个百分点。中年人群遇到小麻烦时无人解决的比重最高,1980 年以后出生的人群这一比重最低。见表19-8。

表19-8　不同年龄居民日常生活中小麻烦解决途径　　（单位:%）

	配偶	父母	子女	其他亲属	朋友	其他	无人解决	合计
1980年代及以后	22.8	31.8	0.8	5.0	26.1	0.6	12.9	100.0(4482)
1970年代	50.0	8.0	1.0	7.8	14.5	0.3	18.3	100.0(4159)
1960年代	49.9	2.7	3.8	9.5	13.0	0.8	20.4	100.0(4790)
1950年代	45.6	0.8	13.9	8.3	9.8	0.9	20.7	100.0(4094)
1950年代以前	31.7	0.2	34.7	5.9	7.2	1.6	18.7	100.0(3962)

表19-9的数据显示,1980年代以前出生的居民更倾向于依赖配偶获得生病时期的照顾,但是1980年代以后出生的人群更倾向于依赖父母获得生病时期的照顾。1950年代以前出生的居民,由子女照顾的比重最高,达43.6%,远高于其他年龄组人群。在无人照料的比重上,各年龄组无差异。见表19-9。

表19-9　不同年龄居民生病照料解决途径　　（单位:%）

	配偶	父母	子女	其他亲属	朋友	其他	无人解决	合计
1980年代及以后	34.2	47.8	1.5	3.8	7.2	0.1	5.4	100.0(4488)
1970年代	78.9	7.0	4.1	3.2	1.7	0.1	5.0	100.0(4160)
1960年代	77.8	1.6	10.5	3.2	1.1	0.2	5.4	100.0(4799)
1950年代	68.8	0.5	20.9	2.8	1.3	0.2	5.4	100.0(4112)
1950年代以前	45.2	0.4	43.6	3.5	1.4	0.6	5.4	100.0(3982)

四、精神支持

1. 精神支持的基本状况

精神支持是社会支持的重要组成部分。本次调查涉及了居民日常聊天的主要对象和心事倾诉的首要对象。表19-10和表19-11显示,从总体上看,人们不管在日常聊天还是心事倾诉上都倾向于依赖配偶。但居民对于配偶的依赖在心事倾诉上要大于日常聊天。也就是说,虽然居民日常聊天的对象还包括朋友和子女,但是需要倾诉心事时,他们会转而依赖配偶。

表 19-10　居民的聊天对象分布　　　　　　　　　　（单位:%）

地区	配偶	父母	子女	其他亲属	朋友	其他	无人解决	合计
全国	38.7	5.3	10.5	3.0	37.8	0.3	4.5	100.0(21553)
辽宁	36.4	6.2	13.3	3.0	35.9	0.4	4.8	100.0(3124)
上海	42.4	5.9	10.0	3.4	35.2	0.4	2.8	100.0(2922)
河南	35.6	4.9	9.1	1.9	43.6	0.5	4.3	100.0(3599)
广东	40.1	4.9	9.1	3.5	38.5	0.3	3.5	100.0(3047)
甘肃	35.2	7.0	13.4	2.8	36.3	0.3	5.0	100.0(3683)

表 19-11　居民的心事倾诉对象分布　　　　　　　　（单位:%）

地区	配偶	父母	子女	其他亲属	朋友	其他	无人解决	合计
全国	52.2	7.7	9.0	3.7	15.6	0.3	11.4	100.0(21535)
辽宁	49.2	8.7	12.7	4.3	14.2	0.4	10.5	100.0(3124)
上海	53.1	7.7	8.6	3.6	14.9	0.3	11.9	100.0(2919)
河南	55.8	8.0	7.1	2.5	14.5	0.6	11.4	100.0(3595)
广东	53.5	7.0	7.2	4.4	17.3	0.3	10.3	100.0(3048)
甘肃	45.5	10.3	10.3	3.8	15.6	0.2	14.4	100.0(3678)

分地区的数据略有差别,上海居民日常聊天依赖配偶的比重最高,依赖朋友的比重最低,河南依赖朋友的比重最高。

上海居民心事倾诉对象中,朋友的比重最高,甘肃最低,广东居民向朋友倾诉心事的比重最高,辽宁最低。

2. 性别与精神支持

数据显示,居民的聊天对象存在着一定的性别差异。聊天时,男性比女性倾向于依赖配偶和朋友,而女性比男性更倾向于依赖父母和子女。男性在聊天上无人解决的比例高于女性。分地区来看,上海男性聊天时最依赖配偶,广东女性最依赖配偶,河南人最依赖朋友,甘肃居民依赖子女的比例高于其他地区。见表 19-12。

表 19-12　不同性别居民的聊天对象分布　　　　　　　　（单位:%）

		配偶	父母	子女	其他亲属	朋友	其他	无人解决	合计
男性									
	全国	41.5	4.9	7.0	2.1	39.1	0.4	5.1	100.0(10421)
	辽宁	40.4	6.1	9.0	1.2	37.3	0.5	5.6	100.0(1486)
	上海	47.8	5.0	6.4	1.7	35.4	0.4	3.4	100.0(1427)
	河南	40.1	4.2	4.9	1.3	44.2	0.3	4.8	100.0(1720)
	广东	41.2	4.8	5.6	2.6	40.6	0.5	4.6	100.0(1489)
	甘肃	35.9	6.9	10.4	2.3	38.7	0.4	5.3	100.0(1800)
女性									
	全国	36.0	5.6	13.8	3.9	36.5	0.3	3.9	100.0(11126)
	辽宁	32.7	6.3	17.2	4.6	34.7	0.4	4.1	100.0(1638)
	上海	37.2	6.7	13.4	5.0	35.0	0.3	2.3	100.0(1495)
	河南	31.6	5.6	12.9	2.6	43.0	0.6	3.8	100.0(1879)
	广东	39.1	5.0	12.4	4.2	36.5	0.1	2.6	100.0(1557)
	甘肃	34.6	7.1	16.3	3.2	33.9	0.2	4.7	100.0(1883)

表 19-13 显示,在心事倾诉对象上,男性更倾向于依赖配偶,女性更倾向于依赖朋友和其他亲属。分地区的数据显示,甘肃男性向父母倾诉心事的比例最高,广东男性向朋友倾诉心事的比重最高。辽宁省向子女求助的性别差异最大,河南省居民向朋友求助的性别差异最大。

表 19-13　不同性别居民的心事倾诉对象分布　　　　　　（单位:%）

		配偶	父母	子女	其他亲属	朋友	其他	无人解决	合计
男性									
	全国	54.0	8.0	6.8	2.7	14.9	0.2	13.3	100.0(10413)
	辽宁	54.2	8.9	9.1	2.0	12.9	0.3	12.6	100.0(1485)
	上海	57.9	7.8	4.8	1.5	13.6	0.3	14.2	100.0(1424)
	河南	57.9	8.4	4.4	2.2	13.7	0.2	13.0	100.0(1718)
	广东	54.4	7.1	4.8	3.5	18.9	0.4	10.9	100.0(1490)
	甘肃	44.6	12.0	8.4	2.6	16.2	0.3	15.8	100.0(1795)

(续表)

	配偶	父母	子女	其他亲属	朋友	其他	无人解决	合计
女性								
全国	50.4	7.4	11.1	4.7	16.3	0.4	9.7	100.0(11116)
辽宁	44.6	8.5	15.9	6.4	15.4	0.5	8.6	100.0(1639)
上海	48.5	7.6	12.2	5.6	16.1	0.3	9.7	100.0(1495)
河南	53.8	7.7	9.6	2.8	15.1	1.0	10.0	100.0(1877)
广东	52.7	6.9	9.5	5.1	15.8	0.2	9.7	100.0(1557)
甘肃	46.4	8.6	12.1	4.8	15.0	0.1	13.0	100.0(1883)

3. 年龄与精神支持

表19-14显示,1980年代以后出生的人群倾向于将朋友和父母作为聊天对象,1950—1970年代出生的居民,配偶是最主要的聊天对象。对于1950年以前出生的人群来说,无人聊天的比重最高,达8.3%,这可能与大量的空巢家庭有关。

表19-14 不同代际居民的聊天对象选择 （单位:%）

	配偶	父母	子女	其他亲属	朋友	其他	无人解决	合计
1980年代及以后	24.5	16.7	3.2	3.7	49.9	0.4	1.6	100.0(4493)
1970年代	44.7	5.0	12.1	2.9	32.3	0.3	2.6	100.0(4161)
1960年代	43.8	2.2	11.8	3.1	34.6	0.3	4.2	100.0(4803)
1950年代	43.6	1.3	12.0	2.8	33.9	0.2	6.2	100.0(4114)
1950年代以前	37.0	0.4	14.0	2.4	37.6	0.4	8.3	100.0(3982)

在心事倾诉上,随着年龄的升高,向父母和朋友倾诉的比重越来越低,向子女倾诉的比重越来越高。无人解决的比重随年龄升高而升高。见表19-15。

表19-15 不同年龄居民的心事倾诉对象分布 （单位:%）

	配偶	父母	子女	其他亲属	朋友	其他	无人解决	合计
1980年代及以后	29.2	23.5	1.0	3.7	33.8	0.4	8.4	100.0(4492)
1970年代	62.5	8.4	3.5	3.9	12.8	0.1	8.7	100.0(4163)
1960年代	62.7	3.4	8.7	4.5	11.0	0.3	9.4	100.0(4799)
1950年代	60.1	1.7	12.3	3.3	9.3	0.3	13.0	100.0(4112)
1950年代以前	46.2	0.4	20.7	3.3	10.2	0.5	18.6	100.0(3969)

第二节 居民特征与社会支持

一、教育程度与社会支持

表 19-16 显示,在经济支持方面,受教育程度越高,居民向家庭成员借钱的比例越低,向亲戚、同学借钱的比重越高。表 19-17 显示,在生活支持方面,遇到小麻烦或生病时,受教育程度低的人群更倾向于向子女、亲属等求助,而受教育程度高的人群更倾向于向朋友求助。表 19-18 显示,在精神支持方面,学历越低,无人支持的比重越高;在精神支持的求助对象上,小学及以下的人群依赖配偶为最主要的聊天对象,初中以上的人群跟朋友聊天的比例超过配偶。在心事倾诉上,学历越高,居民向朋友倾诉的比例越高。

表 19-16　不同教育程度居民借款途径的差异　（单位:%）

	家庭成员	亲戚	朋友	同学	同事	其他	合计
文盲/半文盲	66.3	20.0	0.1	0.8	0.7	0.7	100.0(2112)
小学	62.6	21.2	2.0	1.3	1.4	1.4	100.0(1686)
初中	57.2	25.4	5.1	1.8	0.4	0.4	100.0(2099)
普高、中专及职高	46.7	30.6	10.7	3.1	0.6	0.6	100.0(810)
大专及以上	42.7	31.8	7.6	5.2	0.3	0.3	100.0(368)

表 19-17　不同教育程度居民生活支持途径的差异　（单位:%）

		配偶	父母	子女	其他亲属	朋友	其他	无人解决	合计
文盲/半文盲	小麻烦解决	40.7	3.2	20.2	9.5	8.2	1.1	17.0	100.0(6408)
	生病照料	57.0	3.0	27.9	3.8	1.6	0.3	6.3	100.0(6419)
小学	小麻烦解决	43.0	8.2	8.9	8.1	12.4	0.8	18.5	100.0(4552)
	生病照料	65.6	9.2	14.0	3.5	2.3	0.1	5.3	100.0(4558)
初中	小麻烦解决	38.7	12.5	5.4	6.3	17.0	0.8	19.2	100.0(6279)
	生病照料	63.2	16.5	9.5	3.1	2.7	0.2	4.8	100.0(6292)
普高、中专及职高	小麻烦解决	36.9	13.4	4.5	5.4	20.5	0.7	18.6	100.0(2828)
	生病照料	59.2	19.8	8.5	2.8	4.4	0.2	5.1	100.0(2840)
大专及以上	小麻烦解决	40.3	12.9	2.5	3.3	24.3	0.3	16.4	100.0(1418)
	生病照料	60.8	23.4	5.2	2.7	3.8	0.3	3.8	100.0(1430)

表 19-18　不同教育程度居民精神支持途径的差异　　　（单位：%）

		配偶	父母	子女	其他亲属	朋友	其他	无人解决	合计
文盲/半文盲	聊天对象	38.8	2.4	12.9	3.7	33.7	0.2	8.3	100.0(6418)
	心事倾诉对象	51.0	3.2	14.4	4.5	9.6	0.4	16.9	100.0(6412)
小学	聊天对象	40.4	4.3	9.3	3.6	37.7	0.3	4.3	100.0(4561)
	心事倾诉对象	56.0	7.3	8.6	3.9	12.7	0.4	11.0	100.0(4560)
初中	聊天对象	38.5	6.6	9.9	2.6	39.2	0.3	2.8	100.0(6301)
	心事倾诉对象	53.4	10.1	6.3	3.5	18.0	0.3	8.5	100.0(6294)
普高、中专及职高	聊天对象	35.8	7.9	9.5	2.1	42.6	0.3	1.7	100.0(2843)
	心事倾诉对象	47.2	11.0	6.4	3.0	23.7	0.1	8.5	100.0(2839)
大专及以上	聊天对象	38.9	9.7	8.0	1.5	40.1	0.7	1.1	100.0(1428)
	心事倾诉对象	49.6	11.7	3.2	2.5	25.6	0.3	7.1	100.0(1428)

总体上来说，对于不同受教育程度的人群来说，配偶都是居民寻求社会支持的最主要对象。不同受教育程度的居民，在依赖父母、子女和朋友的社会支持上存在显著差别。居民的学历越高，依赖朋友提供社会支持的比重越高。

二、职业与社会支持

表19-19显示，在金钱支持上，国家机关、企事业单位负责人向朋友求助的比例最高，向家庭成员求助的比例最低，农林牧渔水利业生产人员向亲戚求助的比例最高。表19-20显示，在日常生活中遇到小麻烦时，负责人从朋友那里获得支持的比例最大。农林牧渔水利业生产人员在遇到小麻烦时，无人解决的比例最低，向亲属和配偶求助的比例最高。在遇到小麻烦和生病需要照料上，所有职业从配偶那里获得支持的比例最大。表19-21显示，在精神支持方面，除专业人员与技术人员、办事人员和有关人员日常聊天最主要的对象为朋友外，其他各职业人群都更多地与配偶聊天。在心事倾诉上，办事人员和有关人员向朋友倾诉心事的比例最高，向配偶倾诉的比例最低。农林牧渔水利业生产人员反之，向朋友倾诉心事的比例最低，向配偶倾诉的比例最高。

表 19-19　不同职业居民借款途径的差异　　　　　　　　　（单位:%）

	家庭成员	亲戚	朋友	同学	同事	其他	合计
负责人	5.8	48.9	40.0	2.2	2.2	0.9	100.0(225)
专业人员与技术人员	8.6	51.0	31.3	4.1	4.3	0.7	100.0(418)
办事人员和有关人员	9.3	49.0	33.0	3.6	5.2	0.0	100.0(194)
服务人员	13.1	54.8	26.1	1.6	3.5	1.0	100.0(513)
农林牧渔水利业生产人员	12.2	65.8	20.3	0.4	0.5	0.9	100.0(2054)
生产运输设备操作人员及有关人员	13.1	56.3	26.3	2.2	1.6	0.6	100.0(320)
其他	17.3	54.1	22.4	0.0	6.1	0.0	100.0(98)

表 19-20　不同职业居民生活支持途径的差异　　　　　　　（单位:%）

		配偶	父母	子女	其他亲属	朋友	其他	无人解决	合计
负责人	小麻烦解决	40.8	3.0	1.2	5.4	24.9	0.2	24.6	100.0(574)
	生病照料	82.5	4.2	4.3	2.4	2.6	0.2	3.8	100.0(577)
专业人员与技术人员	小麻烦解决	39.2	11.1	2.3	5.1	21.5	0.1	20.7	100.0(1236)
	生病照料	68.2	14.9	6.0	3.0	3.2	0.2	4.4	100.0(1239)
办事人员和有关人员	小麻烦解决	39.1	11.4	0.9	4.9	21.6	0.5	21.5	100.0(769)
	生病照料	67.0	18.7	4.7	2.9	2.9	0.1	3.8	100.0(769)
服务人员	小麻烦解决	42.1	11.7	3.4	7.8	16.8	0.3	17.9	100.0(1475)
	生病照料	66.7	14.8	6.8	3.7	2.5	0.1	5.5	100.0(1476)
农林牧渔水利业生产人员	小麻烦解决	44.9	6.2	8.2	10.9	11.3	0.8	17.7	100.0(4919)
	生病照料	71.1	5.0	13.0	3.8	1.5	0.1	5.4	100.0(4927)
生产运输设备操作人员及有关人员	小麻烦解决	36.9	10.6	4.3	6.2	16.0	0.3	25.7	100.0(916)
	生病照料	68.6	13.2	8.9	2.1	2.5	0.0	4.8	100.0(919)
其他	小麻烦解决	40.7	7.6	5.3	8.4	12.5	1.1	24.3	100.0(263)
	生病照料	63.8	10.2	11.3	3.4	3.4	0.0	7.9	100.0(265)

表 19-21　不同职业居民精神支持途径的差异　　　　　　　（单位:%）

		配偶	父母	子女	其他亲属	朋友	其他	无人解决	合计
负责人	聊天对象	44.2	2.9	8.0	1.2	41.2	0.9	1.6	100.0(577)
	心事倾诉对象	60.0	4.2	4.5	2.6	19.7	0.3	8.7	100.0(575)
专业人员与技术人员	聊天对象	37.7	6.5	9.3	1.8	42.3	0.2	2.3	100.0(1240)
	心事倾诉对象	53.8	10.8	4.8	3.0	18.7	0.2	8.8	100.0(1238)
办事人员和有关人员	聊天对象	38.4	7.7	7.1	1.7	43.7	0.4	1.0	100.0(771)
	心事倾诉对象	50.3	10.4	4.2	3.1	23.9	0.0	8.2	100.0(771)

（续表）

		配偶	父母	子女	其他亲属	朋友	其他	无人解决	合计
服务人员	聊天对象	40.8	5.5	8.5	3.1	39.7	0.4	2.1	100.0(1477)
	心事倾诉对象	55.2	9.5	4.8	4.4	18.3	0.3	7.4	100.0(1477)
农林牧渔水利业生产人员	聊天对象	44.8	3.4	10.2	3.9	32.0	0.2	5.5	100.0(4927)
	心事倾诉对象	60.1	6.0	7.6	4.3	9.9	0.2	11.8	100.0(4925)
生产运输设备操作人员及有关人员	聊天对象	39.6	5.8	11.8	2.1	38.2	0.3	2.3	100.0(917)
	心事倾诉对象	53.5	10.5	6.5	2.2	15.7	0.0	11.7	100.0(918)
其他	聊天对象	44.0	3.0	8.6	2.6	35.7	1.9	4.1	100.0(266)
	心事倾诉对象	57.0	6.4	8.7	3.0	12.8	0.8	11.3	100.0(265)

三、户籍与社会支持

表19-22显示，从总体上看，在经济支持方面，不管是农业户籍的居民还是非农户籍的居民，从亲戚那里获得经济支持的比例是最高的。不同的是，非农户籍居民更多地从朋友、同学、同事等人那里获得支持。其中，甘肃非农户籍居民从朋友那里借钱的比例最高，向父母借钱的比例最低。上海农村户籍居民向亲戚借钱的比重最高，向朋友借钱的比例最低。在生活小麻烦的解决和疾病照料方面，非农户籍的居民从朋友和父母那里获得帮助的比例要比农业户籍居民高。见表19-23。在精神支持方面，农业户籍居民无人聊天的比重高于非农户籍居民，但在聊天对象的分布上，城乡户籍的居民无显著差异。分地区则存在一定差异，上海农民与配偶聊天的比重最高，河南居民与朋友聊天的比重最高。非农居民在心事倾诉上向朋友寻求帮助的比例高于农业户籍居民。见表19-24。

表19-22　城乡居民借款途径的差异　　　　　（单位：%）

	家庭成员	亲戚	朋友	同学	同事	其他	合计
非农户籍							
全国	11.9	50.9	26.8	5.8	4.2	0.5	100.0(1520)
辽宁	12.5	45.4	30.8	7.9	3.3	0.0	100.0(240)
上海	12.2	46.9	25.4	12.2	2.8	0.5	100.0(213)
河南	7.9	54.0	27.7	6.5	3.6	0.4	100.0(278)
广东	14.5	47.7	28.2	6.8	2.3	0.5	100.0(220)
甘肃	5.7	45.7	37.7	4.6	6.3	0.0	100.0(175)

（续表）

		家庭成员	亲戚	朋友	同学	同事	其他	合计
农业户籍								
	全国	10.7	61.5	22.9	3.0	1.0	0.8	100.0(5555)
	辽宁	9.5	65.6	20.9	2.5	0.5	1.1	100.0(633)
	上海	8.1	72.3	14.5	2.3	1.7	1.2	100.0(173)
	河南	8.7	59.9	26.6	3.1	1.1	0.7	100.0(1109)
	广东	15.8	56.0	22.6	3.9	0.9	0.9	100.0(823)
	甘肃	11.6	55.0	27.0	4.1	2.0	0.4	100.0(1120)

表 19-23　城乡居民生活支持途径的差异　　　　　　　（单位:%）

		配偶	父母	子女	其他亲属	朋友	其他	无人解决	合计
非农户籍	小麻烦解决	40.0	9.4	9.7	5.2	15.8	0.7	19.1	100.0(6040)
	生病照料	61.6	13.3	14.7	2.9	2.5	0.4	4.7	100.0(6078)
农业户籍	小麻烦解决	40.1	8.8	10.5	8.2	13.8	0.9	17.8	100.0(15447)
	生病照料	61.0	11.3	15.8	3.5	2.6	0.2	5.6	100.0(15463)

表 19-24　城乡居民精神支持途径的差异　　　　　　　（单位:%）

		配偶	父母	子女	其他亲属	朋友	其他	无人解决	合计
非农户籍	聊天对象	39.5	5.9	11.3	1.9	38.3	0.4	2.6	100.0(6083)
	心事倾诉对象	50.9	8.0	8.7	3.3	18.9	0.3	9.8	100.0(6073)
农业户籍	聊天对象	38.3	5.0	10.2	3.5	37.5	0.3	5.2	100.0(15470)
	心事倾诉对象	52.7	7.5	9.1	3.9	14.3	0.3	12.1	100.0(15462)

本 章 提 要

• 本章对居民在借钱、子女入学、看病、自己找工作、子女找工作等方面的社会支持进行了考察。数据显示,近一半的居民曾因以上事项向他人求助,主要是在经济方面寻求社会支持,借钱最易获得帮助,亲戚是最主要的求助对象,朋友次之,再次是家庭成员。

• 数据显示,在金钱支持方面,居民通常向亲戚求助,在生活支持和精神支持方面,居民主要向配偶求助。朋友也是居民寻求社会支持的主要对象。

在寻求社会支持时,除配偶外男性更多地向朋友求助,女性更倾向于向家庭成员、亲戚求助。不同代际的人群求助对象存在差异,80后人群更倾向于向朋友寻求社会支持,其他年龄组的人群随年龄升高更多地向配偶和子女求助。

- 不同社会特征的人群在社会支持模式上也存在差异。不同受教育程度的居民,在依赖父母、子女和朋友的社会支持上存在显著差别。居民的学历越高,依赖朋友提供社会支持的比重越高。不同职业人群的求助模式也存在差异。在经济支持上,国家机关、企事业单位负责人向朋友求助的比例最高,向家庭成员求助的比例最低,农林牧渔水利业生产人员向亲戚求助的比例最高。在精神支持方面,专业人员与技术人员、办事人员和有关人员更多地依赖朋友提供精神支持,其他各职业人群都更多地依赖配偶。在城乡差异上,非农户籍居民更易获得社会支持,农业户籍居民在需要社会支持时无人解决的比重高于非农居民。在求助对象上,非农户籍居民从朋友那里获得支持的比重高于农业户籍居民,农业户籍居民更多地向子女和亲戚求助。

第六部分 公众态度与社会和谐

第二十章 生活满意度

生活满意度是个人依照自己选择的标准对自己一定时期内生活状况的总体性认知评估,它是衡量某一社会人们生活质量的重要参数。在本次调查问卷中,对满意度的衡量采取了五级分类法,即请被访者在1(最低)到5(最高)之间打分。在下面的统计和分析中,我们将分数为4分和5分的归类为"满意",3分的归为"一般",1分和2分的归为"不满意"。在下面的报告中,我们将首先描述生活满意度的基本状况,然后从个人的人口学特征、社会特征和健康状况三个方面对不同群体的生活满意度特征进行描述和归纳。

第一节 生活满意度基本状况

一、全国总体与分地区生活满意度基本状况

从对生活满意度自评情况看,全国有48.9%的受访者对自己的生活现状满意,加上认为自己生活现状一般的受访者,有84.9%的受访者认可自己目前的生活状况。其中,五地样本中,河南的受访者生活满意度最高,达到57.3%,其次是甘肃和辽宁,除了广东地区,其他地区受访者的生活满意比例都在五成左右,且超过全国平均水平。而各地区受访者在对生活状况不满意的评价中,广东地区的最为突出,有近两成的受访者明确表示不满于自己的生活状况,其次是辽宁,这两个地区的受访者对生活现状不满的比例均超过全国平均水平。见表20-1。

表 20-1　全国与分地区的生活满意度的基本状况　　　　（单位:%）

地区	不满意	一般	满意	合计
全国	15.1	36.0	48.9	100.0(21537)
辽宁	16.9	33.4	49.7	100.0(3117)
上海	14.3	36.8	49.0	100.0(2921)
河南	10.6	32.1	57.3	100.0(3589)
广东	18.8	40.5	40.7	100.0(3047)
甘肃	14.9	32.3	52.7	100.0(3674)

二、性别、年龄与生活满意度

全国生活满意度自评值中,女性满意度高于男性,但差别有限,只有2.2个百分点。在五个地区子样本中,女性生活满意度均稍高于男性。其中差异最为显著的是甘肃地区,对生活满意的女性受访者比男性受访者多出近4个百分点。而与其他地区不同的是,广东的受访者中男女生活满意比例十分接近,两者相差仅0.4个百分点。见表20-2。

表 20-2　分性别的生活满意度状况　　　　（单位:%）

性别	不满意	一般	满意	合计
全国				
男	16.1	36.1	47.8	100.0(10423)
女	14.2	35.9	50.0	100.0(11108)
辽宁				
男	18.5	33.0	48.5	100.0(1483)
女	15.5	33.7	50.7	100.0(1634)
上海				
男	15.5	37.0	47.5	100.0(1426)
女	13.1	36.5	50.4	100.0(1495)
河南				
男	11.7	32.8	55.5	100.0(1716)
女	9.6	31.5	58.9	100.0(1873)

(续表)

	性别	不满意	一般	满意	合计
广东					
	男	19.4	40.2	40.4	100.0(1496)
	女	18.3	40.9	40.8	100.0(1550)
甘肃					
	男	16.3	32.9	50.8	100.0(1799)
	女	13.5	31.8	54.7	100.0(1875)

各年龄段的生活满意度表现出了明显的差异性,呈现 U 型的分布特征。其中,无论在全国样本还是五地样本,60 岁以上的年龄段的受访者生活满意度最高,除广东外,均超过五成,而在河南该年龄段受访者中,该比例达到了近七成。其次,30 岁以下和 50—59 岁年龄段的人生活满意度也比较高。而 30—49 岁年龄段的受访者生活满意度在各年龄段中相对最低。见表 20-3。

表 20-3 分年龄段的生活满意度状况 (单位:%)

	年龄组	不满意	一般	满意	合计
全国					
	30 岁以下	13.0	37.1	49.8	100.0(4193)
	30—39 岁	17.0	37.8	45.3	100.0(3898)
	40—49 岁	18.0	38.0	44.0	100.0(5032)
	50—59 岁	15.3	35.8	49.0	100.0(4097)
	60 岁以上	11.9	31.0	57.1	100.0(4317)
辽宁					
	30 岁以下	15.2	32.7	52.1	100.0(507)
	30—39 岁	15.7	32.3	52.0	100.0(502)
	40—49 岁	20.0	36.8	43.2	100.0(710)
	50—59 岁	19.3	35.4	45.3	100.0(700)
	60 岁以上	13.6	29.2	57.2	100.0(698)

（续表）

年龄组	不满意	一般	满意	合计
上海				
30岁以下	13.5	38.7	47.8	100.0（561）
30—39岁	12.8	44.6	42.6	100.0（390）
40—49岁	15.5	43.2	41.3	100.0（465）
50—59岁	17.8	37.3	44.9	100.0（663）
60岁以上	12.0	27.9	60.1	100.0（842）
河南				
30岁以下	11.3	30.9	57.8	100.0（709）
30—39岁	14.5	37.8	47.8	100.0（601）
40—49岁	12.7	35.9	51.3	100.0（863）
50—59岁	8.0	34.4	57.5	100.0（610）
60岁以上	6.6	23.2	70.2	100.0（806）
广东				
30岁以下	14.6	41.8	43.6	100.0（665）
30—39岁	22.7	40.4	36.9	100.0（498）
40—49岁	23.2	42.2	34.7	100.0（721）
50—59岁	17.8	43.4	38.8	100.0（546）
60岁以上	16.0	34.8	49.1	100.0（617）
甘肃				
30岁以下	11.7	34.5	53.8	100.0（809）
30—39岁	20.3	30.3	49.4	100.0（674）
40—49岁	16.5	33.9	49.6	100.0（938）
50—59岁	12.8	32.2	55.0	100.0（618）
60岁以上	12.9	29.6	57.5	100.0（635）

三、婚姻状况与生活满意度

不同婚姻状况下的生活满意度情况比较复杂，在全国样本和五个子样本中，特征各有差异。因此，我们将受访者的婚姻状况进一步区分为有配偶者和无配偶者，即把在婚和同居者归为"有配偶"，而将未婚、离婚和丧偶归为"无配偶"，发现有配偶者对生活满意比例多高于无配偶者。

在全国样本中,对生活满意的有配偶的受访者高于无配偶者近2个百分点。在五个地区子样本中,辽宁地区有配偶的受访者生活满意比例比无配偶的高出6个百分点,差异最为显著。其次是上海地区。河南地区和广东地区比较特殊,是无配偶的生活满意度更高。这可能和这部分样本中,无配偶的受访者有较多老年人有关。

而对生活不满意的群体中,无配偶的要多于有配偶的受访者。在分地区的样本中,差异最为显著的是辽宁地区,为5.3个百分点,其次是上海和河南。甘肃地区情况比较特殊,是有配偶的受访者比无配偶的生活不满意比例稍高。见表20-4。

表20-4 不同婚姻状况下的生活满意度 （单位:%）

婚姻状况	不满意	一般	满意	合计
全国				
有配偶	14.7	36.0	49.3	100.0(17270)
无配偶	16.8	35.8	47.4	100.0(4256)
辽宁				
有配偶	15.9	33.3	50.8	100.0(2508)
无配偶	21.2	34.0	44.8	100.0(609)
上海				
有配偶	13.5	37.0	49.5	100.0(2308)
无配偶	17.3	35.8	46.9	100.0(612)
河南				
有配偶	10.1	33.1	56.7	100.0(2928)
无配偶	12.4	27.7	59.9	100.0(661)
广东				
有配偶	18.7	41.1	40.3	100.0(2336)
无配偶	19.4	38.7	41.9	100.0(708)
甘肃				
有配偶	15.0	32.1	52.9	100.0(2848)
无配偶	14.7	33.3	52.0	100.0(825)

第二节 居民社会特征与生活满意度

一、教育程度与生活满意度

不同教育程度的受访者,他们的生活满意度在全国样本中差别并不明显,而在五个地区性样本中则呈现出不同的特征。而对生活不满意的群体中,教育程度为大专及以上的受访者比例均相对较低,在一成左右。

其中,全国样本中教育程度为大专及以上的受访者生活满意比例最高,为51.9%,其次为小学,为49.4%,接下来为初中和文盲、半文盲的受访者,而普高、中专及职高群体的生活满意度相对最低。在五地样本中,辽宁地区不同教育程度的生活满意度呈现U型分布,即教育程度为大专及以上和小学及以下的受访者对生活满意比例最高,均超过五成,而普高、中专及职高群体的生活满意度相对最低。上海、河南和辽宁的情况类似,大专及以上和小学及以下的受访者生活满意度最高,而教育程度为初中、高中的生活满意度较低。广东则呈现出随着教育程度的增加,生活满意度也升高的特征。而甘肃地区则是大专及以上的受访者对生活满意的比例相对最低。见表20-5。

表20-5 不同教育程度的生活满意度状况 (单位:%)

教育水平	不满意	一般	满意	合计
全国				
文盲/半文盲	16.3	35.1	48.6	100.0(6402)
小学	14.9	35.7	49.4	100.0(4561)
初中	15.1	35.7	49.2	100.0(6300)
普高、中专及职高	14.7	38.4	46.9	100.0(2841)
大专及以上	11.2	37.0	51.9	100.0(1431)
辽宁				
文盲/半文盲	18.3	30.8	50.8	100.0(545)
小学	16.6	31.3	52.1	100.0(776)
初中	17.2	34.7	48.2	100.0(1119)
普高、中专及职高	18.6	36.3	45.0	100.0(413)
大专及以上	11.4	34.8	53.8	100.0(264)

(续表)

教育水平	不满意	一般	满意	合计
上海				
文盲/半文盲	17.0	30.2	52.8	100.0(517)
小学	10.5	35.7	53.7	100.0(361)
初中	15.8	37.8	46.4	100.0(903)
普高、中专及职高	13.8	41.5	44.7	100.0(653)
大专及以上	11.7	36.5	51.9	100(480)
河南				
文盲/半文盲	10.1	28.5	61.4	100.0(979)
小学	10.0	30.0	60.1	100.0(761)
初中	11.0	34.4	54.6	100.0(1118)
普高、中专及职高	11.5	36.4	52.1	100.0(489)
大专及以上	10.3	34.3	55.4	100.0(242)
广东				
文盲/半文盲	23.4	37.6	39.0	100.0(896)
小学	21.0	41.7	37.3	100.0(691)
初中	17.3	41.3	41.3	100.0(832)
普高、中专及职高	14.2	43.2	42.6	100.0(437)
大专及以上	6.3	40.3	53.4	100.0(191)
甘肃				
文盲/半文盲	15.2	31.6	53.2	100.0(1681)
小学	14.2	29.8	56.0	100.0(664)
初中	16.8	33.4	49.9	100.0(770)
普高、中专及职高	12.1	32.6	55.3	100.0(396)
大专及以上	12.9	44.8	42.3	100.0(163)

二、社会地位与生活满意度

在分析社会地位与生活满意度时，我们采用了社会地位的自评结果。这主要是考虑到社会地位自评值更能反映受访者在本地的相对位置和受访者相应的主观感受。在本次调查中，社会地位的自评值和生活满意度密切相关，即社会地位自评值高的受访者，其生活满意度也高，反之亦然。并且，不同社地位自评的群体间,其生活满意度存在十分显著的差异。其中,在全国样本中,自评社会地位高的群体,其生活满意的比例比自评社会地位低的群体高出47.6个百分点。见表20-6。

表20-6　社会地位自评与生活满意度　　　　　　　　（单位:%）

社会地位自评	不满意	一般	满意	合计
全国				
地位低	32.2	37.6	30.2	100.0(6695)
一般	8.3	40.4	51.3	100.0(11351)
地位高	4.5	17.9	77.6	100.0(3374)
辽宁				
地位低	32.5	34.0	33.4	100.0(1220)
一般	7.5	39.0	53.5	100.0(1467)
地位高	4.8	12.0	83.2	100.0(416)
上海				
地位低	28.7	39.2	32.1	100.0(1095)
一般	6.3	40.8	52.9	100.0(1436)
地位高	2.6	15.0	82.4	100.0(386)
河南				
地位低	26.5	36.4	37.1	100.0(731)
一般	7.2	37.2	55.7	100.0(2118)
地位高	4.0	12.3	83.6	100.0(697)
广东				
地位低	36.6	38.8	24.6	100.0(1089)
一般	9.8	45.3	45.0	100.0(1608)
地位高	3.6	21.3	75.1	100.0(305)
甘肃				
地位低	28.9	35.8	35.3	100.0(1114)
一般	10.7	36.2	53.1	100.0(1639)
地位高	5.4	20.9	73.7	100.0(908)

三、户籍与生活满意度

从全国样本来看,不同户籍的受访者生活满意度差异不大,农业户籍比非农户籍的受访者对生活满意的比例稍高,分别为49.2%和48.3%。但在五地样本中,非农户籍群体的生活满意度与农业户籍群体存在着十分显著的差异。其中,广东地区差别最大,非农业户籍的受访者对生活满意的比例比农业户籍的高出了8.4个百分点。其次是河南地区,农业户籍群体对生活满意的比例比非农业户籍的高出7.5个百分点。上海地区非农户籍的生活满意比例比农业户籍高出6.5个百分点。而差异最小的甘肃地区,农业户籍比非农业户籍的受访者对生活满意的比例差也达到了约2个百分点。

表20-7 分户籍的生活满意度状况 （单位:%）

户籍	不满意	一般	满意	合计
全国				
农业户籍	14.9	35.9	49.2	100.0(15452)
非农业户籍	15.7	36.0	48.3	100.0(6085)
辽宁				
农业户籍	15.2	33.6	51.2	100.0(1930)
非农业户籍	19.7	33.1	47.2	100.0(1187)
上海				
农业户籍	13.3	42.2	44.4	100.0(862)
非农业户籍	14.6	34.5	50.9	100.0(2058)
河南				
农业户籍	10.3	30.5	59.3	100.0(2640)
非农业户籍	11.4	36.8	51.8	100.0(949)
广东				
农业户籍	21.0	40.9	38.1	100.0(2122)
非农业户籍	13.7	39.8	46.5	100.0(925)
甘肃				
农业户籍	14.8	32.2	53.0	100.0(3168)
非农业户籍	15.8	33.0	51.2	100.0(506)

四、工作状态与生活满意度

不同工作状态的群体间生活满意度呈现显著差异。其中,上学和退休的受访者生活满意度相对更高,其次为做家务或无业的群体,而有工作比待业、失业群体的生活满意度要高,对生活满意比例最低的(除河南外)为生病或受伤的受访者。全国与五地样本的数据均体现出上述的特征。如在全国样本中,上学的受访者对生活满意的比例最高,接近六成,其次为退休和做家务无业的受访者,这两个群体对生活满意的比例均在五成左右。接下来,有工作的受访者对生活满意的比例明显高于待业和失业的人群,而排在最后的是生病和受伤的人群,这部分人对生活满意的比例为三成有余。见表20-8。

表 20-8　工作状态与生活满意度　　　　　　　　（单位:%）

工作状态	不满意	一般	满意	合计
全国				
在工作	14.9	37.0	48.1	100.0(10687)
在上学	6.9	33.5	59.7	100.0(1091)
待业在找工作	22.8	36.7	40.5	100.0(671)
失业在找工作	23.3	35.9	40.8	100.0(1090)
退休	12.6	33.7	53.7	100.0(4006)
做家务或无业	14.6	36.1	49.3	100.0(3310)
生病或受伤	28.0	35.6	36.4	100.0(682)
辽宁				
在工作	17.5	34.1	48.3	100.0(1479)
在上学	11.6	29.5	58.9	100.0(112)
待业在找工作	23.5	25.9	50.6	100.0(81)
失业在找工作	22.9	41.6	35.5	100.0(214)
退休	14.5	29.9	55.7	100.0(740)
做家务或无业	11.9	34.3	53.9	100.0(362)
生病或受伤	29.5	37.2	33.3	100.0(129)

第二十章 生活满意度

(续表)

工作状态	不满意	一般	满意	合计
上海				
在工作	13.6	41.1	45.3	100.0(1416)
在上学	8.9	35.5	55.6	100.0(124)
待业在找工作	31.0	31.0	37.9	100.0(29)
失业在找工作	29.0	41.0	30.0	100.0(100)
退休	12.9	29.6	57.6	100.0(978)
做家务或无业	12.4	37.3	50.3	100.0(185)
生病或受伤	30.3	44.9	24.7	100.0(89)
河南				
在工作	11.2	33.6	55.2	100.0(1655)
在上学	7.9	23.8	68.3	100.0(189)
待业在找工作	12.7	42.7	44.7	100.0(150)
失业在找工作	12.0	38.8	49.2	100.0(309)
退休	5.8	25.6	68.6	100.0(621)
做家务或无业	11.2	30.9	57.9	100.0(534)
生病或受伤	20.6	33.6	45.8	100.0(131)
广东				
在工作	20.0	43.8	36.2	100.0(1616)
在上学	9.6	34.6	55.8	100.0(208)
待业在找工作	33.3	35.2	31.5	100.0(54)
失业在找工作	25.3	41.8	32.9	100.0(170)
退休	12.4	34.1	53.5	100.0(548)
做家务或无业	17.2	40.3	42.5	100.0(372)
生病或受伤	46.8	35.4	17.7	100.0(79)
甘肃				
在工作	14.7	35.0	50.3	100.0(1815)
在上学	9.3	34.1	56.6	100.0(311)
待业在找工作	19.7	26.8	53.5	100.0(71)
失业在找工作	25.0	23.9	51.1	100.0(92)
退休	13.3	29.7	56.9	100.0(511)
做家务或无业	15.6	28.2	56.2	100.0(790)
生病或受伤	29.8	35.7	34.5	100.0(84)

五、社会交往与生活满意度

在分析社会交往状况和生活满意度时,我们采用了人际关系的自评结果。这是因为人际关系的状况是社会交往情况的重要体现,而人际关系的自评值反映了对自身社会交往状况的主观感受。在全国和五地样本中,人际关系的自评值和生活满意度密切相关,即认为自己人际关系良好的受访者,其生活满意度也高,反之亦然。人际关系自评不同的群体间,其生活满意度存在着明显的差异。见表20-9。

表20-9 人际关系状况自评与生活满意度　　　　　　　　（单位:%）

人际关系自评	不满意	一般	满意	合计
全国				
不佳	32.2	37.6	30.2	100.0(6695)
一般	8.3	40.4	51.3	100.0(11351)
良好	4.5	17.9	77.6	100.0(3374)
辽宁				
不佳	32.5	34.0	33.4	100.0(1220)
一般	7.5	39.0	53.5	100.0(1467)
良好	4.8	12.0	83.2	100.0(416)
上海				
不佳	28.7	39.2	32.1	100.0(1095)
一般	6.3	40.8	52.9	100.0(1436)
良好	2.6	15.0	82.4	100.0(386)
河南				
不佳	26.5	36.4	37.1	100.0(731)
一般	7.2	37.2	55.7	100.0(2118)
良好	4.0	12.3	83.6	100.0(697)
广东				
不佳	36.6	38.8	24.6	100.0(1089)
一般	9.8	45.3	45.0	100.0(1608)
良好	3.6	21.3	75.1	100.0(305)

(续表)

人际关系自评	不满意	一般	满意	合计
甘肃				
不佳	28.9	35.8	35.3	100.0(1114)
一般	10.7	36.2	53.1	100.0(1639)
良好	5.4	20.9	73.7	100.0(908)

第三节 健康状况与生活满意度

一个人的健康状况是影响其生活满意度的重要因素。这里,我们将健康状况区分为客观健康状况和主观健康状况。其中,我们用一个人近半年的患病情况来代表他的客观健康状况,而用健康自评值来代表一个人的主观健康状况。接下来,将分别就上述两个方面分别描述不同健康状况下的生活满意度的差异。

一、患病情况与生活满意度

这里,我们将"两周和两周至六个月均未得病"的情况归为半年内"未患病",将"过去两周患过病,但过去两周至六个月没有患病"和"过去两周没有患过病,但过去两周至六个月患过病"的情况归为半年内"一度患病",将"两周和两周至六个月均得病"的情况归为半年内"二度患病"。

患病情况不同的受访者,生活满意度存在着显著的差异,即患病次数越少,生活满意度越高。在全国的样本中,半年内未患病的群体对生活满意的比例比半年内二度患病的群体高出8.1个百分点。而在分地区样本中,差异最为显著的是广东地区,未患病比二度患病的群体生活满意的比例高出了18.4个百分点。差异最小的地区为河南,两者相差的比例也达到了5个百分点。不过辽宁地区的情况相对特殊,半年内一度患病的受访者生活满意比例最低。见表20-10。

表 20-10　患病情况与生活满意度　　　　　　　　　　（单位:%）

患病	不满意	一般	满意	合计
全国				
半年内未患病	12.7	36.2	51.1	100.0(14596)
半年内一度患病	19.4	35.8	44.7	100.0(5375)
半年内二度患病	22.4	34.7	43.0	100.0(1566)
辽宁				
半年内未患病	13.7	32.5	53.8	100.0(2029)
半年内一度患病	23.3	35.3	41.5	100.0(851)
半年内二度患病	22.4	34.2	43.5	100.0(237)
上海				
半年内未患病	13.0	36.7	50.2	100.0(2009)
半年内一度患病	15.9	36.2	47.9	100.0(762)
半年内二度患病	22.7	40.0	37.3	100.0(150)
河南				
半年内未患病	8.9	32.4	58.7	100.0(2253)
半年内一度患病	13.2	31.4	55.4	100.0(1025)
半年内二度患病	14.1	32.5	53.4	100.0(311)
广东				
半年内未患病	15.1	40.8	44.2	100.0(2077)
半年内一度患病	23.7	41.1	35.2	100.0(761)
半年内二度患病	38.3	35.9	25.8	100.0(209)
甘肃				
半年内未患病	12.1	31.5	56.4	100.0(2185)
半年内一度患病	17.4	33.4	49.2	100.0(1068)
半年内二度患病	23.3	33.7	43.0	100.0(421)

二、健康自评与生活满意度

"您认为自己的健康状况如何?"这道题的选项采用的是"健康"、"一般"、"比较不健康"、"不健康"和"非常不健康"的五等级测度。我们将"比较不健康"、"不健康"和"非常不健康"均归为"不健康",从而形成了关于健康自评由好到差的三个等级:"健康"、"一般"和"不健康"。

无论在全国样本还是五地样本中,不同健康自评状况的群体生活满意度均存在着显著的差异。那些认为自己身体状况好的人,生活满意度也更高。其中,认为自身健康的受访者的生活满意度比例高出认为自身不健康的,在全国样本中是 17 个百分点,在广东样本中则高达 25.1 个百分点,相差最少的是河南样本,也达到了 9 个百分点。见表 20-11。

表 20-11 健康自评与生活满意度　　　　　　　　　（单位:%）

健康状况自评	不满意	一般	满意	合计
全国				
健康	10.9	33.1	56.0	100.0(10233)
一般	15.9	40.1	44.0	100.0(7775)
不健康	25.4	35.4	39.2	100.0(3528)
辽宁				
健康	11.0	29.7	59.3	100.0(1350)
一般	18.5	36.4	45.0	100(1295)
不健康	29.7	35.6	34.7	100.0(472)
上海				
健康	9.8	32.7	57.5	100.0(1236)
一般	14.7	40.4	44.8	100.0(1269)
不健康	26.3	37.8	35.9	100.0(415)
河南				
健康	8.7	28.8	62.4	100.0(1720)
一般	10.4	37.6	52.0	100.0(1226)
不健康	15.7	30.5	53.7	100.0(642)
广东				
健康	13.1	38.4	48.5	100.0(1414)
一般	17.9	44.3	37.8	100.0(1189)
不健康	39.4	37.2	23.4	100.0(444)
甘肃				
健康	11.4	29.6	59.0	100.0(1861)
一般	16.4	37.8	45.8	100.0(1007)
不健康	21.0	31.9	47.1	100.0(805)

本 章 提 要

● 在全国总体与分地区生活满意度基本状况方面,多数受访者认可生活现状。五地样本中,河南的受访者生活满意度最高,而各地区受访者在对生活状况不满意的评价中,广东的最为突出。

● 分性别的生活满意度差异有限,女性满意度要高于男性。各年龄段的生活满意度表现出了明显的差异性,呈现 U 型的分布特征。其中,60 岁以上年龄段的受访者生活满意度最高,其次是 30 岁以下和 50—59 岁年龄段的受访者,而 30—49 岁年龄段的受访者生活满意度在各年龄段中最低。不同婚姻状态的受访群体生活满意度也不尽相同。有配偶的受访者生活满意度多高于无配偶者,而对生活不满意的受访者中,无配偶的比例也相对更高。

● 不同社会特征的受访群体,生活满意度存在显著差异。其中,不同教育程度的受访者,他们的生活满意度在全国样本中差别并不明显,而在五个地区样本中则呈现出不同的特征。而对生活不满意的群体中,全国与五个地区样本均显示,教育程度为大专及以上的受访者比例均相对较低,在一成左右。而社会地位的自评值和生活满意度密切相关,即社会地位自评值高的受访者,其生活满意度也高,反之亦然。从全国样本来看,不同户籍的受访者生活满意度差异不大,农业户籍比非农户籍的受访者对生活满意的比例稍高,但在五地样本中,非农户籍群体的生活满意度与农业户籍群体存在着十分显著的差异。尤其是经济发展水平较高的地区如上海和广东,非农户籍群体生活满意度更高,而经济发展相对落后的地区如甘肃,则是农业户籍人群生活满意度更高。不同工作状态的群体间生活满意度呈现显著差异。其中,上学和退休的受访者生活满意度相对最高,其次为做家务或无业的群体,而有工作比待业、失业群体的生活满意度要高,对生活满意比例最低的为生病或受伤的受访者。而人际关系自评值不同的受访者间,生活满意度显著不同,即认为自己人际关系良好的受访者,其生活满意度也高,反之亦然。

● 生活满意度与一个人的健康状况密切相关。患病情况不同的受访者,生活满意度存在着显著的差异。患病次数越少,生活满意度越高。而不同健康自评状况的群体生活满意度存在着显著的差异。那些认为自己身体状况好的人,生活满意度也更高。

第二十一章 居民价值观与社会判断

社会价值观是观察和预测一个社会发展水平的重要标尺之一。它不仅是对特定时期内经济社会政治结构和发展状况的反映,也表达了人们理想中的个人发展目标和社会关系状况。因而,社会结构特征的变化将在很大程度上表现为社会价值观念的结构性变化。改革开放以来,中国社会价值观发生了明显的变化。本次调查中,分别从目标性价值观和工具性价值观两个方面考察了人们社会价值观的现状。接下来,将分别对这两面的调查结果进行描述,并从性别、年龄、教育程度、社会地位和户籍五个方面区分不同群体的社会价值观特征。

而社会判断是个体在社会情境中对社会现象的价值做出判断的过程,包括对他人、自身、社会事件等的价值判断。它不仅是人们形成世界观、价值观的基础,也是调节人类社会行为的重要因素。在本章中将分别就社会成就归因、生养子女的理由及养育子女的观念等关于社会判断的内容进行描述。

第一节 居民价值观

一、目标性价值观

目标性价值观主要反映的是受访者生活奋斗的理想目标。在本次调查中,共包括 10 个方面。受访者分别对这些目标的重要性进行评价打分,1 分的重要性最低,5 分最高。这里,我们分别算出各个维度的平均得分和方差来进行描述和比较。

1. 全国与分地区的目标性价值观基本情况

全国和五地样本中,受访者都认为家庭幸福美满和子女有出息是最为重要的生活目标。这两项的平均分都在 4.5 分以上。接下来的目标排序在全国和各地区中则稍有区别。

在全国样本中,与配偶关系亲密、生活有乐趣、不被人讨厌、传宗接代和不孤单的平均得分均在 4 分及以上,表明受访者也比较看重这些目标。而重要性相对最低的几项是有成就感、很有钱和死后有人想念。这几项的平均得分均在 4 分以下,其中死后有人想念这项得分最低,为 3.4 分。而在五地样本中,辽宁地区得分在 4 分以下的选项依次是传宗接代、有成就感(均为 3.8 分)、死后有人想念(3.6 分)和很有钱(3.5 分)。上海地区后三位依次是有成就感、很有钱(都是 3.7 分)和死后有人想念(3.4 分)。河南地区则是有成就感(3.8 分)、死后有人想念(3.5 分)和很有钱(3.4 分)。广东地区的受访者则认为传宗接代也比较重要(4.2 分),而相对最不重要的三项则是很有钱(3.8 分)、有成就感(3.7 分)和死后有人想念(3.3 分)。而甘肃地区后三项则依次是很有钱(3.7 分)、有成就感(3.6 分)和死后有人想念(3.4 分)。见表 21-1。

表 21-1　全国与分地区的目标性价值观基本情况

地区		很有钱	不被人讨厌	生活有乐趣	与配偶关系亲密	不孤单	有成就感	死后有人想念	家庭美满、和睦	传宗接代	子女有出息
全国											
	均值	3.6	4.0	4.0	4.2	4.0	3.7	3.4	4.6	4.0	4.5
	标准差	1.2	1.0	0.9	1.0	1.0	1.1	1.3	0.7	1.1	0.8
辽宁											
	均值	3.5	4.1	4.2	4.2	4.2	3.8	3.6	4.7	3.8	4.6
	标准差	1.3	1.1	1.0	1.1	1.0	1.2	1.4	0.7	1.3	0.8
上海											
	均值	3.7	4.0	4.2	4.4	4.2	3.7	3.4	4.7	3.8	4.5
	标准差	1.1	0.9	0.8	0.9	0.9	1.0	1.2	0.6	1.2	0.9
河南											
	均值	3.4	4.0	4.0	4.2	4.1	3.8	3.5	4.6	3.9	4.5
	标准差	1.2	1.0	1.0	1.0	1.0	1.1	1.2	0.7	1.2	0.8

(续表)

地区	很有钱	不被人讨厌	生活有乐趣	与配偶关系亲密	不孤单	有成就感	死后有人想念	家庭美满、和睦	传宗接代	子女有出息
广东										
均值	3.8	3.9	4.1	4.3	3.9	3.7	3.3	4.6	4.2	4.6
标准差	1.1	1.0	0.9	1.0	1.0	1.1	1.3	0.6	1.0	0.7
甘肃										
均值	3.7	3.8	3.9	4.1	3.8	3.6	3.4	4.6	4.1	4.5
标准差	1.2	1.1	1.1	1.1	1.1	1.2	1.3	0.8	1.1	0.9

全国 $N=21566$，辽宁 $N=3125$，上海 $N=2925$，河南 $N=3602$，广东 $N=3061$，甘肃 $N=3683$。

2. 性别与目标性价值观

全国分性别的目标性价值观差异比较小。两者都认为家庭幸福美满和子女有出息最为重要。但相对而言，男性较女性更倾向于获得成就感和与配偶关系亲密。见表21-2。

表21-2　全国不同性别的目标性价值观

性别	很有钱	不被人讨厌	生活有乐趣	与配偶关系亲密	不孤单	有成就感	死后有人想念	家庭美满、和睦	传宗接代	子女有出息
男										
均值	3.6	4.0	4.1	4.3	4.0	3.8	3.4	4.6	4.0	4.5
标准差	1.2	1.0	0.9	1.0	1.0	1.1	1.3	0.7	1.1	0.8
女										
均值	3.6	3.9	4.0	4.1	4.0	3.6	3.5	4.6	4.0	4.6
标准差	1.2	1.0	1.0	1.1	1.0	1.1	1.3	0.7	1.2	0.8

全国 $N=21560$，男 $N=10433$，女 $N=11127$。

3. 年龄与目标性价值观

各年龄段的群体目标性价值观的差异在一定程度上从一个侧面反映价值观的变迁。在全国样本中，各年龄段的受访者最为看重的目标是一致的，即家庭的幸福美满和子女有出息。但对其他目标的重要性看法则不尽相同。随着年龄的增加，重要性逐渐上升的是传宗接代和死后有人想念。而随着年龄增加,重要性逐渐减低的则有生活有乐趣、不被人讨厌和有成就感。而在配偶关系这个指标上,重要性的平均得分呈现倒 U 型,即 30—49 岁的受访群体相对最看重,两端年龄段的则相对不那么看重。见表 21-3。

表 21-3　全国不同年龄段的目标性价值观

年龄	很有钱	不被人讨厌	生活有乐趣	与配偶关系亲密	不孤单	有成就感	死后有人想念	家庭美满、和睦	传宗接代	子女有出息
30 岁以下										
均值	3.6	4.1	4.2	4.1	4.0	3.9	3.3	4.7	3.8	4.4
标准差	1.2	0.9	0.8	1.1	1.0	1.0	1.3	0.6	1.2	0.9
30—39 岁										
均值	3.7	4.0	4.1	4.4	4.0	3.8	3.4	4.7	3.9	4.6
标准差	1.2	1.0	0.9	0.9	1.0	1.0	1.3	0.6	1.2	0.7
40—49 岁										
均值	3.7	4.0	4.0	4.3	4.0	3.7	3.5	4.6	4.0	4.6
标准差	1.2	1.0	1.0	0.9	1.0	1.1	1.3	0.7	1.2	0.7
50—59 岁										
均值	3.7	3.9	4.0	4.2	4.0	3.6	3.5	4.6	4.1	4.6
标准差	1.2	1.1	1.0	1.0	1.0	1.1	1.3	0.7	1.1	0.8
60 岁以上										
均值	3.6	3.8	3.9	4.0	3.9	3.4	3.5	4.5	4.1	4.4
标准差	1.2	1.1	1.0	1.1	1.1	1.2	1.2	0.8	1.1	0.9

全国 $N=21566$,30 岁以下 $N=4194$,30—39 岁 $N=3091$,40—49 岁 $N=5037$,50—59 岁 $N=4101$,60 岁以上 $N=4333$。

4. 教育程度与目标性价值观

不同教育程度的受访对象在目标性价值观上存在着一些差异。但都一致认为家庭的幸福美满是最重要的,并且这项平均得分随着教育程度的增加而升高。而随着教育程度的升高,重要性逐渐升高的有不被人讨厌、生活有乐趣、与配偶关系亲密、不孤单和有成就感。而随着教育程度的增加,重要性逐渐下降的有很有钱、死后有人想念和传宗接代。见表 21-4。

表 21-4　全国不同教育程度的目标性价值观

教育程度	很有钱	不被人讨厌	生活有乐趣	与配偶关系亲密	不孤单	有成就感	死后有人想念	家庭美满、和睦	传宗接代	子女有出息
文盲/半文盲										
均值	3.8	3.7	3.8	4.0	3.8	3.4	3.5	4.5	4.2	4.5
标准差	1.1	1.1	1.0	1.1	1.1	1.1	1.2	0.8	1.0	0.8
小学										
均值	3.7	3.9	4.0	4.2	4.0	3.7	3.5	4.6	4.1	4.6
标准差	1.2	1.1	0.9	1.0	1.0	1.1	1.3	0.7	1.1	0.8
初中										
均值	3.5	4.1	4.1	4.3	4.1	3.8	3.4	4.7	3.9	4.6
标准差	1.2	1.0	0.9	1.0	1.0	1.1	1.3	0.6	1.2	0.8
普高、中专及职高										
均值	3.5	4.2	4.3	4.4	4.2	3.9	3.4	4.7	3.7	4.6
标准差	1.2	0.9	0.8	0.9	0.9	1.0	1.3	0.6	1.2	0.8
大专及以上										
均值	3.4	4.1	4.4	4.5	4.2	4.0	3.2	4.8	3.5	4.4
标准差	1.1	0.9	0.7	0.8	0.9	0.9	1.3	0.5	1.2	0.9

全国 $N=21564$，文盲/半文盲 $N=6425$，小学 $N=4563$，初中 $N=6302$，普高中专及职高 $N=2842$，大专及以上 $N=1432$。

5. 社会地位与目标性价值观

这里，我们采用了社会地位的自评结果。这主要是考虑到社会地位自评值更能反映受访者在本地的相对位置和受访者相应的主观感受。在本次调查的全国样本中，不同社会地位自评的群体对各目标的重要性排序无显著差异。但自评社会地位高的受访群体较另外两个群体对上述各个目标都更为看重，在各项维度的平均分都更高。见表 21-5。

表 21-5　全国不同社会地位自评的目标性价值观

社会地位自评	很有钱	不被人讨厌	生活有乐趣	与配偶关系亲密	不孤单	有成就感	死后有人想念	家庭美满、和睦	传宗接代	子女有出息
地位低										
均值	3.6	3.9	3.9	4.1	3.9	3.5	3.3	4.5	3.9	4.5
标准差	1.3	1.1	1.1	1.1	1.1	1.2	1.4	0.8	1.2	0.9

(续表)

社会地位自评	很有钱	不被人讨厌	生活有乐趣	与配偶关系亲密	不孤单	有成就感	死后有人想念	家庭美满、和睦	传宗接代	子女有出息
一般										
均值	3.6	4.0	4.1	4.2	4.0	3.7	3.4	4.6	4.0	4.6
标准差	1.1	1.0	0.9	1.0	1.0	1.0	1.2	0.7	1.1	0.8
地位高										
均值	3.7	4.1	4.3	4.4	4.2	4.0	3.7	4.7	4.2	4.6
标准差	1.2	0.9	0.8	1.0	0.9	1.0	1.2	0.6	1.1	0.7

全国 $N=21432$,自评社会地位低 $N=6702$,自评社会地位一般 $N=11356$,自评社会地位高 $N=3374$。

6. 户籍与目标性价值观

在本次调查的全国样本中,非农户籍的受访群体和农业户籍的受访群体都认为家庭幸福美满和子女有出息最为重要。但不同的是,农业户籍的受访者认为传宗接代也很重要,而非农户籍的受访者较农业户籍的受访者更为看重不孤单。见表21-6。

表21-6 全国不同户籍的目标性价值观

户籍	很有钱	不被人讨厌	生活有乐趣	与配偶关系亲密	不孤单	有成就感	死后有人想念	家庭美满、和睦	传宗接代	子女有出息
农业户籍										
均值	3.7	3.9	4.0	4.1	3.9	3.7	3.5	4.6	4.1	4.6
标准差	1.2	1.0	1.0	1.0	1.0	1.1	1.3	0.7	1.1	0.8
非农业户籍										
均值	3.5	4.1	4.2	4.3	4.2	3.8	3.4	4.7	3.7	4.5
标准差	1.2	1.0	0.9	1.0	1.0	1.1	1.3	0.6	1.3	0.8

全国 $N=21566$,农业户籍 $N=15476$,非农业户籍 $N=6090$。

二、工具性价值观

工具性价值观考察了人们对实现一些社会目标的手段和方法的看法。在本次调查中,关于工具性价值观列出了七点,并分别询问了受访者的看法。回答选项分为五个:"十分不同意"、"不同意"、"既不同意也不反对"、"同意"和"十分同意"。这里,为了比较方便,将回答选项从"十分不同意"到"十分同意"分别赋值为 1 到 5 分,通过计算均值来进行对比分析。

1. 全国与分地区的工具性价值观基本情况

在工具性价值观的各个维度中,受访者认可程度最高的一项是"有公平竞争才有和谐的人际关系",该项的平均得分在全国和五地样本中都在3.9分及以上。排在最后一位的都为"要干成大事就不可避免腐败",而其他各项的认可程度排序则在全国和各地样本中存在着一些差异。

在全国样本中,认可程度排在第二位的是"在当今社会,努力工作能得到回报"为3.9分,接下来是"在当今社会,聪明才干能得到回报"为3.8分,"在当今社会,有社会关系比个人有能力更重要"和"财富是个人成就的反映"的平均得分都是3.7分,"为了经济繁荣就要拉大收入差距"和"在当今社会,要干成大事就不可避免腐败"这两项的得分别为3.4分和3.2分,排在最后。总体看,各项的得分都在3分以上,即受访者对工具性价值观的各个维度都倾向于同意。在辽宁样本中和全国样本不同的是,并列第二位有两项"在当今社会,努力工作能得到回报"和"在当今社会,聪明才干能得到回报"。上海样本则是"在当今社会,有社会关系比个人有能力更重要"排在第二。河南样本的各项平均得分均较全国样本略高,但各项排序相对一致。广东样本平均分排在第二位的是"在当今社会,努力工作能得到回报",也比较认可这项内容。而甘肃样本的受访者同广东一样,对"在当今社会,努力工作能得到回报"同样比较认可。见表21-7。

表 21-7 全国与分地区的工具性价值观基本情况

地区	维度一	维度二	维度三	维度四	维度五	维度六	维度七
全国							
均值	3.4	4.0	3.7	3.9	3.8	3.2	3.7
标准差	1.5	1.0	1.2	0.9	1.0	1.4	1.1
辽宁							
均值	3.2	4.0	3.7	3.8	3.8	2.9	3.7
标准差	1.5	1.0	1.2	1.0	1.0	1.3	1.1

(续表)

地区	维度一	维度二	维度三	维度四	维度五	维度六	维度七
上海							
均值	3.0	3.9	3.5	3.6	3.7	3.0	3.8
标准差	1.4	1.0	1.2	1.1	1.0	1.4	1.1
河南							
均值	3.5	4.1	3.9	4.0	3.9	3.2	3.7
标准差	1.6	1.0	1.2	0.9	0.9	1.4	1.2
广东							
均值	3.6	4.2	3.8	4.0	3.9	3.2	3.9
标准差	1.6	1.0	1.3	0.9	1.0	1.6	1.2
甘肃							
均值	3.5	4.1	3.8	4.0	3.9	3.3	3.8
标准差	1.4	0.9	1.1	0.9	1.0	1.5	1.1

全国 $N = 21566$,辽宁 $N = 3125$,上海 $N = 2925$,河南 $N = 3602$,广东 $N = 3061$,甘肃 $N = 3683$。

注:维度一:为了经济繁荣就要拉大收入差距;维度二:有公平竞争才有和谐的人际关系;维度三:财富是个人成就的反映;维度四:在当今社会,努力工作能得到回报;维度五:在当今社会,聪明才干能得到回报;维度六:在当今社会,要干成大事就不可避免腐败;维度七:在当今社会,有社会关系比个人有能力更重要。下同。

2. 性别与工具性价值观

全国样本中,女性对工具价值观的各项的认可程度都较男性偏高。其中,差异最大的两项依次是"为了经济繁荣就要拉大收入差距"和"在当今社会,要干成大事就不可避免腐败",均值均相差0.3分。见表21-8。

表21-8 全国不同性别的工具性价值观

性别	维度一	维度二	维度三	维度四	维度五	维度六	维度七
男							
均值	3.3	4.0	3.6	3.9	3.7	3.0	3.7
标准差	1.4	0.9	1.2	0.9	0.9	1.3	1.1
女							
均值	3.6	4.1	3.8	3.9	3.8	3.3	3.8
标准差	1.6	1.1	1.3	0.9	1.0	1.5	1.2

全国 $N = 21560$,男 $N = 10433$,女 $N = 11127$。

3. 年龄与工具性价值观

各年龄段对工具性价值观各项内容的认可程度存在着一定差异,年龄越大,对各项的认可程度越高,但各年龄段最为认可的两项都是"有公平竞争才有和谐的人际关系"和"在当今社会,努力工作能得到回报",最不认可的两项则依次是"为了经济繁荣就要拉大收入差距"和"在当今社会,要干成大事就不可避免腐败"。见表21-9。

表21-9 全国不同年龄段的工具性价值观

年龄	维度一	维度二	维度三	维度四	维度五	维度六	维度七
30岁以下							
均值	3.0	3.8	3.3	3.7	3.5	2.9	3.5
标准差	1.3	0.9	1.1	0.9	1.0	1.3	1.1
30—39岁							
均值	3.2	3.9	3.5	3.8	3.6	3.0	3.7
标准差	1.4	0.9	1.1	1.0	1.0	1.3	1.1
40—49岁							
均值	3.4	4.0	3.7	3.9	3.8	3.1	3.7
标准差	1.5	1.0	1.2	0.9	0.9	1.4	1.1
50—59岁							
均值	3.7	4.2	3.9	4.0	4.0	3.3	3.9
标准差	1.6	1.1	1.2	0.9	0.9	1.5	1.2
60岁以上							
均值	3.8	4.3	4.0	4.1	4.0	3.4	3.9
标准差	1.6	1.1	1.3	0.9	1.0	1.6	1.2

全国 $N=21566$,30岁以下 $N=4194$,30—39岁 $N=3901$,40—49岁 $N=5037$,50—59岁 $N=4101$,60岁以上 $N=4333$。

4. 教育程度与工具性价值观

不同教育程度的受访者对工具性价值观各项内容的看法有一定差异,教育程度越高,对各项的认可程度越低。除了大专及以上的受访群体外,其他教育程度的受访者最认可的两项依次是"有公平竞争才有和谐的人际关系"和"在当今社会,努力工作能得到回报",而大专及以上教育程度的受访者则对"有公平竞争才有和谐的人际关系"和"在当今社会,有社会关系比个人有能力更重要"这两项最为赞同。而对"为了经济繁荣就要拉大收入差距"这项，小学教育程度以下的人比较赞同，而大专及以上学历的受访者则倾向于不同意。最不认可的一项则是"在当今社会，要干成大事就不可避免腐败"。见表21-10。

表21-10　全国不同教育程度的工具性价值观

教育程度	维度一	维度二	维度三	维度四	维度五	维度六	维度七
文盲/半文盲							
均值	4.1	4.4	4.2	4.2	4.1	3.7	4.1
标准差	1.6	1.2	1.3	0.9	1.0	1.6	1.2
小学							
均值	3.5	4.0	3.7	4.0	3.8	3.2	3.7
标准差	1.5	1.0	1.2	0.8	0.9	1.4	1.1
初中							
均值	3.1	3.9	3.5	3.8	3.7	2.9	3.6
标准差	1.3	0.8	1.1	0.8	0.9	1.3	1.1
普高、中专及职高							
均值	2.8	3.8	3.3	3.6	3.5	2.7	3.6
标准差	1.2	0.8	1.1	1.0	1.0	1.2	1.0
大专及以上							
均值	2.5	3.8	3.1	3.3	3.3	2.7	3.6
标准差	1.1	0.8	1.1	1.1	1.0	1.2	1.0

全国 $N=21564$，文盲/半文盲 $N=6425$，小学 $N=4563$，初中 $N=6302$，普高中专及职高 $N=2842$，大专及以上 $N=1432$。

5. 社会地位与工具性价值观

这里，我们采用了社会地位的自评结果。不同社会地位自评的受访群体对工具性价值观各个维度的看法差异不大。但是，随着社会地位自评值的升高，受访者越发赞同"在当今社会，聪明才干能得到回报"、"在当今社会，努力工作能得到回报"和"有公平竞争才有和谐的人际关系"。见表21-11。

表 21-11　全国不同社会地位自评的工具性价值观

社会地位自评	维度一	维度二	维度三	维度四	维度五	维度六	维度七
地位低							
均值	3.4	4.0	3.7	3.8	3.8	3.2	3.8
标准差	1.6	1.1	1.2	1.0	1.0	1.5	1.2
一般							
均值	3.4	4.1	3.7	3.9	3.8	3.1	3.7
标准差	1.5	1.0	1.2	0.9	1.0	1.4	1.1
地位高							
均值	3.4	4.0	3.7	4.0	3.8	3.1	3.6
标准差	1.4	0.9	1.2	0.8	0.9	1.4	1.1

全国 $N=21432$，自评社会地位低 $N=6702$，自评社会地位一般 $N=11356$，自评社会地位高 $N=3374$。

6. 户籍与工具性价值观

不同户籍的群体对工具价值观的各项内容认可程度有显著差异。相对而言，农业户籍受访者较非农业受访者都更倾向于认可各项。其中，分歧最大的一项是对"为了经济繁荣就要拉大收入差距"的看法。农业户籍受访者倾向于认可，平均分是 3.6 分，而非农业户籍受访者则对此不太赞同，平均得分仅为 2.9 分。见表 21-12。

表 21-12　全国不同户籍的工具性价值观

户籍	维度一	维度二	维度三	维度四	维度五	维度六	维度七
农业户籍							
均值	3.6	4.1	3.8	4.0	3.9	3.3	3.8
标准差	1.5	1.0	1.2	0.9	1.0	1.5	1.2
非农业户籍							
均值	2.9	3.9	3.4	3.6	3.6	2.8	3.6
标准差	1.3	0.9	1.1	1.0	1.0	1.3	1.0

全国 $N=21566$，农业户籍 $N=15476$，非农业户籍 $N=6090$。

第二节 社会成就归因

社会成就归因是人们对社会成员在一定社会条件下取得成就的途径和方法的倾向性的认知和反应。从社会层面上来说,社会成员对自身和他人的社会成就归因倾向可以在一定程度上反映出社会的运行状况,进一步影响着人们的社会行动。在本次调查中,关于社会成就归因列出了七项影响因素,并分别询问了受访者的看法。回答选项分为五个:"十分不同意"、"不同意"、"既不同意也不反对"、"同意"和"十分同意"。这里,为了比较方便,将回答选项从"十分不同意"到"十分同意"分别赋值为1到5分,通过计算均值来进行对比分析。

一、全国总体和分地区的社会成就归因

在全国样本中,受访者认为人们取得社会成就最重要的影响因素是一个人的努力程度(均值为4.0分),接下来则是教育程度(均值为3.9分)。这两项自致性因素占主导地位。而一个人的家里有关系(均值为3.6分)、天赋(均值为3.4分)和家庭的社会地位(均值为3.4分)则相对次要。重要程度相对最低的是运气(3.3分)和经济状况(3.1分)。五地区和全国呈现出了基本相同的社会成就归因模式。其中,家庭的社会地位得分均较全国更低,反而运气因素的平均得分稍高。见表21-13。

表21-13 全国与分地区的社会成就归因

地区	归因一	归因二	归因三	归因四	归因五	归因六	归因七
全国							
均值	3.4	3.1	3.9	3.4	4.0	3.3	3.6
标准差	1.3	1.3	0.9	1.3	0.8	1.2	1.1
辽宁							
均值	3.0	3.0	3.8	3.3	4.0	3.3	3.6
标准差	1.2	1.2	0.9	1.2	0.7	1.2	1.1

(续表)

地区	归因一	归因二	归因三	归因四	归因五	归因六	归因七
上海							
均值	3.0	3.0	3.8	3.3	4.0	3.5	3.7
标准差	1.2	1.2	0.9	1.1	0.8	1.1	1.0
河南							
均值	3.2	3.2	3.7	3.5	4.2	3.4	3.7
标准差	1.3	1.3	0.9	1.3	0.8	1.2	1.2
广东							
均值	3.1	3.1	3.9	3.6	4.1	3.4	3.7
标准差	1.3	1.3	1.0	1.3	0.8	1.2	1.2
甘肃							
均值	3.0	3.0	4.0	3.4	4.1	3.4	3.7
标准差	1.2	1.2	0.9	1.3	0.8	1.1	1.1

全国 $N=21572$,辽宁 $N=3125$,上海 $N=2925$,河南 $N=3602$,广东 $N=3061$,甘肃 $N=3683$。

注:归因一:社会地位高的家庭,子女的成就也会大;社会地位低的家庭,子女的成就也会小。归因二:富人家的子女,成就也会大;穷人家的子女,成就也会小。归因三:一个人受教育程度越高,获得大的成就可能性就越大。归因四:影响一个人成就大小最重要的因素是他/她的天赋。归因五:影响一个人成就大小最重要的因素是他/她的努力程度。归因六:影响一个人成就大小最重要的因素是他/她的运气。归因七:影响一个人成就大小最重要的因素是他/她的家里有关系。下同。

二、性别、年龄与社会成就归因

1. 性别与社会成就归因

分性别的社会成就归因模式并无显著差异。在全国样本中,无论是男性还是女性都认为一个人的努力程度和教育程度最重要。稍有不同的是,男性认为相对次要的是家里有关系、天赋和家庭的社会地位,而女性则认为家里有关系、天赋和运气相对次要。男性认为最不重要的是运气和家庭的经济状况,而女性则认为家庭的社会地位和经济状况相对重要性最低。见表21-14。

表 21-14　全国不同性别的社会成就归因

性别	归因一	归因二	归因三	归因四	归因五	归因六	归因七
男							
均值	3.3	3.0	3.9	3.3	4.0	3.2	3.6
标准差	1.2	1.2	0.9	1.2	0.8	1.1	1.1
女							
均值	3.4	3.2	3.9	3.5	4.1	3.5	3.7
标准差	1.4	1.3	1.0	1.3	0.8	1.2	1.2

全国 $N=21560$，男 $N=10433$，女 $N=11127$。

2. 年龄与社会成就归因

在分出生年代的社会成就归因情况中，各项因素的平均得分均随着年龄的增加而有所升高，但相对排序比较一致，即一个人的努力程度和受教育程度最为重要，最不重要的是家庭经济状况，其他的因素均相对次要。值得注意的是，30 岁及以下年龄段的人，在他们的社会成就归因模式中，天赋、家庭的社会地位和经济状况的得分平均值都低于 3 分，即倾向于不认可上述三个因素对影响一个人取得社会成就的重要作用。见表 21-15。

表 21-15　全国不同年龄段的社会成就归因

年龄	归因一	归因二	归因三	归因四	归因五	归因六	归因七
30 岁以下							
均值	2.9	2.6	3.6	2.9	3.9	3.0	3.3
标准差	1.2	1.1	0.9	1.1	0.7	1.1	1.1
30—39 岁							
均值	3.2	2.9	3.8	3.2	3.9	3.2	3.5
标准差	1.2	1.2	0.9	1.2	0.7	1.1	1.1
40—49 岁							
均值	3.4	3.1	3.9	3.4	4.0	3.3	3.6
标准差	1.3	1.2	0.9	1.2	0.8	1.1	1.1
50—59 岁							
均值	3.6	3.4	4.0	3.6	4.1	3.5	3.8
标准差	1.3	1.3	0.9	1.3	0.9	1.2	1.1

（续表）

年龄	归因一	归因二	归因三	归因四	归因五	归因六	归因七
60岁以上							
均值	3.8	3.5	4.1	3.8	4.2	3.6	3.9
标准差	1.3	1.4	0.9	1.4	0.9	1.3	1.2

全国 $N=21566$，30岁以下 $N=4194$，30—39岁 $N=3901$，40—49岁 $N=5037$，50—59岁 $N=4101$，60岁以上 $N=4333$。

三、社会地位与社会成就归因

根据社会心理学的成就归因假设，不同社会成就地位的人在社会成就归因模式中存在着较大差异，即社会成就地位高的人更认可自致性因素的重要性，而低社会成就地位的人则倾向于将自己的社会成就归因于先赋性因素的影响。

但本次调查中，我们采用了社会地位的自评结果。这主要是考虑到社会地位自评值更能反映受访者在其参照群体中的相对位置和受访者相应的主观感受。不同社会地位自评的群体中，对各因素影响社会成就的重要性认识平均分大体一致。只是对家庭社会关系这个因素的重要性的看法，随着社会地位自评的升高，平均得分稍有下降。见表21-16。

表21-16　全国不同社会地位自评的社会成就归因

社会地位自评	归因一	归因二	归因三	归因四	归因五	归因六	归因七
地位低							
均值	3.5	3.2	3.9	3.4	4.0	3.4	3.7
标准差	1.3	1.3	1.0	1.3	0.8	1.2	1.1
一般							
均值	3.3	3.0	3.9	3.4	4.0	3.3	3.6
标准差	1.3	1.3	0.9	1.3	0.8	1.2	1.1
地位高							
均值	3.3	3.0	3.9	3.4	4.0	3.3	3.5
标准差	1.3	1.3	0.9	1.2	0.8	1.2	1.1

全国 $N=21432$，自评社会地位低 $N=6702$，自评社会地位一般 $N=11356$，自评社会地位高 $N=3374$。

第三节 子女养育观念

一、生养子女的理由

在本次调查中,考察了人们生养子女的理由,共分为九项,并分别询问了受访者的看法。回答选项分为五个:"十分不同意"、"不同意"、"既不同意也不反对"、"同意"和"十分同意"。这里,为了比较方便,将回答选项从"十分不同意"到"十分同意"分别赋值为1—5分,通过计算均值来进行对比分析。

无论是全国样本还是五地样本,除了上海样本,平均分最高的生养子女的理由都是"为了看着孩子长大的喜悦",得分最低的都是为了从经济上帮助家庭。而对其他理由的看法则存在着些许差异。

在全国样本中,得分并列第一的还有"子女在身边的快乐"和"使家庭在自己的生活中更重要",平均分都是3.9分。而平均分最低的则是为了从经济上帮助家庭。在辽宁样本中,得分并列第二的有"子女在身边的快乐"和"感受有小宝宝的喜悦",得分均为3.8分。而得分最低的也是为了从经济上帮助家庭,仅为2.7分。在上海样本中,得分第一的是"子女在身边的快乐",并列第二的有"看着孩子长大的喜悦"和"感受有小宝宝的喜悦",均为4分。而得分最低的一项是为了延续家族香火,仅为2.6分,即倾向于不认可其作为生养子女的理由。在河南样本中,得分最高的并列有"子女在身边的快乐"、"感受有小宝宝的喜悦"、"使家庭在自己的生活中更重要"和"增强自己的责任心",为3.9分。而广东样本得分并列第一的有"增强自己的责任心",得分均为4分。甘肃样本得分并列第一的有"子女在身边的快乐"和"使家庭在自己的生活中更重要",都为3.9分。

表21-17 全国与分地区生养子女的理由

地区	理由一	理由二	理由三	理由四	理由五	理由六	理由七	理由八	理由九
全国									
均值	3.7	3.5	3.1	3.9	3.9	3.8	3.9	3.8	3.6
标准差	0.9	1.0	1.1	0.6	0.7	0.7	0.8	0.8	0.9

（续表）

地区	理由一	理由二	理由三	理由四	理由五	理由六	理由七	理由八	理由九
辽宁									
均值	3.4	3.2	2.7	3.9	3.8	3.8	3.7	3.7	3.5
标准差	1.0	1.0	1.0	0.7	0.7	0.7	0.8	0.8	1.0
上海									
均值	3.4	3.2	2.6	4.0	4.1	4.0	3.8	3.8	3.8
标准差	0.9	1.0	0.9	0.5	0.4	0.6	0.7	0.8	0.8
河南									
均值	3.7	3.5	3.2	3.9	3.9	3.9	3.9	3.9	3.7
标准差	0.8	0.9	1.0	0.6	0.6	0.7	0.7	0.7	0.9
广东									
均值	3.9	3.8	3.4	4.0	3.9	3.9	3.9	4.0	3.7
标准差	0.9	0.9	1.1	0.6	0.7	0.8	0.9	0.9	1.0
甘肃									
均值	3.8	3.7	3.4	3.9	3.9	3.8	3.9	3.8	3.8
标准差	0.7	0.9	1.0	0.8	0.8	0.8	0.8	0.9	1.0

全国 $N = 5847$，辽宁 $N = 529$，上海 $N = 333$，河南 $N = 1239$，广东 $N = 1113$，甘肃 $N = 1210$。

注：理由一：为了在自己年老时能够有人帮助；理由二：为了延续家族香火；理由三：为了从经济上帮助您的家庭；理由四：为了看着孩子长大的喜悦；理由五：为了子女在身边的快乐；理由六：为了感受有小宝宝的喜悦；理由七：为了使家庭在自己的生活中更重要；理由八：为了增强自己的责任心；理由九：为了增加亲属联系。

二、养育子女的观念

在本次调查中，还考察了人们养育子女的观念，共分为八项，并分别询问了受访者的看法。回答选项分为五个："十分不同意"、"不同意"、"既不同意也不反对"、"同意"和"十分同意"。这里，为了比较方便，将回答选项从"十分不同意"到"十分同意"分别赋值为1—5分，通过计算均值来进行对比分析。

在全国样本中，平均得分最高的一项是"如果需要，父母应当节衣缩食以支付子女的教育费用"，平均分为4.0分。而平均得分最低的一项是"如果一个孩子长大成人以后遇到了车祸，他/她父母有很大的责任"，仅2.9分。在五地样本中，得分最高的各有不同，得分最低的除广东外和全国一致。广东的最低得分项是"如果一个孩子长大成人以后遇到了车祸,他/她父母有很大的责任",为3.1分。见表21-18。

表21-18 全国与分地区养育子女的观念

地区	选项一	选项二	选项三	选项四	选项五	选项六	选项七	选项八
全国								
均值	3.8	3.4	4.0	3.8	3.5	3.3	3.0	2.9
标准差	1.0	1.0	0.7	0.8	1.0	1.1	1.2	1.2
辽宁								
均值	3.9	3.4	3.9	3.5	3.2	3.1	2.8	2.6
标准差	0.9	1.0	0.4	0.9	1.0	1.0	1.1	1.0
上海								
均值	4.0	3.0	3.7	3.6	3.4	3.4	2.9	2.9
标准差	0.9	1.1	0.7	0.9	1.0	1.1	1.1	1.2
河南								
均值	3.9	3.5	3.9	3.7	3.4	3.3	2.9	2.7
标准差	0.8	0.9	0.4	0.7	1.0	1.1	1.1	1.0
广东								
均值	4.0	3.5	3.9	3.8	3.5	3.4	3.1	3.2
标准差	0.9	1.1	0.5	0.8	1.1	1.1	1.2	1.3
甘肃								
均值	3.7	3.6	3.9	3.9	3.7	3.7	3.5	3.4
标准差	1.0	1.0	0.6	0.7	1.0	0.9	1.1	1.1

全国 $N=5847$,辽宁 $N=529$,上海 $N=333$,河南 $N=1239$,广东 $N=1113$,甘肃 $N=1210$。

注:选项一:离婚总是对孩子有害;选项二:为了孩子,父母即使婚姻不幸福也永远不应当离婚;选项三:如果需要,父母应当节衣缩食以支付子女的教育费用;选项四:这个孩子的学习成绩好坏,父母有很大的责任;选项五:这个孩子将来成年后经济上是否自立,父母有很大的责任;选项六:这个孩子将来成年后家庭生活是否和睦,父母有很大的责任;选项七:这个孩子将来成年后感情上是否幸福,父母有很大的责任;选项八:如果一个孩子长大以后遇到了车祸,父母有很大的责任。

第四节 公众新闻关注

一、公众新闻关注全国样本的基本情况

在全国样本中,对各项新闻均不关注的比例占到了9.3%。在所有的回答中,关注度排在前三位的依次是法制新闻、社会问题和国际新闻,这三项的关注比例均超过了10%,而相对关注程度最低的则是环境保护类新闻,为7.6%。见表21-19。

表 21-19　全国公众关注的新闻类型重要性排序(多选)　　　(单位:%)

排序	新闻类型	关注比例
1	法制新闻	14.3
2	社会问题	13.1
3	国际新闻	11.0
4	农业/农村	9.9
5	经济新闻	9.5
6	反腐倡廉	9.0
7	医疗卫生	8.4
8	文化体育	8.0
9	环境保护	7.6
	以上都不关注	9.3

全国 $N = 21572$。

二、公众新闻关注分地区样本的基本情况

在五地样本中,受访者对新闻关注度最高的是上海地区,对各类新闻都不关注的仅占2.9%,关注度最低的是河南地区,不关注的比例占11.1%。具体新闻关注排名见表21-20。

表 21-20　分地区公众关注的新闻类型重要性排序（多选）　　（单位:%）

地区	法制新闻	社会问题	国际新闻	农业/农村	经济新闻	反腐倡廉	医疗卫生	文化体育	环境保护	以上都不关注
辽宁										
比例	16.6	12.4	10.9	9.4	9.8	10.6	9.9	8.8	8.1	3.7
排序	1	2	3	7	6	4	5	8	9	
上海										
比例	13.9	14.9	13.6	5.5	10.9	9.9	9.1	10.8	8.5	2.9
排序	2	1	3	9	4	6	7	5	8	
河南										
比例	16.2	11.5	11.5	10.3	8.8	8.1	8.4	6.9	7.2	11.1
排序	1	2	2	4	5	7	6	9	8	
广东										
比例	10.7	17.1	11.2	9.1	10.3	7.9	8.7	8.6	8.1	8.3
排序	3	1	2	5	4	9	6	7	8	
甘肃										
比例	13.8	13.0	9.8	11.5	9.5	8.9	8.8	8.1	7.9	8.7
排序	1	2	4	3	5	6	7	8	9	

辽宁 $N=3119$，上海 $N=2925$，河南 $N=3602$，广东 $N=3061$，甘肃 $N=3683$。

本 章 提 要

● 目标性价值观方面,受访者都认为家庭幸福美满和子女有出息是最为重要的生活目标。不同性别、不同年龄段的受访者也都在最重要的目标上达成共识,都最看重家庭幸福美满和子女有出息,但对其他目标的重要性看法则不尽相同。不同教育程度的受访对象在目标性价值观上存在着一些差异。但都一致认为家庭的幸福美满是最重要的,并且这项的平均得分随着教育程度的增加而升高。不同社会地位自评的受访群体各目标的重要性排序无显著差异。但社会地位自评高的受访群体对上述各个目标都更为看重,在各项维度的平均分都更高。不同的户籍群体中,非农户籍的受访群体和农业户籍的受访群体都认为家庭幸福美满和子女有出息最为重要。但不同的是,农业户籍的受访者认为传宗接代也重要。

- 工具性价值观方面,受访者认可程度最高的一项是"有公平竞争才有和谐的人际关系",该项的平均得分在全国和五地样本中都在3.9分及以上。排在最后一位的都为"要干成大事就不可避免腐败"。不同性别的受访者中,女性对工具价值观的各项的认可程度都较男性偏高。各年龄段对工具性价值观各项内容的认可程度存在着一定差异,年龄越大,对各项的认可程度越高,但各年龄段最为认可的两项都是"有公平竞争才有和谐的人际关系"和"在当今社会,努力工作能得到回报",最不认可的两项则依次是"为了经济繁荣就要拉大收入差距"和"在当今社会,要干成大事就不可避免腐败"。不同教育程度的受访者中,教育程度越高,对各项的认可程度越低。随着社会地位自评值的升高,受访者越发赞同"在当今社会,聪明才干能得到回报"、"在当今社会,努力工作能得到回报"和"有公平竞争才有和谐的人际关系"。不同户籍的群体对工具价值观的各项内容认可程度有显著差异。相对而言,农业户籍受访者较非农业受访者都更倾向于认可各项。

- 社会成就归因模式方面,受访者认为人们取得社会成就最重要的影响因素是一个人的努力程度,接下来则是教育程度。这两项自致性因素占主导地位。在分出生年代的社会成就归因情况中,各项因素的平均得分均随着年龄的增加而有所升高,但相对排序比较一致,即一个人的努力程度和受教育程度最为重要,最不重要的是家庭经济状况。不同性别和不同社会地位自评的受访者社会成就归因模式无显著差异。

- 生养子女的理由中,平均分最高的理由都是"为了看着孩子长大的喜悦",除了上海样本,得分最低的都是"为了从经济上帮助家庭"。而养育子女的观念中,在全国样本中,平均得分最高的一项是"如果需要,父母应当节衣缩食以支付子女的教育费用",而平均得分最低的一项是"如果一个孩子长大成人以后遇到了车祸,父母有很大的责任"。

- 公众的新闻关注情况方面,在所有的回答中,关注度排在前三位的依次是法制新闻、社会问题和国际新闻,而相对关注程度最低的则是环境保护类新闻。而在五地样本中,受访者对新闻关注度最高的是上海地区,关注度最低的是河南地区。

第二十二章 社会和谐

第一节 社会治安

一、社会治安总体状况

在社会治安方面,我们重点询问了受访者涉财、涉暴方面的不法侵害遭遇。2010年全年,遭受到不法事件侵害受访者占总调查对象的比例较小,在调查总体的23371人中,65.1%的人在过去一年没有受到过上述任何一项相关不法侵害。34.9%的被调查者至少受到过一项不法侵害,即8156人遭遇过不法事件。见图22-1。在所遭遇的这些事件中,以随身财物被偷窃和家里被入室偷窃为主,类似随身财物被抢劫、家里被入室抢劫以及被打、被威胁等恶性事件则不常遇见。见表22-1。

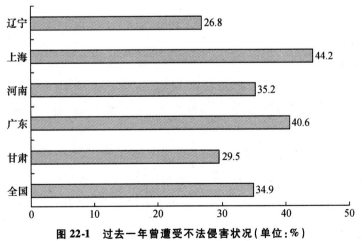

图22-1 过去一年曾遭受不法侵害状况(单位:%)

表 22-1　过去一年分类型不法事件经历　　　　　　　　　　（单位:%）

地区	随身财物被偷	随身财物被抢劫	被打或被威胁	家里被入室偷窃	家里被入室抢劫	其他	未经历	样本数
全国	20.9	2.8	4.6	14.3	0.8	0.7	65.1	2337
辽宁	17.4	1.6	3.0	8.9	0.4	0.5	73.2	3125
上海	29.8	2.7	3.2	16.6	0.8	1.5	55.8	2924
河南	20.2	2.4	3.8	16.9	0.5	0.5	64.8	3597
广东	20.0	5.7	4.9	18.3	1.1	1.1	59.4	3060
甘肃	20.5	2.0	3.6	7.8	0.7	0.3	70.5	3682

图 22-1 显示,从地区比较的角度看,辽宁地区的相关治安状况最好,甘肃和河南次之,广东和上海相关不法侵害发生频率较高。从表 22-1 可见,上海地区"随身财物被偷"类型案件发生率最高,为 29.8%,同时广东地区的"随身财物被抢劫"、"入室抢劫"案件和"被打或被威胁"类型案件为三地之首。

二、性别、年龄与不法事件经历

从分性别的情况看:男性遭受不法侵害的比例略高于女性。分年龄段的情况:年龄段越低不法侵害比例越高,其中 30—39 岁的男性遭受不法侵害的比例最高,70 岁以上的女性遭受不法侵害的比例最低。见表 22-2。

表 22-2　不同性别分年龄组的成年人过去一年不法事件经历　　（单位:%）

	过去一年有不法事件经历	没有	合计
男性	35.8	64.2	100.0(10432)
30 岁以下	38.5	61.5	100.0(1978)
30—39	40.1	59.9	100.0(1834)
40—49	36.0	64.0	100.0(2388)
50—59	33.6	66.4	100.0(2024)
60—69	34.1	65.9	100.0(1360)
70 岁以上	27.7	72.3	100.0(848)
女性	31.9	68.1	100.0(11127)
30 岁以下	37.7	62.3	100.0(2216)
30—39	33.6	66.4	100.0(2066)

（续表）

	过去一年有不法事件经历	没有	合计
40—49	30.8	69.2	100.0(2649)
50—59	30.1	69.9	100.0(2075)
60—69	28.9	71.1	100.0(1291)
70岁以上	25.4	74.6	100.0(830)

第二节 社会公平

一、贫富差别与社会公平

1. 基本情况描述

在本次调查中，约有23.3%居民认为过去一年内因贫富差别而受到了不公平对待。从各地的情况来看，上海居民有18.5%居民认为因贫富差别受到不公平对待，低于全国水平。广东这方面的状况相对严重，30.2%的居民感受到了因贫富差别而带来的不公正对待。其他地区与全国水平接近。见表22-3。

表22-3 2010年因贫富差别而受到不公正对待的比例 （单位：%）

地区	有过	没有或没碰到此类情况	合计
全国	23.3	76.7	100.0(17978)
辽宁	22.3	77.7	100.0(2859)
上海	18.5	81.5	100.0(2083)
河南	23.6	76.4	100.0(2855)
广东	30.2	69.8	100.0(2457)
甘肃	22.8	77.2	100.0(3445)

2. 性别、年龄与因贫富差异而产生的不公正对待

无论是全国总体还是各地分别的状况，在受到因贫富差异而产生的不公正对待方面，男性的比例高于女性。

不同年龄段的受访者其受到因贫富差别而产生的不公正对待的人数比例也不同，呈倒U型分布。总体来看，40—49岁受访者中有26.0%的受访者有过这类遭遇，比例最高，其次是50—59岁的受访者群体，有23.6%的人有此类

遭遇。比例最小的是70岁以上的群体,只有19.8%的受访者遭遇过这种不公平待遇。各地的情况与总体有所不同。上海的情况与全国情况恰好相反,呈现大致为U型的分布。30岁以下和30—39岁的群体这方面比例最高,40—49岁受访者遭受因贫富差异带来的不公平对待比例最低。

3. 收入自评与因贫富差异而产生的不公正对待

我们将群体按照不同的收入自评状况分组考察了群体间有过因贫富差别受到不公平对待的比例差异。从总体看收入自评越低的群体,其受到因贫富差别引起的不公平对待的人数比例越高,低收入群体的相关比例约为高收入群体的三倍。各地情况大致一致,略有不同。见表22-4。

表22-4 分收入自评的2010年因贫富差别而受到不公正对待的比例

(单位:%)

地区	有过	没有或未碰到此类情况	合计
全国			
低收入	30.2	69.8	100.0(5588)
一般	20.6	79.4	100.0(9426)
高收入	19.2	80.8	100.0(2873)
辽宁			
低收入	27.6	72.4	100.0(1124)
一般	19.4	80.6	100.0(1349)
高收入	14.8	85.2	100.0(373)
河南			
低收入	27.0	73.0	100.0(781)
一般	16.0	84.0	100.0(1036)
高收入	7.5	92.5	100.0(263)
上海			
低收入	32.9	67.1	100.0(627)
一般	21.3	78.7	100.0(1690)
高收入	19.5	80.5	100.0(509)
广东			
低收入	36.9	63.1	100.0(886)
一般	27.2	72.8	100.0(1304)
高收入	25.5	74.5	100.0(250)

(续表)

地区	有过	没有或未碰到此类情况	合计
甘肃			
低收入	26.4	73.6	100.0(1043)
一般	21.9	78.1	100.0(1541)
高收入	19.4	80.6	100.0(846)

4. 户籍状况与因贫富差异而产生的不公正对待

表22-5显示,户籍状况与因贫富差别受到不公平对待的比例有显著的关联:不同户籍状况之间的差异很明显。从全国总体看,农村户籍的受到因贫富差别引起的不公平对待的比例更高,约为非农户籍群体的两倍。各地的情况略有不同:上海与河南不同户籍居民受到这种不公平对待的差异十分明显;辽宁与甘肃地区的非农户籍受访者因贫富差别受到不公平对待的比例反而高于农村户籍的居民;而广东的户籍间差异虽然显著但相对较小。

表22-5　分户籍的2010年因贫富差别而受到不公正对待的比例　（单位:%）

地区	有过	没有或未碰到此类情况	合计
全国			
农村户籍	24.4	75.6	100.0(12575)
非农户籍	21.3	78.7	100.0(5355)
辽宁			
农村户籍	20.2	79.8	100.0(1738)
非农户籍	24.6	75.4	100.0(1116)
河南			
农村户籍	22.3	77.7	100.0(653)
非农户籍	17.3	82.7	100.0(1428)
上海			
农村户籍	25.6	74.1	100.0(1933)
非农户籍	18.4	81.6	100.0(914)
广东			
农村户籍	30.5	69.5	100.0(1730)
非农户籍	29.7	70.3	100.0(722)
甘肃			
农村户籍	20.5	79.5	100.0(2958)
非农户籍	29.1	70.1	100.0(480)

二、性别与社会公平

1. 基本状况描述

在本次调查中,约有 5.3% 居民认为过去一年内因性别而受到了不公平对待。而大多数人则没有这类经历。从各地的情况来看,广东性别不公平状况相对严重,5.4% 的居民感受到了因性别而带来的不公正对待。辽宁的比例最低,4.0% 的受访者感受到因性别而带来的不公正对待。见表 22-6。

表 22-6 2010 年因性别而受到不公正对待的比例   (单位:%)

地区	有过	没有或没碰到此类情况	合计
全国	5.3	94.7	100.0(17431)
辽宁	4.0	96.0	100.0(2857)
上海	5.0	95.0	100.0(1969)
河南	4.8	95.2	100.0(2684)
广东	5.4	94.6	100.0(2379)
甘肃	5.0	95.0	100.0(3395)

2. 性别、年龄与因性别而产生的不公正对待

无论是全国总体还是各地分别的状况,在受到因性别而产生的不公正对待方面并没有明显的性别差异,男性和女性都拥有大致相同的比例。

不同年龄段的受访者其受到因性别而产生的不公正对待的人数比例也不同,随着年龄增长,基本呈下降趋势。总体来看,30 岁以下受访者中有 7.5% 的受访者有过这类遭遇,比例最高,其次是 30—39 岁的受访者群体,有 6.2% 的人有此类遭遇。比例最小的是 70 岁以上群体,只有 3.9% 的受访者遭遇过这种不公平待遇。各地分别的情况与总体大致保持一致,也有些微不同。

3. 社会经济因素与因性别而产生的不公正对待

表 22-7 显示,从全国的情况看,收入自评越高,受到因性别带来的不公正对待的比例越低。从各地情况看,趋势与全国大体相同,只是甘肃的情况较特殊,高收入群体受到因性别带来的不公正对待的比例反而较高。

表22-7 分收入自评的2010年因性别而受到不公正对待的比例

（单位:%）

地区	有过	没有或未碰到此类情况	合计
全国			
低收入	6.5	93.5	100.0(5369)
一般	5.0	95.0	100.0(9117)
高收入	4.4	95.6	100.0(2800)
辽宁			
低收入	5.3	94.7	100.0(1124)
一般	3.0	97.0	100.0(1343)
高收入	3.3	96.7	100.0(377)
河南			
低收入	7.3	92.7	100.0(718)
一般	4.8	95.2	100.0(998)
高收入	0.8	99.2	100.0(251)
上海			
低收入	5.9	94.1	100.0(589)
一般	4.3	95.7	100.0(1605)
高收入	4.7	95.3	100.0(463)
广东			
低收入	6.2	93.8	100.0(848)
一般	4.9	95.1	100.0(1271)
高收入	5.4	94.6	100.0(243)
甘肃			
低收入	4.4	95.6	100.0(1031)
一般	4.9	95.1	100.0(1520)
高收入	5.7	94.3	100.0(831)

我们再来看分户籍的情况。表22-8显示，不同户籍的受访者在因性别带来的不公平对待上差异并不显著。

表 22-8　分户籍的 2010 年因性别而受到不公正对待的比例　　（单位:%）

地区	有过	没有或未碰到此类情况	合计
全国			
农村户籍	5.4	94.6	100.0(12048)
非农户籍	5.2	94.8	100.0(5276)
辽宁			
农村户籍	3.5	96.5	100.0(1734)
非农户籍	4.5	95.5	100.0(1118)
河南			
农村户籍	5.0	95.0	100.0(613)
非农户籍	5.0	95.0	100.0(1353)
上海			
农村户籍	4.7	95.3	100.0(1774)
非农户籍	4.9	95.1	100.0(902)
广东			
农村户籍	6.0	94.0	100.0(1678)
非农户籍	4.3	95.7	100.0(696)
甘肃			
农村户籍	5.0	95.0	100.0(2903)
非农户籍	4.8	95.2	100.0(485)

三、户籍差别与社会公平

1. 基本状况描述

在本次调查中,约有 10.4% 居民认为过去一年内因户籍而受到了不公平对待。而大多数人则没有这类经历。从各地的情况来看,广东户籍不公平状况相对严重,12.7% 的居民在过去一年里感受到了因户籍而带来的不公正对待。其次是上海,11.8% 的居民在过去一年里感受到了因户籍而带来的不公正对待。辽宁的比例最低,6.5% 的受访者感受到因户籍而带来的不公正对待。见表 22-9。

表 22-9　2010 年因户籍而受到不公正对待的比例　　　（单位:%）

地区	有过	没有或未碰到此类状况	合计
全国	10.4	89.6	100.0(17373)
辽宁	6.5	93.5	100.0(2853)
上海	11.8	88.2	100.0(2023)
河南	8.9	91.1	100.0(2683)
广东	12.7	87.3	100.0(2350)
甘肃	9.5	90.5	100.0(3372)

2. 性别、年龄与因户籍而产生的不公正对待

无论是全国总体还是各地分别的状况,在受到因户籍而产生的不公正对待方面存在着明显的性别差异,男性较女性多。各地情况中,辽宁与广东差异不显著。

不同年龄段的受访者其受到因户籍而产生的不公正对待的人数比例也不同,随着年龄增长,基本呈倒 U 形趋势。总体来看,30—39 岁受访者中有 12.7% 的受访者过去一年内有过这类遭遇,比例最高,其次是 40—49 岁和 30 岁以下的受访者群体,分别有 10.6% 和 10.5% 的人过去一年内有此类遭遇。比例最小的是 70 岁以上群体,只有 8.6% 的受访者遭遇过这种不公平待遇。各地分别的情况与总体大致保持一致,也有些微不同。

3. 社会经济因素与因户籍而产生的不公正对待

表 22-10 显示,从全国的情况看,收入自评越高,受到因户籍带来的不公正对待的比例越低。从各地情况看,趋势与全国大体相同。

表 22-10　分收入自评的因户籍而受到不公正对待的比例　　　（单位:%）

地区	有过	没有或未碰到此类情况	合计
全国			
低收入	13.2	86.8	100.0(5413)
一般	9.2	90.8	100.0(9146)
高收入	8.9	91.1	100.0(2787)
辽宁			
低收入	6.8	93.2	100.0(1119)
一般	6.5	93.5	100.0(1344)
高收入	5.5	94.5	100.0(376)

(续表)

地区	有过	没有或未碰到此类情况	合计
河南			
低收入	17.4	82.6	100.0(756)
一般	9.9	90.1	100.0(1004)
高收入	5.3	94.7	100.0(260)
上海			
低收入	13.9	86.1	100.0(594)
一般	7.7	92.3	100.0(1610)
高收入	6.4	93.6	100.0(454)
广东			
低收入	16.4	83.6	100.0(857)
一般	11.0	89.0	100.0(1236)
高收入	10.9	89.1	100.0(242)
甘肃			
低收入	14.5	85.5	100.0(1031)
一般	6.9	93.1	100.0(1502)
高收入	7.7	92.3	100.0(824)

表22-11显示,从全国的情况看,农村户籍受访者因户籍受到的不公正对待的比例高于非农户籍受访者。从各地情况看,趋势与全国大体相同。

表22-11　分户籍的因户籍而受到不公正对待的比例　　　　（单位:%）

地区	有过	没有或未碰到此类情况	合计
全国			
农村户籍	10.7	89.3	100.0(12096)
非农户籍	9.7	90.3	100.0(5285)
辽宁			
农村户籍	7.2	92.8	100.0(1734)
非农户籍	5.7	94.3	100.0(1114)
河南			
农村户籍	17.7	82.3	100.0(646)
非农户籍	9.8	90.2	100.0(1374)

（续表）

地区	有过	没有或未碰到此类情况	合计
上海			
农村户籍	9.8	90.2	100.0(1771)
非农户籍	6.9	90.2	100.0(905)
广东			
农村户籍	12.9	87.1	100.0(1654)
非农户籍	12.4	87.6	100.0(691)
甘肃			
农村户籍	8.6	91.4	100.0(2883)
非农户籍	11.8	88.2	100.0(482)

第三节　社会信心

一、基本状况描述

表22-12显示，总体来看，大众的社会信心状况良好，有近六成的受访者表示对未来有信心。而表示没有信心的受访者仅占到全国总体受访者的14.3%。河南地区信心指数最高，达到62.8%；其次是甘肃与辽宁，分别为59.0%和58.4%。上海与广东居民社会信心较低，表示对未来有信心的比例分别为53.2%和51.2%。

表22-12　社会信心的基本描述　　　　　　　（单位：%）

地区	没有信心	一般	有信心	合计
全国	14.3	29.1	56.6	100.0(21482)
辽宁	15.8	25.9	58.4	100.0(3107)
上海	12.4	34.4	53.2	100.0(2917)
河南	12.4	24.9	62.8	100.0(3577)
广东	16.7	32.1	51.2	100.0(3027)
甘肃	15.8	25.1	59.0	100.0(3671)

二、性别、年龄与社会信心

从全国总体情况看,女性的社会信心状况略好于男性。分地区的情况是:上海与河南地区的受访者男性的社会信心状况好于女性,其他地区均与全国情况一致。见表22-13。

表22-13 分性别的社会信心情况　　　　　　　　　（单位:%）

地区	没信心	一般	有信心	合计
全国				
男	14.4	27.5	58.1	100.0(10411)
女	14.2	30.5	55.3	100.0(11071)
辽宁				
男	15.1	27.1	57.7	100.0(1479)
女	16.3	24.8	58.9	100.0(1628)
上海				
男	14.4	30.8	54.8	100.0(1426)
女	10.5	37.3	51.8	100.0(1491)
河南				
男	10.9	24.3	64.8	100.0(1712)
女	13.7	25.3	61.0	100.0(1865)
广东				
男	15.9	32.1	52.0	100.0(1491)
女	17.4	32.1	50.4	100.0(1536)
甘肃				
男	15.2	26.1	58.7	100.0(1799)
女	16.4	24.2	59.4	100.0(1872)

分年龄段的社会信心状况表现出了明显的差异性,基本上随着年龄的增加社会信心有下降的趋势。30岁以下的年轻人中表示有信心的比例达到了71.6%。而70岁以上的受访者表示有信心的比例只有38.9%。见表22-14。

表 22-14　分年龄段的社会信心状况　　　　　　　　　　（单位:%）

地区	没信心	一般	有信心	合计
全国				
30 岁以下	5.4	23.1	71.6	100.0(4193)
30—39	9.1	26.6	64.3	100.0(3895)
40—49	13.0	30.8	56.2	100.0(5027)
50—59	18.9	30.0	51.1	100.0(4084)
60—69	20.7	32.9	46.3	100.0(2629)
70 岁以上	27.3	33.8	38.9	100.0(1654)
辽宁				
30 岁以下	3.3	18.0	78.7	100.0(507)
30—39	7.9	24.5	67.6	100.0(501)
40—49	18.2	24.1	57.7	100.0(707)
50—59	21.2	30.6	48.2	100.0(696)
60—69	20.0	31.8	48.2	100.0(389)
70 岁以上	21.8	26.1	52.1	100.0(307)
上海				
30 岁以下	8.9	26.4	64.7	100.0(561)
30—39	6.0	27.5	66.5	100.0(390)
40—49	6.5	56.5	37.0	100.0(464)
50—59	19.6	32.6	47.8	100.0(662)
60—69	12.6	30.6	56.8	100.0(488)
70 岁以上	20.0	30.0	50.0	100.0(352)
河南				
30 岁以下	3.8	17.4	78.7	100.0(709)
30—39	7.7	26.9	65.4	100.0(601)
40—49	13.0	25.0	62.0	100.0(863)
50—59	15.3	27.5	57.2	100.0(609)
60—69	19.6	23.7	56.6	100.0494)
70 岁以上	17.9	32.7	49.4	100.0(301)

(续表)

地区	没信心	一般	有信心	合计
广东				
30岁以下	6.5	22.5	71.0	100.0(665)
30—39	10.7	31.4	57.8	100.0(498)
40—49	17.4	36.8	45.8	100.0(718)
50—59	19.8	36.3	43.9	100.0(540)
60—69	20.2	35.4	44.4	100.0(362)
70岁以上	32.8	26.0	41.3	100.0(244)
甘肃				
30岁以下	5.7	14.5	79.8	100.0(809)
30—39	12.9	22.6	64.6	100.0(674)
40—49	15.7	27.5	56.8	100.0(938)
50—59	19.2	31.4	99.3	100.0(617)
60—69	29.7	27.7	42.5	100.0(428)
70岁以上	22.8	32.3	44.9	100.0(205)

三、社会经济因素与社会信心

不同受教育程度者的社会信心状况表现出了明显的差异,即教育程度越高的受访者,其社会信心状况越好:大专及以上的受访者社会信心最高,小学以下文化程度的居民社会信心最低。各地的情况小有差异,大致相同。见表22-15。

表22-15　分教育程度的社会信心状况　　　　　（单位:%）

地区	没有信心	一般	有信心	合计
全国				
文盲/半文盲	20.0	33.8	46.3	100.0(6358)
小学	13.1	29.5	57.4	100.0(4551)
初中	11.8	24.9	63.3	100.0(6297)
普高、中专及职高	12.5	27.8	59.7	100.0(2841)
大专及以上	8.7	28.1	63.3	100.0(1429)

(续表)

地区	没有信心	一般	有信心	合计
辽宁				
文盲/半文盲	24.4	24.8	50.8	100.0(536)
小学	15.9	23.7	60.5	100.0(775)
初中	14.0	26.7	59.3	100.0(1119)
普高、中专及职高	17.5	28.4	54.1	100.0(410)
大专及以上	7.0	28.4	54.1	100.0(264)
河南				
文盲/半文盲	17.9	33.1	49.0	100.0(515)
小学	10.5	34.7	54.8	100.0(358)
初中	16.7	30.3	53.0	100.0(902)
普高、中专及职高	11.3	37.1	51.6	100.0(653)
大专及以上	6.7	37.2	56.2	100.0(479)
上海				
文盲/半文盲	20.5	27.8	51.7	100.0(968)
小学	10.7	24.8	64.5	100.0(760)
初中	8.5	21.5	70.0	100.0(1119)
普高、中专及职高	7.7	26.9	65.4	100.0(488)
大专及以上	6.6	21.8	71.6	100.0(242)
广东				
文盲/半文盲	25.9	34.4	39.8	100.0(880)
小学	17.9	31.7	50.4	100.0(686)
初中	12.2	31.3	56.6	100.0(831)
普高、中专及职高	8.7	32.4	58.9	100.0(436)
大专及以上	7.9	27.7	64.3	100.0(191)
甘肃				
文盲/半文盲	18.4	25.4	56.1	100.0(1678)
小学	14.5	18.6	66.9	100.0(664)
初中	16.3	22.2	61.5	100.0(770)
普高、中专及职高	10.8	28.5	60.7	100.0(396)
大专及以上	15.7	39.7	44.6	100.0(163)

表22-16显示，自评收入越高的受访者社会信心的状况越好。就全国总体

而言,自评收入高的受访者有信心的比例达到77.2%,而自评收入低的受访者,有信心的比例仅为44.9%。五地各自的情况小有差异,大致相同。

表 22-16　分收入自评的社会信心状况　　　　　　　　（单位:%）

地区	没信心	一般	有信心	合计
全国				
低收入	26.6	28.5	44.9	100.0(6684)
一般	9.7	33.3	57.0	100.0(11332)
高收入	6.2	16.6	77.2	100.0(3364)
辽宁				
低收入	27.2	23.4	49.4	100.0(1271)
一般	8.1	32.4	59.5	100.0(1462)
高收入	6.3	8.1	85.6	100.0(416)
河南				
低收入	23.3	34.9	41.8	100.0(1094)
一般	7.9	42.0	50.2	100.0(1433)
高收入	1.9	10.7	87.4	100.0(386)
上海				
低收入	24.2	24.1	51.7	100.0(729)
一般	9.5	29.3	61.2	100.0(2111)
高收入	6.3	11.9	81.8	100.0(697)
广东				
低收入	33.9	30.6	35.5	100.0(1085)
一般	8.8	35.5	55.7	100.0(1606)
高收入	2.7	21.3	76.0	100.0(304)
甘肃				
低收入	24.8	28.0	47.2	100.0(1112)
一般	13.2	28.6	58.2	100.0(1639)
高收入	8.8	14.3	76.9	100.0(908)

表22-17显示,自评社会地位越高的受访者社会信心的状况越好。全国总体状况是,自评社会地位高的受访者有信心的比例达到80.4%,而自评社会地位低的受访者,有信心的比例仅为49.0%。各地的情况小有差异,大致相同。

表 22-17　分社会地位自评的社会信心状况　　　　　　（单位:%）

地区	没有信心	一般	有信心	合计
全国				
地位低	20.7	30.3	49.0	100.0(10915)
一般	7.5	30.5	62.0	100.0(7330)
地位高	3.0	16.6	80.4	100.0(1235)
辽宁				
地位低	23.7	25.5	50.8	100.0(1654)
一般	5.1	29.3	65.6	100.0(1090)
地位高	3.8	11.0	85.1	100.0(159)
河南				
地位低	19.0	32.1	48.9	100.0(1521)
一般	4.9	39.2	55.8	100.0(1005)
地位高	4.6	22.5	72.9	100.0(186)
上海				
地位低	15.3	27.2	57.5	100.0(1832)
一般	7.3	26.4	66.3	100.0(1266)
地位高	2.6	12.7	84.7	100.0(154)
广东				
地位低	25.2	33.0	41.8	100.0(1658)
一般	6.7	34.8	58.4	100.0(960)
地位高	4.9	16.0	79.1	100.0(97)
甘肃				
地位低	21.4	26.4	52.2	100.0(1887)
一般	10.0	27.8	62.1	100.0(1033)
地位高	4.8	15.8	79.4	100.0(275)

不同户籍的受访者也具有不同的社会信心状况。从全国总体数据看,农村户籍的受访者社会信心程度要好于非农户籍的受访者。各地的情况中甘肃居民这一趋势最为明显,较为特殊的是广东农村户籍居民的社会信心差于非农户籍的居民。见表22-18。

表 22-18　分户籍的社会信心状况　　　　　　　　（单位:%）

地区	没信心	一般	有信心	合计
全国				
农村户籍	13.9	29.2	57.0	100.0(15368)
非农户籍	15.3	29.0	55.7	100.0(6065)
辽宁				
农村户籍	14.5	25.1	60.4	100.0(1916)
非农户籍	17.2	26.7	56.1	100.0(1185)
河南				
农村户籍	11.3	34.3	54.3	100.0(860)
非农户籍	12.7	34.5	52.8	100.0(2054)
上海				
农村户籍	13.1	24.0	62.9	100.0(2621)
非农户籍	9.9	27.7	62.5	100.0(949)
广东				
农村户籍	17.2	32.7	50.1	100.0(2105)
非农户籍	15.7	31.1	53.2	100.0(918)
甘肃				
农村户籍	15.0	21.4	63.6	100.0(3159)
非农户籍	18.0	35.8	46.1	100.0(505)

第四节　地方政府工作评价

我们从两个方面考察了公众对于地方政府的评价。一个是请被访者对地方政府一年来的工作成绩进行总体评价；另一个是调查被访者在与地方政府打交道的过程中，是否有一些负面的经历。

一、地方政府工作评价

1. 基本情况

从全国来看，在对地方政府工作的总体评价方面，有12.7%的人认为"有很大成绩"，55.6%的人认为"有一定成绩"，21.4%的人认为"没有多大成绩",有10.4%的人认为"没有成绩"。各地居民对地方政府工作的评价有明显差异,辽宁、河南与甘肃地区受访者的评价与总体水平较为接近,而上海地区受访者对地方政府评价高于全国水平,肯定地方政府工作的受访者占到72.6%,接近3/4。广东地区受访者对地方政府评价低于全国水平,对地方政府工作持正面看法的有56.3%。见表22-19。

表22-19 对地方政府工作的总体评价 （单位:%）

地区	有很大成绩	有一定成绩	没有多大成绩	没有成绩	合计
全国	12.7	55.6	21.4	10.4	100.0(19971)
辽宁	12.2	50.1	21.3	16.4	100.0(2854)
上海	17.1	55.5	16.1	11.3	100.0(2814)
河南	10.0	59.8	20.1	10.1	100.0(3249)
广东	8.0	48.3	27.9	15.8	100.0(2620)
甘肃	12.4	55.5	23.8	8.2	100.0(3554)

2. 性别、年龄与地方政府工作评价

从全国总体数据来看,在对地方政府工作的总体评价方面并没有明显的性别差异,男性和女性都拥有大致相同的比例。各地情况中唯一特殊的是上海,女性对地方政府的评价高于男性。见表22-20。

表22-20 分性别的地方政府工作评价 （单位:%）

地区	有很大成绩	有一定成绩	没有多大成绩	没有成绩	合计
全国					
男	13.3	56.1	20.1	10.4	100.0(9896)
女	12.0	55.1	22.6	10.3	100.0(10075)
辽宁					
男	11.2	52.1	21.1	15.5	100.0(1388)
女	13.0	48.3	21.4	17.3	100.0(1466)
上海					
男	14.8	55.1	15.0	15.1	100.0(1389)
女	19.2	55.9	17.1	7.8	100.0(1425)
河南					
男	9.9	60.1	19.2	10.9	100.0(1605)
女	10.1	59.6	20.9	9.4	100.0(1644)

(续表)

地区	有很大成绩	有一定成绩	没有多大成绩	没有成绩	合计
广东					
男	8.4	48.6	28.5	14.4	100.0(1350)
女	7.6	47.9	27.3	17.2	100.0(1270)
甘肃					
男	13.3	57.8	21.5	7.5	100.0(1757)
女	11.6	53.2	26.2	9.0	100.0(1797)

分年龄段对地方政府评价表现出了明显的差异性,基本上随着年龄的增加对地方政府的总体评价有上升的趋势。总体看,30岁以下的受访者中表示地方政府过去一年"有很大成绩"的比例仅为7.4%。而70岁以上的受访者表示地方政府"有很大成绩"的比例为18.8%,是前者的约2.5倍。各地的情况也大体与总体保持一致,上海地区的老年人对地方政府的评价尤为积极。见表22-21。

表22-21　分年龄段的地方政府工作评价　　　　　（单位:%）

地区	有很大成绩	有一定成绩	没有多大成绩	没有成绩	合计
全国					
30岁以下	7.4	56.0	26.8	9.8	100.0(3981)
30—39	11.5	56.4	21.8	10.3	100.0(3684)
40—49	12.7	54.1	21.5	11.7	100.0(4662)
50—59	14.8	55.3	19.0	10.9	100.0(3767)
60—69	14.7	57.3	19.4	8.7	100.0(2407)
70岁以上	18.8	55.2	17.3	8.7	100.0(1470)
辽宁					
30岁以下	8.2	51.7	27.8	12.3	100.0(478)
30—39	6.2	52.4	25.7	15.7	100.0(480)
40—49	12.7	47.8	20.4	19.2	100.0(652)
50—59	15.4	47.9	19.2	17.5	100.0(618)
60—69	14.2	52.6	17.2	16.1	100.0(357)
70岁以上	16.7	51.8	16.0	15.4	100.0(269)

（续表）

地区	有很大成绩	有一定成绩	没有多大成绩	没有成绩	合计
上海					
30 岁以下	6.4	56.6	26.0	10.9	100.0(547)
30—39	7.8	53.0	9.8	29.4	100.0(380)
40—49	10.1	64.1	17.4	8.4	100.0(452)
50—59	28.5	50.3	13.9	7.3	100.0(637)
60—69	20.8	59.2	13.5	6.5	100.0(464)
70 岁以上	29.1	48.5	13.7	8.7	100.0(334)
河南					
30 岁以下	6.6	59.3	24.3	9.7	100.0(662)
30—39	7.0	62.1	22.1	8.9	100.0(559)
40—49	8.6	55.8	22.7	12.8	100.0(787)
50—59	11.3	61.3	18.1	9.2	100.0(542)
60—69	14.1	64.0	13.3	8.7	100.0(437)
70 岁以上	18.1	59.5	13.4	9.0	100.0(262)
广东					
30 岁以下	4.3	50.0	30.6	15.0	100.0(618)
30—39	7.0	42.9	30.8	19.3	100.0(441)
40—49	8.3	44.6	28.2	18.9	100.0(623)
50—59	11.6	49.1	28.2	11.1	100.0(456)
60—69	6.7	51.4	23.7	18.2	100.0(302)
70 岁以上	12.0	59.0	20.4	8.6	100.0(180)
甘肃					
30 岁以下	7.4	55.8	28.3	8.5	100.0(793)
30—39	12.0	55.2	22.9	10.0	100.0(653)
40—49	11.8	53.2	25.5	9.5	100.0(911)
50—59	15.7	59.2	20.2	4.9	100.0(595)
60—69	15.5	55.2	21.0	8.3	100.0(407)
70 岁以上	18.5	54.6	20.8	6.1	100.0(195)

3. 教育程度与地方政府工作评价

数据显示,不同教育程度的受访者对地方政府评价表现出独特的差异,即教育程度越低的受访者,其对地方政府的评价越极端:表示有很大成绩和表示没有成绩的人数比例都越高,而教育程度较高的群体,对地方政府工作评价趋于集中和稳定,表示政府有一定成绩的人占大多数。各地的情况小有差异,大致相同。见表22-22。

表22-22 分教育程度的地方政府工作评价 （单位:%）

地区	有很大成绩	有一定成绩	没有多大成绩	没有成绩	合计
全国					
文盲/半文盲	13.9	53.6	21.1	11.4	100.0(5596)
小学	13.0	53.8	20.8	12.4	100.0(4212)
初中	11.9	55.6	22.5	10.0	100.0(5999)
普高、中专及职高	13.1	56.8	21.6	8.5	100.0(2752)
大专及以上	9.5	64.1	19.7	6.7	100.0(1406)
辽宁					
文盲/半文盲	15.8	43.7	20.2	20.2	100.0(470)
小学	19.7	46.2	18.0	16.2	100.0(697)
初中	10.3	50.8	21.2	17.7	100.0(1038)
普高、中专及职高	6.6	52.8	25.2	15.4	100.0(387)
大专及以上	6.4	60.1	23.7	9.8	100.0(259)
河南					
文盲/半文盲	16.2	53.8	18.2	11.8	100.0(476)
小学	16.5	49.9	19.2	14.3	100.0(341)
初中	24.7	51.8	15.7	7.8	100.0(874)
普高、中专及职高	17.5	56.2	17.9	8.4	100.0(642)
大专及以上	9.0	61.6	13.3	16.1	100.0(471)
上海					
文盲/半文盲	12.7	63.8	14.8	8.7	100.0(812)
小学	9.5	60.3	19.6	10.6	100.0(689)
初中	8.8	58.1	21.6	11.5	100.0(1049)
普高、中专及职高	8.3	56.1	26.8	8.8	100.0(460)
大专及以上	9.8	58.2	21.4	10.7	100.0(239)

（续表）

地区	有很大成绩	有一定成绩	没有多大成绩	没有成绩	合计
广东					
文盲/半文盲	9.5	42.0	25.8	22.7	100.0(662)
小学	7.3	49.2	26.8	16.8	100.0(588)
初中	8.3	50.2	27.6	13.9	100.0(766)
普高、中专及职高	6.1	53.5	33.9	6.5	100.0(413)
大专及以上	8.5	49.0	28.0	14.4	100.0(188)
甘肃					
文盲/半文盲	15.4	51.6	21.4	11.7	100.0(1603)
小学	13.5	54.5	23.5	8.5	100.0(646)
初中	9.9	55.7	28.7	5.7	100.0(759)
普高、中专及职高	11.9	62.1	20.4	5.6	100.0(386)
大专及以上	5.0	61.1	28.8	5.1	100.0(160)

4．收入自评与地方政府工作评价

数据显示，收入越高的受访者对地方政府评价越好。全国总体的状况显示自评收入高的受访者，评价地方政府工作"有很大成绩"的比例达到17.1%，而自评收入低的受访者，该比例仅为12.1%。各地的情况小有差异，大致相同。见表22-23。

表22-23　分收入自评的地方政府工作评价　　　　　　　　（单位:%）

地区	有很大成绩	有一定成绩	没有多大成绩	没有成绩	合计
全国					
低收入	12.1	52.6	23.0	12.4	100.0(6136)
一般	11.6	56.9	21.5	10.0	100.0(10556)
高收入	17.1	56.7	18.4	7.8	100.0(3215)
辽宁					
低收入	11.3	47.0	23.6	18.2	100.0(1102)
一般	11.8	52.3	21.0	14.9	100.0(1347)
高收入	17.1	52.5	14.1	16.3	100.0(397)

(续表)

地区	有很大成绩	有一定成绩	没有多大成绩	没有成绩	合计
河南					
低收入	10.8	54.6	21.3	13.3	100.0(1044)
一般	15.7	63.5	15.0	5.8	100.0(1393)
高收入	34.1	34.1	8.6	23.2	100.0(373)
上海					
低收入	9.8	58.0	20.3	11.8	100.0(647)
一般	10.0	59.7	20.7	9.6	100.0(1938)
高收入	10.2	61.8	17.8	10.2	100.0(645)
广东					
低收入	8.5	46.1	26.9	18.4	100.0(921)
一般	7.0	47.9	29.2	15.9	100.0(1408)
高收入	11.9	54.2	25.6	8.3	100.0(279)
甘肃					
低收入	13.1	55.2	21.4	10.3	100.0(1065)
一般	10.0	55.8	27.1	7.1	100.0(1594)
高收入	16.3	55.6	20.4	7.6	100.0(878)

5. 社会地位自评与地方政府工作评价

数据显示,社会地位自评越高的受访者对地方政府评价越好。全国总体的状况显示自评社会地位高的受访者,评价地方政府工作"有很大成绩"的比例达到16.8%,而自评社会地位低的受访者,该比例仅为12.3%。各地的情况小有差异,大致相同。见表22-24。

表22-24 分社会地位自评的地方政府工作评价 （单位:%）

地区	有很大成绩	有一定成绩	没有多大成绩	没有成绩	合计
全国					
地位低	12.3	53.5	22.8	11.4	100.0(1154)
一般	12.3	57.3	20.6	9.8	100.0(659)
地位高	16.8	57.8	16.3	9.1	100.0(121)

（续表）

地区	有很大成绩	有一定成绩	没有多大成绩	没有成绩	合计
辽宁					
地位低	11.4	49.9	20.9	17.8	100.0(1502)
一般	13.1	50.3	21.4	15.2	100.0(1012)
地位高	15.8	53.0	15.9	15.2	100.0(150)
河南					
地位低	18.6	52.9	17.9	10.6	100.0(1458)
一般	13.9	58.2	14.2	13.7	100.0(984)
地位高	32.1	48.4	12.0	7.6	100.0(178)
上海					
地位低	9.4	60.4	19.4	10.9	100.0(1670)
一般	9.8	59.5	21.4	9.3	100.0(1179)
地位高	13.5	54.6	17.7	14.1	100.0(145)
广东					
地位低	7.4	47.1	27.7	17.8	100.0(1412)
一般	7.1	48.5	29.5	14.9	100.0(863)
地位高	16.1	36.0	38.6	9.2	100.0(92)
甘肃					
地位低	12.2	57.0	22.5	8.3	100.0(1825)
一般	13.0	53.9	25.6	7.5	100.0(1016)
地位高	11.5	57.6	23.1	7.5	100.0(271)

6. 户籍状况与地方政府工作评价

分户籍状况的对地方政府评价表现出一定的差异性，基本情况是：农村户籍居民对地方政府的总体评价略低于非农村户籍居民对地方政府的评价。从全国总体看，农村户籍的受访者中表示地方政府过去一年"有很大成绩"的比例为12.3%。而非农户籍的受访者表示地方政府"有很大成绩"的比例为13.3%，高出1个百分点；农村户籍的受访者中表示地方政府过去一年"有一定成绩"的比例为54.9%。而非农户籍的受访者表示地方政府"有一定成绩"的比例为57.1%，高出约2个百分点。两者合起来，表明非农户籍的居民与农村户籍居民相比，对地方政府正面评价的人数比例高出约3个百分点。同时，非农户籍的受访者中表示地方政府过去一年"没有成绩"的比例为8.8%，而农村户籍的受访者表示地方政府"没有成绩"的比例为11.1%。各地的情况也大体与总体保持一致,河南与广东地区非农户籍居民与农村户籍居民对地方政府评价差异尤为明显。河南地区有18.5%的非农户籍居民表示地方政府工作有很大成绩,而农村户籍群体中该比例仅为12.1%;广东地区有9.8%的非农户籍居民表示地方政府工作有很大成绩,而农村户籍群体中该比例仅为7.1%。见表22-25。

表22-25 分户籍的地方政府工作评价 （单位:%）

地区	有很大成绩	有一定成绩	没有多大成绩	没有成绩	合计
全国					
农村户籍	12.3	54.9	21.7	11.1	100.0(14100)
非农户籍	13.3	57.1	20.8	8.8	100.0(5824)
辽宁					
农村户籍	15.5	44.3	21.6	18.6	100.0(1718)
非农户籍	8.6	56.2	20.9	14.3	100.0(1131)
河南					
农村户籍	12.1	56.3	20.3	11.4	100.0(807)
非农户籍	18.5	55.4	14.8	11.3	100.0(2006)
上海					
农村户籍	9.8	59.4	20.5	10.3	100.0(2324)
非农户籍	10.5	61.3	18.8	9.5	100.0(919)
广东					
农村户籍	7.0	49.9	25.3	17.8	100.0(1803)
非农户籍	9.8	45.6	32.3	12.3	100.0(812)
甘肃					
农村户籍	13.0	54.7	22.3	9.9	100.0(3062)
非农户籍	11.0	57.7	27.9	3.4	100.0(485)

二、与地方政府有关的负面经历

1. 与地方政府有关的负面经历的基本状况

从图22-2可以看出,全国有18.0%的人遭遇过政府干部的不公平对待;有8.2%的受访者有与政府干部发生冲突的经历;23.2%的人经历过被"踢皮球",受到过不合理的拖延、推诿。到政府办事时受到不合理收费的有15.6%,有22.0%的受访者遇到对自己或家庭不利的政策。分地区看,甘肃受访者这方面的经历整体较低,各项经历均低于平均水平;辽宁的情况次之,各项指标略高于甘肃,但仍低于平均水平;上海基本与全国平均水平保持一致;广东与河南的情况最严重,各项指标均高于平均值。广东地区突出的两项为:27.8%的受访者过去一年有受到政府部门不合理收费的情况,有27.6%的受访者过去一年曾受到过政府干部的不公正对待。河南地区突出的两项为:36.6%的受访者过去一年有受到政府部门不合理收费的情况,有32.3%的受访者过去一年曾受到过不合理的拖延、推诿。

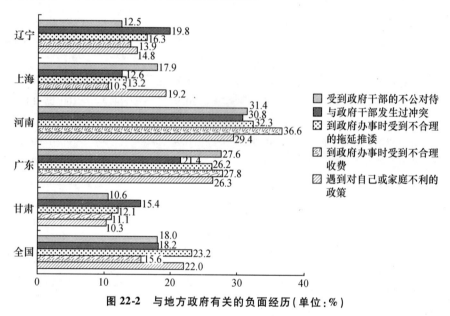

图 22-2　与地方政府有关的负面经历(单位:%)

2. 与地方政府有关的负面经历与地方政府评价

数据显示,没有经历过与政府有关的负面经历的受访者,对地方政府工作的评价更高,与之相比,有过负面经历的被访者认为地方政府"有很大成绩"和"有一定成绩"的比例有显著的下降。见表22-26。

表 22-26　与地方政府有关的负面经历与地方政府工作评价　　（单位:%）

负面经历	成绩很大	有一定成绩	成绩不大	没有成绩	合计
受到政府干部的不公正对待					
有过	6.9	45.6	22.8	24.7	100.0(2005)
没有	12.5	56.6	21.0	9.9	100.0(10105)
与政府干部发生过冲突					
有过	9.6	43.3	25.1	22.0	100.0(969)
没有	11.6	55.7	20.9	11.9	100.0(10953)
到政府办事时受到不合理的拖延推诿					
有过	7.0	47.0	25.9	20.1	100.0(2975)
没有	12.8	57.4	20.0	9.8	100.0(8890)
到政府办事时受到不合理的收费					
有过	6.2	44.3	27.7	21.8	100.0(2102)
没有	12.6	57.1	20.1	10.3	100.0(9680)
遇到对自己或家庭不利的政策					
有过	8.1	46.0	25.7	20.3	100.0(2735)
没有	12.7	56.9	20.1	10.2	100.0(9937)

第五节　基层政治参与

一、村(居)委会投票选举比例

从表 22-27 可以看出,在获得有效回答的 403 个村(居)委会中,全国村(居)委会投票选举比例的平均值为 77.1%,其中投票比例达到 75% 以上的村(居)委会,占到了 67.0%。从各地的情况看,上海地区村(居)委会的投票选举比例最高,平均达到 85.2%,而辽宁地区的比例相对最低,只有 71.1%,并且选举投票比例低于 50% 的村(居)委会占到了 24.2%,大大高于全国 11.2% 的平均水平。

表 22-27　村(居)委会投票选举比例　　　　　　　　　（单位:%）

地区	低于50%	50%—75%	75%以上	选举比例均值(标准差)	样本数
全国	11.2	21.8	67.0	77.1(24.897)	403
辽宁	24.2	12.9	62.9	71.1(29.165)	53
上海	11.1	9.3	79.6	85.2(23.184)	54
河南	9.5	31.7	58.7	74.5(19.278)	63
广东	19.7	8.2	72.1	79.7(27.982)	61
甘肃	10.9	25.0	64.1	76.5(22.832)	64

二、首轮选举的主任候选人数

从表 22-28 可以看出,在获得有效回答的 400 个村(居)委会中,全国村(居)委会首轮选举的主任候选人数的平均值为 4.05,其中首轮选举的主任候选人数仅为一人的村(居)委会,占到了 11.2%。从各地的情况看,河南地区村(居)委会首轮选举的主任候选人数最多,平均达到 5.88 个,而广东地区的平均主任候选人数相对最低,为 2.03 人。

表 22-28　村(居)委会首轮选举的主任候选人数情况　　（单位:%,人）

地区	1人	2人	3人及以上	主任候选人数均值(标准差)(单位:人)	样本数
全国	11.2	51.0	37.8	4.05(2.015)	400
辽宁	20.7	44.8	34.5	2.93(2.125)	58
上海	14.0	62.0	24.0	3.22(1.865)	50
河南	3.3	71.7	25.0	5.88(1.532)	60
广东	25.9	63.8	10.3	2.03(0.717)	58
甘肃	10.0	55.0	35.0	2.42(2.767)	60

本 章 提 要

- 约2/3 的受访者在过去一年没有受到过任何一项相关不法侵害。在所遭遇的不法侵害事件中,以随身财物被偷窃和家里被入室偷窃为主。
- 约有 23.3% 居民认为过去一年内因贫富差别而受到了不公平对待。

不同年龄段的受访者其受到因贫富差别而产生的不公正对待的人数比例也不同,呈倒 U 型分布。收入自评越低的群体,其受到因贫富差别引起的不公平对待的人数比例越高。农村户籍群体的比例也高于非农户籍。

- 约有 5.3% 居民认为过去一年内因性别而受到了不公平对待。约有 10.4% 居民认为过去一年内因户籍而受到了不公平对待。
- 近六成受访者对未来有信心。教育程度、自评收入和社会地位自评越高的受访者社会信心的状况越好。农村户籍的受访者社会信心程度要好于非农户籍的受访者。
- 超过 2/3 的受访者对地方政府工作持肯定态度。对地方政府评价的性别差异不显著,年纪越大的人对地方政府评价越好。收入越高和社会地位自评越高的受访者对地方政府评价越好。农村户籍居民对地方政府评价略低于非农户籍居民。与地方政府有关的负面经历显著影响对地方政府的评价。
- 全国村(居)委会投票选举比例的平均值为 77.1%。全国村(居)委会首轮选举的主任候选人数的平均值为 4.05。